생태위기에 맞서 녹색전환의 길을 연
생태사상가 28인의 삶과 통찰

지구별 생태사상가

작은것이 아름답다

여는 글

'기후변화, 기후위기'라는 말이 일상어가 됐습니다. '기후재난'은 현실이 되고 있습니다. 지구 온도 상승 1.5도를 지키지 못하면 돌이킬 수 없는 상황을 겪게 될 것이라 내다봅니다. 지난 100년 인간이 지구에서 함부로 욕심껏 살아온 민낯이 드러나고 있습니다.

코로나 바이러스는 끝을 알 수 없는 상황으로 우리를 내몰고 있습니다. 지금껏 '인간의 시간'만을 앞세워 자연을 헤집어 놓은 탓에 '자연의 시간'이 뒤엉켜 버린 결과입니다. 자연이 온전하고 조화롭게 순환하지 않으면 '사람의 시간'은 더 이상 없을지 모릅니다.

우리가 겪고 있는 생태위기를 미리 내다보며 한 걸음 앞서 삶을 통해 질문하고 통찰한 사람들이 있습니다. 지난 100년 동안 지구별에서 온 삶을 살며 녹색전환의 길을 연 생태사상가들입니다. 생태환경문화잡지 〈작은것이 아름답다〉는 2016년부터 2018년까지 동서양 생태사상가 28명을 소개했습니다.

우리 사회 다양한 영역에서 생태사회와 생태적 삶을 고민하고 실천해온 28명 생태환경 전문가들이 우리 현실에 비춰 생태사상가들의 삶과 통찰을 전했습니다. 이분들이 생태사상가들과 교감하며 깊은 생각을 풀어내주셔서 《지구별 생태사상가》가 태어날 수 있었습니다. 이번에 책으로 묶으면서 최근 환경문제와 코로나 팬데믹 상황을 반영했습니다. 특별히 기획 단계부터 많은 도움을 주신 황대권 선생님께 고마운 마음을 전합니다.

이 책을 만드는 동안 〈녹색평론〉 김종철 선생님의 부고를 들었습니다. 1996년 〈작은것이 아름답다〉 창간에 도움을 주신 덕분에 지난 25년 선생님의 녹색전환 꿈을 함께 꾸며 걸어올 수 있었습니다. 고맙습니다. 《지구별 생태사상가》는 오늘날 생태위기 앞에서 생태적 삶과 대안을 찾아가는 데 하나의 길잡이가 되기를 바랍니다. 미처 이 책에 담지 못한 생태사상가들을 앞으로 소개해 나가겠습니다. 미래의 생태사상가들을 기다리며 이 책과 함께 공존과 순환, 녹색전환의 길을 함께 찾아가기 바랍니다.

작은것이 아름답다 글모듬지기 김 기 돈

벼리

지구문명의 위기를 읽다

008 **에른스트 프리드리히 슈마허** · '충분함'의 미학으로 성장 지상주의를 성찰하다 | 강수돌
018 **루이스 멈포드** · 기계문화를 통찰하다 | 김성원
036 **이반 일리치** · 산업과 기술에 물음을 던지다 | 장석준
050 **머레이 북친** · 생태 문제를 사회 문제에서 찾다 | 오수길
064 **배리 카머너** · 시민이 과학의 주체가 되다 | 김동광
076 **레이첼 카슨** · 자연과 함께 침묵을 깨고 일어서다 | 김은진
088 **토마스 베리** · 생태대, 매혹 있는 미래로 이동하라 | 맹영선

자연과 사람을 잇다

104 **에드워드 윌슨** · 어우러져 새롭게 탄생하는 통섭의 세계 | 이한음
116 **존 뮤어** · 개발의 욕망을 잠재운 국립공원의 아버지 | 이수용
128 **알도 레오폴드** · 모래 군의 열두 달과 토지윤리 | 송명규
140 **스코트 니어링** · 자연에서 온 삶을 살며 사랑하며 | 김광화
154 **게리 스나이더** · 조심스레 잠시 지구를 거닐다 | 서강목
168 **린 마굴리스** · 세포가 아니라 생명 자체를 마주한 현대의 코페르니쿠스 | 우석영

오래된 미래에 답하다

182 **헬레나 노르베리 호지** · 세계화에 맞서는 지역주의자 | 강신호
200 **니콜라이 바빌로프** · 종다양성을 지킨 20세기 최고의 식량학자 | 안철환
214 **웬델 베리** · 농본주의자, 소농의 옹호자 | 장길섭
226 **후쿠오카 마사노부** · 궁지에 몰린 인류, 자연농법이 답이다 | 최성현
236 **량수밍** · 다양성의 뿌리에서 피어나는 동아시아 생태주의운동 | 김재형
248 **피에르 라비** · 자연의 벗으로 온 삶을 추구하는 농부 | 전희식
260 **장일순** · 나락 한 알, 밥 한 그릇에도 우주가 들어 있어 | 박병상

지구별을 껴안다

272 **반다나 시바** · 여성과 자연을 껴안고 자급 사회를 꿈꾸다 | 김정희
286 **캐롤린 머천트** · 페미니즘이 아니면 죽음이다 | 김재희
296 **사티쉬 쿠마르** · 자연과 생태를 공경하는 지구별 녹색 성자 | 태영철
308 **아리야라트네** · 스리랑카의 간디, 지구에서 모든 생명과 평등하고 자비롭게 | 송위지
320 **비노바 바베** · 비바! 진리로 살아가는 승리의 삶을 보여주다 | 양희창
330 **매튜 폭스** · 생태사회로 가는 자비와 해방의 길 | 양재성
344 **조안나 메이시** · 생명으로 돌아오기, 대전환을 위한 생태적 마음 살리기 | 유정길
356 **아르네 네스** · 지구와 깊게 공존하는 심층생태운동 | 황대권

지구문명의
위기를
읽다

에른스트 프리드리히 슈마허

Ernst Friedrich "Fritz" Schumacher
1911-1977

독일 본에서 태어나 대부분 영국에서 살았고, 마지막에 스위스를 방문하다 생을 마쳤다. 아버지는 정치경제학 교수였다. 슈마허는 본과 베를린에서 공부했고, 1930년부터는 로즈(Rhodes) 장학생으로 영국 옥스퍼드대에서 경제학을 전공했다. 그 뒤 뉴욕 컬럼비아대에서 경제학 석사 학위를 받았다. 참고로 로즈(Rhodes) 장학재단은 금광 개발로 갑부가 된, 영국 출신 남아프리카공화국 정치가 로즈(1853 - 1906)의 유언에 따라 옥스퍼드대에 설립된 재단이다.
공부를 마친 뒤 취업해 실무 경력을 쌓던 즈음, 1933년 나치가 정권을 잡자 1937년 영국으로 이주했다. 제2차 세계대전이 터지면서 영국 외딴 농장에서 강제노동을 하기도 했다. 그 기간에 쓴 논문이 존 메이너드 케인스의 눈에 띄어 강제노동에서 구출된 뒤 옥스퍼드대에서 일하기도 했다. 슈마허의 두 가지 지론은 "1온스의 실천이 1톤의 이론만큼 소중하다."는 것, 그리고 "저급한 것에서 얻은 확실한 지식보다 고귀한 것에서 얻은 보잘것없는 지식이 더 바람직하다."는 것이었다. 1973년에 출판된 《작은 것이 아름답다》를 썼다.

'충분함'의
미학으로
성장 지상주의를
성찰하다

글. 강수돌

녹색경제학의 고전 '작은 것이 아름답다'

나는 선생의 《작은 것이 아름답다》를 처음 완독했을 때, 몇 가지 점에서 속으로 놀랐다. 우선은, 자본주의 산업혁명을 가장 먼저 이룬 영국에서 슈마허 같은 사람이 경제 자문가로 활동한 점이다. 다음으로는, 선생이 세상의 자원들을 재생 가능 자원과 재생 불가 자원으로 구분한 점이 새로운 통찰을 줬다. 이와 관련된 '중간기술' 개념도 신선했다. 그리고 선생은 동양 불교 경제의 두 원리인 '간소함'과 '비폭력'에 주목했는데, 북인도 라다크의 헬레나 노르베리 호지(스웨덴 출신 언어학자)처럼 서양인이 동양의 전통적 지혜에서 '오래된 미래'를 발견한 점이 놀라웠다.

영국은 최초의 산업혁명 국가이자 최초의 제국주의 국가였다. 식민지였던 인도와 마하트마 간디 선생은 영국 제국주의를 빼고 설명하기 어렵고, 아시아와 아프리카 나라들, 그리고 북미 대륙이나 오세아니아의 역사도 영국 제국주의와 맞닿아 있다. 그런데 슈마허 선생이 고위 경제 자문관을 지낸 1950~1970년은 세계 자본주의 체제에서 영국의 헤게모니가 저물고 대신 미국 헤게모니가 탄탄하게 설 무렵이었다. 더글러스 러미스의 《경제성장이 안되면 우리는 풍요롭지 못할 것인가》에도 나오는, 미국 트루먼 대통령이 1949년 취임식에서 "미개발의 나라들을 발전시킨다."는 정책 발표를 한 뒤 우리가 당연시하는 개발이나 발전이 국가 정책으로 채택된다. 하지만 개발은 선진 자본의 입장일 뿐, 후진국 민중에겐 별 도움이 안 된다. 그런 분위기를 감지한 슈마허는 선진국이 개도국에 지원하던 개발 자금이 얼마나 허비되는지 간파하고, 간디 선생처럼 "대량 생산이 아닌 대중에 의한 생산"만이 궁핍과 빈곤에 대한 해결책이라 봤다. 아울러 "모든 사람이 이용할 수 있게 싸고, 소규모여야 하며, 창의성을 촉진하는" 인간적 기술 내지 '중간기술'이야말로 대안이라 했다.

생각해보면 오늘날 세계 경제 장기 침체, 투기 경제 거품 붕괴, 실물경제 대비 금융경제 이상 비대, 사회경제 양극화, 정치경제 권력 독과점, 정경유착과 부정부패, 대량 실업과 대중 빈곤, 청년 실업과 상실 세대, 자원 고갈과 이상 기후, 피크 오일과 새로운 약탈, 마이너스 성장과 마이너스 금리 같은 모든 문제는 결국 경제나 성장, 발전에 대한 잘못된 개념과 실천, 자본과 국가의 약탈, 과학과 기술 맹신주의와 무관하지 않다. 2020년 한국만이 아니라 온 세상을 휩쓴 코로나19 바이러스 문제 역시 맹목적 성장 논리, 무한 이윤을 추구하는 자본 논리, 만물을 상품화하는 이윤 원리와 맞닿아 있다. 이런 뿌리를 뽑아버리지 않는 이상 코로나19보다 무서운 바이러스들이 또다시 나타날 것이다. 이런 면에서 슈마허 선생의 가르침은 이른바 '포스트 코로나' 시대의 대안 경제와 삶의 방식을 고민하는 데도 많은 시사점을 던진다.

불교 경제에서 발견한 대안적 원리

오늘날 우리는 자본주의 시장 경제 속에서 돈을 많이 벌어야 성공하고 출세할 수 있으며 그래야 좋은 삶이 가능하다고 믿는다. 또한 대량 생산과 대량 소비가 지속돼야 지탱되는 패러다임, 대량 생산-대량 유통-대량 소비-대량 폐기를 핵심 축으로 하는 체계에 살고 있다. 아울러 인간 사회에 어떤 문제가 생기더라도 과학과 기술을 이용해 관리와 통제만 잘 하면 해결할 수 있다고 착각한다.

하지만 자본주의는 인간 노동을 비용 취급하기에 가능한 한 배제하려 한다. 실업 문제를 본디 내장하고 있다. 또한 남아 있는 노동력을 최대 활용해야 더 큰 이윤을 벌기에 노동자들은 만성 피로와 산재, 고용 불안과 일 중독에 시달린다. 동시에 대량 생산과 대량 소비는 대량 파괴, 폐기와 맞물려 도는 탓에 '자신이 걸터앉은 나뭇가지를 스스로 자르는' 어리석음이 대량 탄생한다. 나아가 과학과 기술은 한편으로 갈수록 비싸지고 다른 편으로 갈수록 파괴성을 띠며, 결코 대중의 인간다운 삶을 보장하지 않는다. 관리와 통제를 통한 문제 해결 발상은 극소수 기득권층의 시각이다. 또 이것은 자본주의는 물론 사회주의조차 덜컥 걸려들고 말, 산업주의와 물질주의를 근간으로 하는 근대성의 덫이다.

흥미롭게도 서양인인 슈마허 선생이 1950년대에 버마나 인도 같은 나라를 여행하며 불교를 가까이 살피게 되었다 한다. 마치 1980년대에 스웨덴인 헬레나 노르베리-호지 선생이 언어 연구차 인도 북부의 라다크 마을에 갔다가 그곳에 매혹돼 눌러 앉은 것처럼 말이다. 슈마허 선생은 불교 경제학이야말로 기존 모든 경제학을 뛰어넘는 '메타 경제학'이라 말하고, 그 두 핵심을 《작은 것이 아름답다》에서 '소박함(simplicity)'과 '비폭력(non-violence)'이라 정리했다.

대안적 삶의 철학, 적정기술

한편, 선생은 1950~1970년까지 20년 동안 영국 국가석탄위원회 수석 경제 고문을 맡았고, 영국 정부 경제 관료로 일하면서도 유기적 농업 경영이나 민주주의와 능률을 결합한 자율 경영 방식(공동 소유, 공동 결정, 공동 분배)에 깊은 관심을 가진다. 특히 1955년 버마(미얀마)를 다녀온 뒤, 가난한 나라가 선진 기술을 도입하면 생산성은 높아지지만 고용은 늘지 않는다는 통찰을 얻었다. 선생의 결론은, 선진국 행정 관료의 시각에서 행해지는 자금원조나 기술원조가 아니라 개도국 사람들이 원하는 것을 해결해주는 '중간기술'이나 그것을 스스로 할 수 있게 하는 '지식의 선물'이 필요하다는 것이었다. 그리하여 1966년엔 개도국에 적합한 소규모 기술을 개발하기 위해 '중간기술개발 그룹'을 만들었다.

선생의 철학은 기술이건 조직이건 크게 세 가지 원리를 구현해야 올바르다고 본다. 첫째, 저렴성, 둘째, 단순성, 셋째, 분권성이다. 기술이나 조직이 관료성, 독점성, 부패성을 탈피해 자율성, 대중성, 지속성을 담보한 방향으로 건강하게 발전하려면 이 세 원리를 구현하는 것이 바람직하다. 대개 우리는 비싸고 고급인 것을 좋아하고 높이 친다. 그러나 '충분함'을 모르면 우린 결국 돈/권력 중독에 빠진다. 대중성과 자율성을 담보하려면 값싸야 한다. 또, 우리는 스마트폰이나 교육이나 의료 체계에서 보듯 복잡한 것을 선호한다. 하지만 그 가운데 우리는 원래 욕구나 필요 충족보다는 상대적 우월감 성취라는 방향으로 빠진다. 차라리 자연 생태계처럼 단순하면서도 상호 보완이 되고 또 순환되는 것이 지속성과 대중성을 더 잘 구현할 것이다. 분권성에 대해선 부가 설명 없이도 이것이 독점적 중앙집권성에 비해 우리 삶을 자율성과 지속성으로 이끌 것임을 알 수 있다.

이런 면에서 나는 슈마허 선생의 '적정기술' 개념이 단순히 좁은 의미의 '기술 체계'만이 아니라 인간 삶의 여러 측면을 아우르면서도 현실적 대안을 제시하는 '삶의 철학'이라고 본다. 선생은 버마(미얀마)에 파견됐던 시절을 회상하며 이렇게 말했다. "랑군(양곤)에 도착한 바로 뒤 몇몇 마을과 도시를 방문하고 깨달은 것은, 버마는 서양 경제학자의 조언을 거의 필요로 하지 않는다는 것이었죠. 거꾸로, 우리가 그 사람들에게서 배울 게 있었어요. 그 사람들은 고도의 종교와 문화를 갖고 있었으며, 자국민에게 충분할 뿐 아니라 인도에 팔 수 있는 쌀까지 생산하는 훌륭한 경제 체계를 갖고 있었어요."

같은 맥락에서 선생은 우리에게 필요한 것은 '영혼이 있는' 경제라 역설했다. "내가 버마에서 느낀 것을 《불교 경제학》이란 제목으로 펴냈을 때, 많은 사람들이 이렇게 물었어요. '도대체 경제학이 불교랑 무슨 관련이 있죠?' 나는 간단히 말했어요. '불교 없는 경제학은 사랑 없는 섹스와도 같아요. 영성 없는 경제학이 당신에게 한순간 육체에 만족을 줄 순 있지만 내적인 충만함은 줄 수 없죠. 영적인 경제학은 헌신, 공감, 인간적 친밀함을 이윤이나 효율성과 같은 선상에 놓죠. 우리는 둘 다 필요하고 그것도 동시에 필요해요.'라고 말했죠." 결국, 우리는 현실 경제에서 효율성과 인간성의 조화라는 영원한 화두를 안고 있는데, 그 돌파구를 슈마허 선생은 불교 경제에서 찾았던 것이다.

산업사회의 4대 본성을 넘어

앞서 말한 것과 비슷하지만 약간 다른 각도에서 슈마허 선생은 오늘날 산업사회의 4대 본성을 이렇게 본다. 첫째, 광범위하게 복잡한 본성, 둘째, 탐욕, 시기심, 욕심 같은 죄를 부단히 부추기고 이용하는 본성, 셋째, 노동에서 품위와 만족을 없애버리는 본성, 넷째, 지나치게 큰 규모로 인한 권위주의 본성이다. 오늘날 우리 삶을 둘러보면 우리는 이러한 산업사회에 일종의 인질로 살고 있는지 모른다. 아이들이 배워야 할 것은 무엇이 그리 많고 복잡한가? 컴퓨터나 스마트폰, 자동차는 왜 그리도 복잡한 기능이 필요할까? 물품 하나라도 고급과 명품, 가격을 따지며 마치 그것이 자신의 인격을 대변하듯 자랑을 늘어놓는 꼴, 심지어 이른바 '갑질의 횡포' 같은 걸 보라. 또한 어떤 최고 부자 가문은 '돈' 때문에 사랑하지 않아도 억지로 결혼해야 하고, 죽어도 죽었다고 하지 못하는 자가당착에 빠져 있지 않은가? 그래서 '작은 것의 아름다움'이나 '충분함의 미학'이 더 소중하게 다가온다.

나아가 우리의 정치 경제 현실이나 노동 현실을 봐도 문제는 심각하다. 정치 경제 현실은 겉으로 '민주주의'를 이야기하나 실상은 자본과 권력의 자기 이익을 극대화하기 위한 관료주의와 물질주의가 팽배하다. 노동 현실은 겉으로 '완전 고용'과 '생활 향상'을 이야기하지만 실상은 실업과 과로, 불안감과 외로움에 고통받고 있다. 특히 한국은 겉으로는 국내총생산(GDP) 세계 15대국, 경제협력개발기구(OECD) 회원국이라 떠들지만, 속으로는 장시간 노동과 만성 과로, 수면 부족, 청년 실업, 고용 불안, 고도의 스트레스, 최고 자살률로 곪아가고 있다. 2016년 2월 들어 남북한 관계마저 '고도의 냉동기'에 접어들어, 분단 70년이 초래한 모순의 절정에 이르렀다. 2017년 5월, 촛불혁명이 낳은 문재인 정부가 다시 남북한 관계를 좋은 쪽으로 돌리는 듯했으나, 미국 트럼프 정부가 북·미 사이에 신뢰와 성실의 원칙을 지키지 않는 바람에 다시 원점으로 되돌아가고 말았다. 과연 우리에겐 희망이 있는가? 바로 이 지점에서 슈마허 선생은 비록 오래 전이지만 우리에게 힌트를 줬다.

"산업사회의 생사가 걸린 문제들이 정치개혁이나 경제개혁, 또는 과학기술 발전으로 해결된다고 더는 믿을 수 없습니다. 이 문제들은 저마다 우리 마음과 영혼 깊은 데 놓여 있습니다. 그러므로 드러나지 않게 내밀한 개혁이 일어나야 할 곳은 바로 우리 마음과 영혼입니다." 그렇다. '영혼의 혁명' 없이 정치경제 혁명, 교육과학 혁명은 있을 수 없다. 과연 우리 영혼은 어디로 향해야 하는가? 그것은 자유, 평등, 책임, 우애의 가치, 소박함과 비폭력, 겸손함과 연대성일 것이다. 이런 가치 지향과 더불어, 우리는 "저마다 사례를 만들어내는" 연대와 실천을 해야 한다. 초지일관, 외유내강, 지행합일과 같은 구호들이 새삼 가슴을 때린다.

강수돌

'삶의 경영'을 대학에서 가르치고, 돈벌이가 아니라 살림살이 관점에서 사회와 삶을 바라보는 경영학 교수다. '아래로부터 시각'을 놓지 않고, 경쟁과 분열에서 연대와 협동의 사회로 가는 길을 찾고 있다. 쓴 책으로 《경쟁 공화국》, 《중독의 시대》, 《이장이 된 교수, 전원일기를 쓰다》, 《살림의 경제학》, 《팔꿈치사회》, 《노동을 보는 눈》, 《나부터 세상을 바꿀 순 없을까》, 《잘 산다는 것》, 《여유롭게 살 권리》가 있다.

에른스트 프리드리히 슈마허의 책

《작은 것이 아름답다》

이상호 옮김, 문예출판사, 384쪽, 2002년

영국 주류 경제학에 뿌리를 둔 성장지상주의를 돌아보고 대안의 실마리를 찾은 슈마허의 대표 책. 인간이 스스로 조절하고 통제할 수 있는 '작은' 규모에서 환경과 인간이 공존하는 경제 구조를 만들 수 있다고 말한다. 오늘날 세계가 모든 부문에서 추구해온 거대주의와 기계화가 인간의 자기 파괴를 가져왔기에, 인간을 자본의 노예로 만드는 성장이 아니라 사람의 얼굴이 담긴 기술을 통해 인간성을 회복해야 한다고 전한다. "작은 것은 자유롭고 창조하는 힘이 있으며, 효과 있고 편하고 즐겁고 영원하다."

《내가 믿는 세상: 풍요로운 인간 중심 사회》
이승무 옮김, 문예출판사, 348쪽, 2003년

규모의 경제와 기술 진보를 바탕으로 무한 팽창해온 문명, 종교가 돼버린 소비자본주의에 대해 의문을 갖고 질문을 던진 책 《작은 것이 아름답다》 속편. 영성과 물질, 안과 밖, 이상과 현실, 상상과 실재를 아우르는 '인간 중심의 경제'를 제시하며, 단순한 삶을 살게 하는 가치관과 생산양식, 대량 생산이 아니라 오직 대중에 의한 생산만이 대안이라고 말한다. '1온스의 실천이 1톤의 이론만큼 값어치가 있다.'

《당혹한 이들을 위한 안내서》
송대원 옮김, 따님, 219쪽, 2007년

삶의 진정한 의미와 가치를 보여주는 '삶의 지도', 슈마허가 세상을 떠난 1977년 완성됐다. '자신에 대한 앎'을 바탕에 둔 지식이라야 가치 있고, '타인이 아는 나에 대한 앎'과 균형을 이뤄야 파괴로 향한 망상에서 벗어난다고 지적한다. 인간은 저마다 경험할 수 있는 하나의 '소우주'인데, 자본주의 문명은 인간을 서로 죽이는 생존 경쟁 존재로 끌어내려 세계를 야만으로 이끌었다고 말한다. 사람다움을 추구하는 것은 기계 같은 '직선의 논리'를 넘어선다고 말한다. "삶은 논리보다 크다."

《굿 워크》
박혜영 옮김, 느린걸음, 265쪽, 2011년

1977년 미국에서 펼친 강연을 묶은 책. 노동의 진정한 의미를 밝히고 인간의 삶과 사회에 대한 대안을 제시한다. 현대 문명의 가장 큰 죄악은 인간의 노동을 파괴한 것이며 지금 우리가 서 있는 자리에서 우리가 가진 삶과 노동 그리고 사회를 바꿀 수 있다고 말한다. 좋은 노동과 좋은 노동을 위한 교육이 자본주의에 잠식한 삶을 복원하게 될 것이라고 말한다. '인간이 이 세상에 온 것은 자신을 완성하기 위해서입니다.'

루이스 멈포드

Lewis Mumford
1895-1990

1895년 미국 뉴욕 퀸즈의 빈민가에서 태어났다. 1912년 스토이베산트 기술학교를 졸업한 뒤 뉴욕 시립대학 야간학부에 진학했지만 폐결핵으로 학업을 마치지 못했다. 하지만 멈포드는 작가, 건축비평, 역사, 기술철학, 문학비평 영역에서 활동했고, 스탠퍼드와 엠아이티를 비롯해 여러 대학에서 가르쳤다. 30년 동안 잡지 〈뉴요커〉에 건축비평을 썼고 1961년 《역사 속의 도시》로 전미도서상, 대영제국 훈장, 미국 예술훈장을 받았다. 초기에는 과학기술에 대해 낙관했지만 나중에 비판으로 돌아섰다. 1946년 일찍이 핵폭탄을 비판했고, 1965년 베트남 전쟁에 반대했다. 1934년 《기술과 문명》에서 전체 기술의 역사를 다뤘고, 거대기술과 거대도시를 비판하며 기술과 도시를 인간화해야 한다고 주장했다.

기계문화를
통찰하다

글. 김성원

예리한 관찰력으로 사물을 꿰뚫어 보는 행위나 새로운 사태에 직면해 장면이나 상황을 재구성해서 갑작스레 문제를 해결하는 능력을 통찰(洞察)이라 한다. 통찰은 '밝다', '꿰뚫다', '통하다'는 뜻으로 쓰이는 통(洞)과 살필 찰(察)을 합한 단어다. 그런데 통(洞)은 '골', '골짜기', '마을', '고을', '동굴'이라는 뜻으로 쓰여 '동'으로 발음하기도 한다. 짐작해보면 통찰은 마을, 곧 사람 사는 세상을 두루 알고 살피는 행위이자 능력이다. 뒷동산에 올라 마을을 살펴본 사람은 통찰의 의미를 직감할 수 있다. 오랫동안 한 마을에 살아온 이는 마을 골목, 누구누구의 집, 어느 집 창고, 모퉁이 돌의 위치를 안다. 들리는 소리만으로 어느 집 강아지가 짖는지, 누구 집 아들 녀석 혼내는 소리인 줄 안다. 이집 저집 복잡한 관계를 알고 대대로 마을에 얽힌 복잡한 사연을 안다. 통찰은 마을을 두루두루 알듯이 사태를 파악하고 해결하는 능력이다. 통찰은 잠깐 스치는 정보로 알 수 없는 깊은 지식과 경험, 그윽한 생각을 바탕으로 오래 살아온 마을을 살피듯 사태를 파악하는 능력이다. 통찰은 한 마을에 살듯 한 주제를 오래 살펴보고 연구하고 숙고한 만큼 깊어지는 능력이다. 이세돌 기사가 인공지능 알파고에 패배한 뒤 충격에 빠져 혼란스러워하는 우리들에게 그러한 통찰을 보여줄 사상가는 누가 있을까. 나는 주저 없이 루이스 멈포드를 떠올린다. 기계문명과 도시문화에 대해 그만한 통찰을 보여주는 이가 없기 때문이다.

전문가와 일반 과학자

루이스 멈포드가 가진 사상을 이해하려면 멈포드가 대비시킨 개념들을 살펴볼 필요가 있다. 자신을 전문가가 아니라 일반 과학자로 규정했던 멈포드는 특정 분야에 대한 깊은 지식과 통찰력을 갖는 것을 중요하게 생각했지만 학문적 전문주의를 배격했다. 공허한 지식과 학문 중심 상아탑을 쌓고 그것에 안주하는 것에 반대했기 때문이다. 멈포드가 중요하게 생각한 관심사는 인간의 '총체적 삶'을 다루는 사고이자 전체의 과학이었다. 특정 분야에 얽매이지 않고 도시, 건축, 유토피아, 미국문화, 기술 같은 다양한 분야를 연구했다. 특히 기술에 대한 연구는 공학 차원의 연구가 아닌 인간과 기술의 관계를 역사, 사회, 문화 차원에서 다룬 본격 기술인문학이라 할 수 있다.

만약 멈포드라면 적정기술운동을 어떻게 생각했을까. 아마도 삶에 대한 전체성을 갖는 생활기술학이자 생활기술자를 확산시키는 운동이어야 한다고 말할 것이다. 삶에 필요한 도구와 기술을 인간 삶에 끼치는 모든 면을 고려해 조심히 선택하고 다루려는 문화운동이어야 한다고 생각할 것이다. 개인주의가 발달한 사회에서 자급자족은 개인의 문제로 이해된다. 이 때문에 생활기술 역시 개인의 문제가 된다. 하지만 삶에 필요한 생활기술 모두를 한 개인이 습득하고 능숙해질 수는 없는 노릇이다. 북유럽처럼 집단이 결속하는 정서가 강한 사회에서 자급자족은 지역 공동체의 문제이고 당연히 생활기술은 한 지역사회에 속한 평등한 시민들이 함께 공유할 자산으로 여겨진다. 극도로 산업화되면서 어떤 사회든 이제 삶에 필요한 대부분 기술은 자본을 가진 기업에 속하게 되었다. 만약 멈포드라면 적정기술은 인간의 총체적 삶을 복원하기 위해 생활기술을 개인과 지역공동체로 다시 되돌리기 위한 운동이라 생각할 것이다. 멈포드를 닮고 싶었던 것일까. 나는 어느새 한 분야에 정통한 장인이기보다 삶의 다양한 기술을 연구하고 섭렵하는 편력에 빠져버렸다. 문득 깨닫는다. 언제 어디나 우리 생활에 편재한 기술이 주는 영향을 삶 전체에 비추지 않고 우리는 어떻게 인간다울 수 있을까.

유토피아와 생태현실주의

멈포드는 《유토피아 이야기》를 통해 유토피아를 건설하고자 했던 인간의 노력을 역사에서 살펴보고 비평한다. 유토피아는 기술과 조직, 규칙을 가지고 이상사회를 조직하고 구조화하려는 시도였지만 대부분 실패했다. 오늘날 과학과 기술에 대한 맹신은 바로 그러한 유토피아에 뿌리를 두고 있다는 점을 지적한다. 《기계의 신화》를 통해 기술의 신화적 측면, 인간 자신이 만든 도구로 신적 존재가 되고 싶은 열망 때문에 되레 기계가 인간에게 신과 같은 존재가 돼가는 현실을 분석한다. 멈포드는 과학과 기계에 대한 현대인의 맹신은 절대자가 되려는 열망으로 기계가 된 낙원을 건설하려고 하는데, '본질을 들여다보면 마치 종교 현상'과 같다고 비판한다. 우리는 우주여행, 자동화 생산, 로봇, 핵발전, 인공장기, 인공지능, 원격 조정, 가상현실 같은 현대 기술이라는 미신이 현실이 돼가는 세상에 살고 있다. 어느새 기계는 생산 현장에서, 서비스 현장에서, 지적 노동의 공간에서 인간을 대체하거나 배제하기 시작했다. 우리는 산업화된 기계문명이 만들어낸 다양한 위험에 노출되었고 거대한 공포와 혼란에 직면해 있다.

멈포드는 기술 유토피아에 대항해 생태현실주의를 강조한다. 특히 삶과 생명, 생태적 질서와 균형이 유토피아에 우선한다고 믿었다. 균형을 위해 급격한 변화보다 안정성이 중요하다고 생각했기에 생명을 문화의 중심에 둬야 한다고 말한다. 생명은 생로병사를 포함한다. 순환과 절제, 중단, 죽음을 포함하는 생태적 현실을 강조한다. 자연에는 균형과 안정성, 지속성이 있다고 믿는다. 기계 같은 미래를 추구하는 것이 아니라 문화 속에 현재와 미래, 과거가 공존하도록 해야 한다. 오래된 과거를 억압하고, 인간의 유전 정보에 기록돼 본성으로 자리 잡은 과거의 기억을 부정하는 것은 생명을 거부하는 것이다. 멈포드는 무엇보다도 생태적 사유를 강조했다. 양적 성장 대신 질적 성장을, 생명의 충만함을 찾는다. 물질적 풍요 대신 조절과 균형을 갖는 문화, 생태적인 풍요를 내세운다. 그렇기에 멈포드는 원시사회에 대한 낭만을 앞세운 동경이나 히피문화, 반문명주의에 대해 반대한다. 젊은이들이 땀 흘려 일하지 않고 놀듯이 살 수 있다는 몽상에 대해서도 비판한다. 그것은 생태나 사회적 현실도 아닌 또 다른 극단을 달리는 신화라 생각했다. 생명의 진화와 안정이 균형을 이루듯 인간 문화에 있어서도 과학과 생태의 균형을 중요하게 생각했다.

종종 우리는 과거 과학소설(SF)이나 영화 속 장면이 이제 현실이 되었다는 이야기를 듣는다. 과거에는 몽상으로 여기던 것이 현실이 되고, 사회는 또 종종 그렇게 조직되었다. 현재는 그런 과거가 쌓인 결과다. 자연 속 뭇 생명과 삶은 기술의 시대 이전부터 수만 년 이상 자연 속에 살던 과거가 켜켜이 쌓인 결과이기도 하다. 이것이 멈포드가 말하고 싶었던 생태적 현실은 아니었을까.

산업성장과 과학기술 발전이 보조를 맞추며 달려가던 시절, 대중들은 소설가와 영화 제작자들처럼 기술과 과학이 펼치는 신세계와 미래를 꿈꿨다. 1960~1980년대 등장한 《퍼블릭 사이언스(Public Science)》와 같은 수많은 과학 잡지들은 그런 열망을 가감 없이 보여준다. 그때까지만 해도 수많은 시민 과학자, 시민 발명가들이 곳곳에서 활동했다. 당시 많은 청소년들이 발명가를 꿈꿨다. 하지만 개인 발명가들의 성과는 자주 기업과 자본에 귀속되고, 시민 대중이 뿜어냈던 창조적 에너지는 백일몽이 끝난 듯 사라져버렸다. 대중은 더 이상 산업화된 사회에서 거대 자본에 대항할 수 없고, 자본 없이 성공을 기대할 수 없는 시대가 왔다는 자각을 하게 된 것일까. 과거 과학과 기술에 대한 열망과 함께 우후죽순으로 등장했던 대중과학, 시민기술 잡지들은 실망 속에 사라져버렸다. 과학기술과 성장의 유토피아를 기획하고 주도하는 이들은 권력과 자본, 최첨단 과학기술을 가진 소수에게 집중돼버린 듯하다. 심지어 과학과 기술사회에 대한 열망과 몽상조차 산업자본과 정치가 결탁한 캠페인과 광고로 조직되고 있다. 청년들에게 끊임없이 창조경제를 말하며 창업을 부추기지만 만약 성공하더라도 그 결과는 왕좌에 앉은 이들의 것이 되도록 사회는 조직됐다.

서식(棲息)의 기술

재난이 일상이 되고 있다. 지진, 대형 산불, 연이은 태풍으로 우리는 기후위기를 그 어느 때보다 실감하고 있다. 기후위기는 우리가 직면해야 하는, 멈포드가 말한 생태적 현실이다. 산업 성장과 과학기술의 발달에도 불구하고 양극화가 심화되고 삶이 점점 더 행복에서 멀어지고 있다. 지난 산업 성장의 열망을 철회하는 사람들도 속속 등장하기 시작한다. 기술에 대해 생각하다 연속된 재난 앞에 무력하게 웅크린 채 인간의 삶에 대해 깨닫는다. 고대인들에게 산다는 것은 동굴에 살 듯 '서식(Inhabit)'하는 것이었다. 자연의 외부에서 자연을 지배하며 사는 것이 아니라 자연 속에 사는 것을 의미했다. 서식(棲息)은 마치 새가 나뭇가지를 간신히 붙잡고 둥지를 틀고 사는 것을 의미한다. 나무에 둥지를 튼 새는 나뭇가지를 꺾지 않는다. 우리는 자연 속에 깃들어 사는 존재임을 겸허하게 인정하는 서식자의 태도로 기술을 다뤄야 한다. 오만한 인간을 파괴적 힘으로 응징하는 위대한 자연 앞에 속수무책인 우리는 이제 자연 속에 깃들어 살기 위한 기술을 지향해야 한다. 둥지 튼 나뭇가지를 꺾지 않는 새처럼 자연을 훼손하지 않으며 간신히 살기 위한 기술, 자연과 단절된 채 끊임없이 자연을 파괴하며 살아갈 수 없는 존재란 것을 겸허히 인정하는 기술이 필요한 시대다. 멈포드가 지적하듯 우리가 확고하게 수립해야 할 미덕은 기술의 절제와 한계다.

거대기계와 공예

멈포드는 30대 때 신과학에 대한 희망을 가졌지만 곧 포기하고 기계문명을 비판했다. 《기계의 신화》, 《예술과 기술》, 《기술과 문명》에서 그는 '거대기계'란 개념을 전면에 내세운다. 거대기계는 규모가 어마어마하게 큰 대형 기계를 말하는 것이 아니다. '거대기계'는 정치권력과 기술이 결합돼 기계처럼 조직화된 사회와 문화를 의미한다. 여기서 인간은 부품이다. 기원전 4천 년 경 이집트와 메소포타미아에서 새로운 도시국가가 발생했고 이곳에서 정치권력과 기술이 결합돼 사회를 기계와 군대로 조직했다. 그 구성 요소는 신화, 과학자-사제, 서기-관료, 군대, 그리고 노예였다. 종교가 지배한 도시국가는 거대한 기계처럼 사회와 노예를 이용해 어마어마한 유적과 기념물을 조성할 수 있었다. 멈포드는 현대 산업사회도 거대기계로 조직되었다고 분석한다. 소수에게 집중된 정치 경제 권력, 발달한 과학기술, 과학자와 엔지니어, 관료, 그리고 직장과 공장에서 기계 부품처럼 일하고 있는 수많은 사람들로 구성돼 있다. 민주주의 사회에서조차 관료조직과 기업조직이 군사적 규율과 위계적 체계로 견고하게 유지되는 것을 당연시한다. 또한 과거의 신화와 종교처럼 우리 시대에 과학과 기술, 그리고 자본주의는 거부할 수 없는 것이 되었다.

멈포드는 거대기계에 맞서 공예를 내세운다. 공예는 다양성을 가지고 있으며 그 다양성이 안정성을 만들어낸다. 획일화된 현대의 단성기술에 비해 공예술에는 기술적이고 문화적인 다양성, 토착성이 있다. 공예는 민주적이고, 소수에게 독점될 수 없으며 생산에 제약과 절제가 있는 기술이다. 국가는 권력과 자본이 집중돼야 가능한 핵발전, 우주기술, 자동차 산업, 조선업, 전자 산업에 관심을 갖는다. 이러한 산업화된 기술은 권력을 강화시켜주기 때문이다. 산업혁명이 일어나고 자본주의가 정착되기 전 17~18세기는 공예가 놀라울 정도로 발전하고 사회 전반에 무언가 새로운 것을 만들어내는 열기가 가득했다. 이런 사실은 계몽주의자들이 기록한 백과사전을 통해 엿볼 수 있다. 세련된 기술은 공예와 가내공업을 위한 풍부한 잠재력을 보여준다. 공예술은 우리 마음과 손을 충분히 활용한다. 멈포드는 "기술의 목적은 노동의 절약이 아니라 노동에 대한 사랑에 있다."라고 말한다. 나는 이 말을 직접 베틀을 짜며, 가구를 만들어보며, 대장작업을 시도해보며, 흙 미장을 해보며 몸과 마음으로 깨닫는다. 공예는 단지 창백한 생산과 제조가 아니다. 기물을 더욱 아름답게 만들려는 미감과 향상심이 담긴다. 내 손으로 만들었다는 자부심이 거기에 있다. 그것이 사랑이다. 이뿐 아니라 공예는 성장보다는 균형을, 생명을, 그리고 혁신보다는 안정과 치료, 순환을 우위에 둔다. 공예술에 내재된 한계, 균형, 다양성에 대한 의식은 기계적 유토피아를 구축하려는 미신과 반이성으로부터 우리를 지킬 수 있다.

멈포드가 중요하게 생각한 공예는 지역 기술(Local Tech)이다. 인류 역사 내내 자급자족 했던 농촌조차 이제는 삶에 필요한 대부분의 기술과 제품을 외부에서 가져온다. 이러한 기현상을 극복할 대안은 지역의 재료와 자재를 가지고, 지역의 장인들이, 지역 사람들의 필요와 기후, 풍토에 맞게 기물을 만드는 지역 기술을 바탕에 둔 공예다. 빗자루와 솔을 만들어보면 지역의 자연 재료에 대해 보다 많은 관심을 가지게 되고 이해하게 된다. 스쳐 지나던 잡초가 달리 보이기 시작한다. 그제야 인간의 삶을 떠받치며 넘실대는 '생명의 그물'을 직감하게 된다. 공예는 자연물의 부족함을 탓하면서 첨단 과학기술로 새 대체물을 만들기보다 있는 그대로 자연 재료를 긍정하고 교감하는 계기가 된다.

채집과 채굴의 기술

전통 사회에서 채집은 사냥, 농업과 함께 생존의 중요한 활동이었다. 채집은 자연을 파괴하지 않고 자연이 내어주는 먹거리를 모으고, 필요한 재료를 모아서 제작하는 활동이다. 공예는 채집과 농업을 바탕으로 발전했다. 17세기 전까지 인간이 사용한 대다수 기물과 기계의 재료는 흙과 돌과 나무 같은 자연물이었다. 금속은 아주 제한적으로 사용했다. 나무 기계의 시대는 창의 넘치는 수많은 나무 엔지니어들의 시대였다. 흙과 돌과 나무로 만든 기물과 기계는 시간의 힘에 순응하며 낡아지고 자연으로 돌아가는 미덕을 갖고 있었다. 만약 채집 문화를 현재화한다면 그 양태는 과거의 채집과 다를 수밖에 없을 것이다. 오늘날 채집은 이미 인류가 만들어놓은 수많은 기물과 기계와 제품의 잔해와 폐기물을 재활용하거나 아직 쓸모가 있는 것들을 수리하는 활동일 것이다. 채집은 단지 수집에 그치지 않고 가공, 제작, 수리를 포함한다. 재난이 와도 이러한 채집과 소소한 기술을 익혀두고 있다면 위축되지 않고 풍요로운 생활을 할 수 있다. 물론 이런 채집이 없어도 우리는 너무 많은 물건들에 둘러싸여 살고 있다.

    생각을 더 이어가본다. 문명은 '채집'에서 '채굴' 문화로 바뀌었다. 산업혁명은 석탄 채굴을 위해 개발된 증기기관으로부터 촉발되었다. 증기기관이 섬유 산업에 활용되었다. 섬유 산업의 성장에 따른 기계 수요의 증대에 힘입어 철강 산업이 성장했다. 석탄과 철광석을 포함한 각종 광석 채굴에 사용된 기술은 석유 산업에 적용되었다. 서기 347년 중국 유전의 깊이는 240미터였고, 대나무를 꽂아 원유를 채굴해서 소금 증류를 위한 연료로 썼다. 1264년 이탈리아 여행가 마르코 폴로가 기록한 아제르바이잔의 수도 바쿠에 있는 유전은 노천 유전이었다. 현재는 점점 더 깊은 지하와 심해 바닥에 숨겨져 있던 원유를 채굴하고 있다. 1947년 멕시코만 해저 유전은 기껏 4.6미터 깊이였다. 2008년 샌 래먼사가 개발하는 데 사용하는 채굴 장비는 12.1킬로미터까지 파고들어갈 수 있다. 보통 시추 성공률은 30퍼센트인데 한 번 허탕을 치면 1천억 원 넘는 비용을 잃을 수 있다. 이 과정에서 다양한 해양 오염을 일으킨다. 오늘날 산업기술문명은 지하 광물이나 석유만이 아니라 정글 같은 자연 곳곳 깊이 숨겨져 있던 다양한 자원을 채굴하고 활용하는 기술에 의존하고 있다. 채굴에 동원된 기술은 막대한 에너지를 필요로 하고, 그 결과는 환경 파괴와 자연에 대한 착취였다. 코로나19 역시 무책임하고 탐욕스러운 자원 채굴과 환경 파괴의 결과다. 어쩌면 우리는 다시 흙과 돌과 나무를 주재료로 하는 제작 문화를 다시 복원해야 하는 것은 아닐까? 금속과 플라스틱, 온갖 화학재료가 차지하는 월등한 지위를 낮춰 자연 재료를 보조하는 정도로만 써야 하는 때가 온 것은 아닐까? 이런 생각은 현실에서 벗어난 낭만을 좇는 복고 취향이라 비판받을 수 있다. 하지만 기후위기 시대에 금속과 플라스틱과 현대 재료를 지구를 파괴할 정도로 소비하며 살아간다는 것 역시 현실을 외면하며 자기 스스로를 파괴하는 태도다.

무엇이 현실에서 벗어난 생각이든 재료는 시대마다 기술과 문화, 문명의 성격을 결정했다. 이제 인간은 문명과 기술의 기본이 되는 재료에 대해 고민하고, 어떤 재료를 주로 사용할지 결정해야만 한다는 것은 분명하다. 결정이 어렵더라도 너무 걱정할 필요는 없다. 우리는 이미 너무도 다양하고 풍부한 재료들로 지나치게 많은 제품들을 만들어 놨다. 한동안 버려진 것들을 채집하고 수리하고 재활용하기만 해도 충분할 것이다.

코로나19 다음의 기술

멈포드가 만약 코로나19의 세계적 유행을 경험했다면 어떻게 생각했을까? 그는 코로나19 다음의 기술에 대해 어떻게 말했을까 추측해본다. 지금까지 우리가 누리던 산업기술은 편리성, 효율성, 수익성, 산업적 양산, 획일성, 소비 지향, 노후화(일정 기간 지나면 제품을 더 이상 쓸 수 없게 만드는 전략), 국제 표준을 특징으로 삼았다. 하지만 코로나 이전의 기술이 가능했던 세계의 전제가 균열을 일으키며 붕괴하고 있다. 앞으로 기술은 편리와 효율보다는 직접 경험에서 오는 삶의 충만함에 초점을 맞추고, 수익성이나 대량 생산, 소비보다는 삶의 필요와 질에 맞추며 절제하고, 획일성이 아닌 다양성을 추구하고, 노후화를 기획하기보다는 내구성을 높이고, 국제 표준보다는 지역 적합성을 추구하는 기술로 바꿔가야 한다고 말하지 않을까?

지금까지 기술은 무한 성장과 경제적 이익 추구의 수단이 되면서 이상한 도구가 되었다. 본래 기술은 당연히 생명과 삶에 봉사하는 수단으로 개발된 것 아닌가? 왜 이렇게 변했을까? 어떻게 다시 기술을 바꿀 것인가? '자연을 닮은 기술'일 것이다. 사실 인간의 기술은 기본적으로 자연에 구현된 작동 원리와 형태를 관찰하고 모사한 결과였다. 일례로 엘시디 모니터에 구현된 액정 기술은 식물의 콜레스테롤 기능을 조사하는 과정에서 발견됐다. 하지만 인간은 자연을 이기적으로 모방했다. 이제 인간의 기술은 좀 더 자연을 깊이 닮아가야 한다. 무엇보다 지역 환경에 순응하며 제한하고, 다양성을 추구하고, 자연 속에서 순환하며 생명 표현을 반복하는 특성을 탑재해야 하지 않을까? 멈포드는 오늘날 이런 질문이 필요하다고 하지 않았을까 싶다.

공동체의 기술

나는 멈포드의 공예 예찬에 감동한 뒤 직조를 익혔다. 예전 같으면 손에 잡지 않았을, 직조와 섬유문화를 다룬 책 《총보다 강한 실》을 읽으며 전통기술은 오랜 집단 경험과 지혜의 축적물이었다는 점을 새삼 다시 확인한다. 기술이 집단에 끼치는 영향이 크다. 오랫동안 기술 구현을 위해 지역사회의 중요한 자원을 투자해왔고, 집단 노동력이 필요할수록 그 기술은 공동체에 속한 거의 모든 사람들에 의해 검증을 거쳐왔다. 공동체에 속한 이들은 그 기술의 소비자가 아니라 모두 기술 개발 과정에 참여하고 있기 때문이다. 그러나 오늘날 산업자본주의에서 기술은 막대한 사회적 자원이 투입되지만 시장의 요구와 수익성을 고려한 기업의 소수 결정권자와 그에 복종하는 마케터와 엔지니어에 의해 결정된다. 그 기술이 공동체에 끼치는 결과와 영향은 인간의 건강과 존재의 바탕을 파괴할지라도 늘 사후적이었다. 현대사회에서 기술을 판단하는 데 있어 공동체의 집단적 지혜와 경험이 개입할 여지는 없다. 대다수는 그저 소비자로 전락했기 때문에 기술 과정에 참여할 여지가 없다. 우리가 코로나 뒤로 기술의 방향을 전환해야 한다면 '집단적 지혜와 경험을 통해 검증되고 축적되는 공동체의 기술 개발과 구현'이라는 기준을 명확히 해야 한다. 지역 공동체의 구성원들이 중요한 기술 과정에 참여할 수 있도록 보장해야 한다.

멈포드는 기술에 대해 질문하고 다시 도시에 대해 탐구했다. 인간의 삶과 행복에 적합한 도시는 무엇인가 질문했다. 나 역시 그의 추종자로서 도시에 대해 질문해본다. 오늘날 이 거대한 도시에 적합한 적정기술은 무엇이냐고. 내 질문이 잘못됐다는 것을 오랜 뒤에 멈포드의《역사 속의 도시》를 읽고 나서야 깨달았다. 도시는 그 자체가 산업화된 현대 기술의 결과이고 하나의 체계, 곧 기계라는 점을 간과했다. 그러므로 도시는 자신의 체계에 적합하지 않은 기술이 이용될 여지를 허락하지 않는다. 적정기술 활동가였던 나는 이 점에서 실패했다. 현대 산업도시에 적합한 적정기술이란 불가능하다. 그것은 그저 말에만 머물렀거나 무지였다. 이 날선 조롱은 그동안 적정기술 활동가로 살아왔던 나 자신에 대한 자기비판이다. 적정기술이 아니라 도시를 바꿔야 한다. 생태적이고 지속할 수 있는 적정한 규모의 도시로 바꿔야 한다. 멈포드는 다시 나를 적정기술에서 도시로 이끌고 있다. 나는 지금 자연스럽게 도시 속 농장과 공원, 놀이터, 공유지를 고민하고 버려진 빈집에 관심을 갖고 도시의 다양한 공공자원과 공공장소의 변화에 대해 탐구하며 변화를 모색하고 있다. 우리는 도시를 바꾸지 않고는 더 이상 살아가기 어려운 위기 앞에 놓여 있다. 어쩌면 공간의 변화가 우리를 구원에 이르게 할지도 모른다.

멈포드의 심오하고 다소 난해하기까지 한 사상을 짧은 글로 충분히 설명할 수 없다. 다만 그에게 영향을 받은 추종자로서 내 생각의 조각들을 끄집어낼 뿐이다. 자칫 그 사상을 왜곡하지 않을까 염려된다. 기술철학자들을 살피다가 멈포드를 만난 뒤 매료돼 국내 소개된 저작들을 모두 찾아 읽으며 푹 빠져 있던 때가 떠오른다. 어설픈 적정기술 활동가에서 시작해 '기술과 인간'을 화두 삼아 평생 내 나름의 연구와 실천 활동을 하겠다는 결심도 순전히 멈포드 영향이다. 그의 기술문화에 대한 통찰은 그만큼 나에게 강력했다. 만약 알파고로 대변되는 과학기술의 맹위 앞에 인간은 도대체 무엇인지 묻거나, 계속되는 재난 시대에 코로나 다음 인간의 삶과 문명과 기술에 대해, 그리고 인간이 어떻게 인간답게 생존할 수 있을까 질문하기 시작했다면 멈포드의 통찰에 귀 기울여야 할 것이다. 멈포드는 시대를 너무 앞선 사람이었지만 오늘날에는 우리가 놓인 현실을 가장 확실하게 꿰뚫어보는 사상가가 됐다.

김성원
전남 장흥으로 귀농한 뒤 생태건축, 대안에너지를 비롯해 다양한 생태적 삶을 일상에서 회복하며 사람됨을 되살리는 적정기술을 연구하고 교육하는 활동을 해왔다. 일상 적정기술을 공유하는 '나는 난로다' 축제를 공동 기획했고, 전환기술사회적협동조합, 흙부대생활기술네트워크를 함께 만들었다. 《이웃과 함께 짓는 흙부대집》, 《점화본능을 일깨우는 화덕의 귀환》, 《화목난로의 시대》, 《근질거리는 나의 손》, 《시골 돈 보다 기술》, 《마을이 함께 만드는 모험 놀이터》를 펴냈다. 공저로 《한국의 논점 2019》, 《기술비평들》, 《사물에 수작부리기》, 《자전거로 충분하다》가 있다.

루이스 멈포드의 책

《유토피아 이야기》
박홍규 옮김, 텍스트, 336쪽, 2010

진정한 유토피아 비전을 제시하며 삶 속에서 실천했던 멈포드 사상을 집약한 책. '유토피아'란 인간이 처한 환경에 대한 반응이자 주어진 현실을 인간다운 모습으로 바꾸려는 시도이며, 언젠가 구현될 미래를 내다보는 것이다. 인간 생활을 '잡다한 우연사의 혼합'으로 보고 서로 영향을 미치는 전체로 보지 못한다면 더 좋은 삶, 더 나은 사회를 기대할 수 없다고 말한다. 21세기 새로운 유토피아를 모색하는 길을 찾는다.

《예술과 기술》
박홍규 옮김, 텍스트, 212쪽, 2011

모든 유기체와 마찬가지로 인간은 언제나 주어진 세계에 대항해 반란하기 마련이며, 인간을 기술의 노예로 만드는 기술 신화에서 벗어나 인간이 기술을 통제해야 한다고 지적한다. 오늘날 기술은 더욱 인격 없이 작동하는 기계장치가 됐고, 예술은 유아 상징주의로 퇴락했다고 비판한다. 예술과 기술이 모두 인간이라는 유기체를 대변하기 때문에 이 둘이 관계를 맺어 통일을 이뤄야 한다고 말한다.

《기술과 문명》
문종만 옮김, 책세상, 682쪽, 2013년

삶을 풍요롭게 하던 기술이 어떻게 삶을 파괴하는 '거대기계'로 변모했는지를 묻는다. 수많은 기계에 둘러싸여 살고 있고, 상상하지 못했던 기계품들이 우리 삶을 빠르게 바꿔가고 있다. 지금 기계와 어떤 관계 속에 있으며, 기계는 과연 선인지 악인지를 가늠하는 통찰을 준다. 기술혁신과 과학의 발전, 사회의 조직화와 자본주의를 만난 기계의 변신을 따라가며 기계문명을 타락의 길로 이끈 권력의 실체를 폭로한다.

《기계의 신화 1 : 기술과 인류의 발달》
유명기 옮김, 아카넷, 596쪽, 2013

도구가 인간 활동을 지배했던 것이 아니라 인간의 '상징 능력'이 자신의 삶을 구성했고, 자유롭고 상상력이 풍부한 의식이 문화의 원천이었다고 말한다. 인간의 도구를 남성, 반생명, 파괴적 성격을 갖는 것과 여성, 친생명, 평화, 유기적 성격을 갖는 것으로 구분하며, 포용과 순환, 소통을 통해 인간의 생활에 이바지하는 도구에 주목한다. 인간을 기계의 한 부품으로 만드는 '노동기계', '군사기계'를 아우르는 '거대기계'를 낱낱이 들여다본다.

《역사 속의 도시》
김영기 옮김, 지만지, 612쪽, 2016년

4,000년 도시 역사를 성찰하며 도시를 구성하는 기본 형태인 '성벽, 주택, 거리, 광장'으로 구분해 서술했다. 현대도시가 공공기능만 추구할 뿐 의사소통과 협력에 의한 공동 목적을 소홀히 한 채, 직업 과잉과 전문화, 달갑지 않은 공생관계가 만연한 현실을 지적한다.
도시 기능은 '힘을 형태'로, '에너지를 문화'로, '죽어 있는 물질을 예술의 살아 있는 상징'으로, '생물학적 재생산을 사회적 창조성'으로 전환해야 한다고 말한다.

이반
일리치

Ivan Illich
1926-2002

1926년 오스트리아 빈에서 크로아티아 출신 아버지와 유대인 어머니 사이에서 태어났다. 이탈리아 피렌체에서 화학과 역사를 공부하다가 곧 신학에 뜻을 두고 로마 그레고리대학에서 철학과 신학을 공부했다. 1950년 가톨릭 사제 서품을 받고 이듬해 미국으로 건너가 교사와 학자로 활동했다. 특히 중남미 가톨릭교회와 정치 체제를 비판했다. 교황청과 마찰을 빚다 1969년 교회 모든 직책에서 물러났다. 이반 일리치는 1959년 쿠바혁명 영향으로 등장한 '해방신학'에 일정하게 공감하면서도 또 다른 각도의 비판 사상을 발전시켰다. 그는 1970년대에 태동한 생태주의 흐름에 직접 속하지는 않았지만 이 운동의 발전에 가장 강렬한 자극을 준 선구적 사상가 가운데 한 사람이었다. 일리치는 멕시코 쿠에르나바카에서 대안 학문공동체 '문화교류문헌자료센터'를 설립해 연구와 사상 교류를 이어갔다.

산업과 기술에
물음을 던지다

글. 장석준

발전이라는 약속을 비판하다

2002년 12월 이반 일리치의 부고 기사를 쓰며 세계 곳곳 수많은 기자들이 똑같은 문제로 머리를 쥐어짰다. 부고를 실어야 할 정도로 유명한 인물이기는 한데, 이 사람을 소개하려면 이름 앞에 무슨 말을 붙여야 할지 떠오르지 않아서였다. 어떤 신문은 '사회학자'라고 했고, 또 다른 곳에서는 '문명비판가'라 하기도 했다. '생태주의자'라거나 '아나키스트'라는 설명을 단 곳도 있었다. 하지만 어떠한 수식어도 그에게 딱 들어맞지는 않았다. 그만큼 일리치는 자유롭고 다채로운 인물이었다.

직업으로만 따지면, 그는 '전(前) 사제'다. 일리치는 1926년 오스트리아 빈에서 태어났다. 아버지는 크로아티아계 가톨릭교도였고, 어머니는 유대인이었다. 여러 민족, 종교, 문화가 교차하는 집안 탓인지 그는 어릴 적부터 여러 언어를 쉽게 배우고 유창하게 구사했다. 또한 나치 체제에서 유년기를 보냈기에 일찍부터 사회에 깊은 관심을 갖게 됐다. 10대에 반나치 저항운동에 참여하기도 했다. 그런 그가 선택한 길이 가톨릭 사제였다. 뛰어난 지적 역량과 언어 능력 덕분에 그는 사제 서품을 받자마자 교회 안에서 크게 주목받았다. 미국령 푸에르토리코에서 불과 30세에 가톨릭대학 교수가 됐고, 1961년에는 멕시코에 자신이 주도하는 연구-교육기관인 문화교류문헌자료센터(CIDOC)를 설립했다. 여기까지는 장래 주교감인 엘리트 사제의 이력이라 할 만했다.

그러나 일단 문제의식이 생기면 주변 반응에 아랑곳없이 도발적인 물음과 비판을 던지는 성격 탓에 일리치의 인생 궤도는 예기치 않은 방향으로 틀어졌다. 1960년대는 마침 라틴아메리카 교회 곳곳에서 사회 비판의 목소리가 터져 나오던 때다. 또한 제2차 바티칸 공의회 영향으로 세계 가톨릭교회에 개혁 바람이 불던 때였다. 이 시기가 낳은 커다란 흐름이 프란치스코 교황의 사상과 활동 배경이기도 한 '해방신학'이다. 일리치 역시 이런 시대 흐름에 큰 영향을 받고 상당히 개입하기도 했지만, 특정 사조에 속하기에는 개성이 너무 강했다. 해방신학 선구자들이 자본주의가 약속한 '발전'이 오히려 빈부격차를 부추기는 점을 비판한 데 반해 일리치는 '발전'이라는 약속 자체를 비판의 눈으로 바라봤다. 제3세계가 부유한 나라들을 따라간다는 것은 무슨 의미인가? 계층을 가리지 않고 누구나 자동차를 사게 됐다고 마냥 좋아할 일인가? 되레 교통 체증을 불러들인 꼴은 아닌가?

교회는 이런 일리치의 문제제기를 반기지 않았다. 급기야 콘돔 사용을 금지하는 교회의 위선을 비판하고 나서자 본격 제재가 시작됐다.

1967년 로마에 불려가 혹독한 심문을 받았다. 이 사건 뒤 그는 사제복을 벗고 자유사상가가 됐다. 교회 밖으로 나가 자본주의 문명의 위기와 미래를 고민하기 시작한 1970년대 미국, 유럽의 청중들과 만나기 시작했다.

바로 이 시기에 일리치의 주요 저작들이 잇따라 출간됐다. 세상에 그의 이름을 크게 알린 《탈학교 사회》(1971)와 《병원이 병을 만든다》(1974)가 나왔다. 《공생공락을 위한 도구》(1973)와 《에너지와 공정성에 대하여》(1974)도 이 시기에 출간됐다. 모두 분량이 길지 않은 소책자에 가까운 책들이다. 그러나 짧은 지면 안에 참으로 깊이 있는 문제제기와 성찰을 밀도 있게 담고 있다. 이 책들은 오일 쇼크라는 형태로 세계 경제 위기가 시작되고 로마클럽이 '성장의 한계'를 화두로 꺼낸 시대 분위기 속에서 상당한 주목을 받았다.

산업 자체가 우리를 지배하다

"'근원적 독점'으로 내가 의미하는 바는 한 가지 유형의 생산물이 지배하는 상태다. 근원적 독점은 절실한 필요의 충족에 산업 생산 과정이 배타적인 통제력을 행사하며 비산업적인 활동을 경쟁에서 축출하는 상태다." 《공생공락을 위한 도구》에서)

우리나라에 일리치라는 이름이 알려진 것도 《탈학교 사회》나 《병원이 병을 만든다》를 통해서다. 숱한 좌파 사회과학 서적들이 번역되던 1980년대에 소개됐다. 이 책들이 던진 인상은 사뭇 충격이었다. 누구나 학교나 병원에 더 많은 사람들이 평등하게 접근할 방법을 고민하던 때에 일리치는 학교와 병원이라는 제도 자체에 의문을 던졌기 때문이다. 그래서 일리치는 흔히 근대의 성취 일체를 부정하고 전근대로 돌아가자는 인물쯤으로 기억한다.

그러나 1970년대 일리치가 전개한 사회 비판은 이런 뻔한 반근대주의로 치부될 수 있는 게 아니다. 일리치는 분야마다 과학기술의 첫 번째 확산이 낳는 거대한 성취를 강조한다. 가령 의료 영역에서는 19세기 말부터 20세기 초에 걸쳐 이뤄진 진보가 이에 해당한다. 이 시기에 세균과 이로 인한 질병이 집중 연구됐고, 덕분에 인류는 전염병에 맞설 역량을 확보했다. 일리치는 이런 국면을 과학기술 발전의 첫 번째 분수령이라 칭한다. 일리치는 '기술'보다는 '도구'라는 표현을 즐겨 쓰는데, 이 첫 번째 분수령에서는 도구의 발전이 실제 인간 생활의 개선으로 이어진다. 이런 생각은 기초적인 예방접종조차 거부하는 일부 반계몽주의 흐름(한국에서는 약 안 쓰고 아이 키우는 '안아키' 활동)과는 분명 거리가 멀다.

문제는 어느 분야든 과학기술이 첫 번째 분수령을 넘고 나서도 계속 '발전'을 거듭한다는 점이다. '발전'이라고 하지만, 이제부터 중심은 특정 기술을 수행하는 집단들의 지위를 보장하고 권력을 확대하는 일이다. 의료를 예로 들면, 전염병에 맞서 성장한 현대 의료 체계는 한 단계 더 성장하기 위해 새로운 영역으로 뻗어나간다. 세균 말고도 인간의 여러 노화 현상이 정복 대상이 된다. 끊임없이 새로운 검사 기술과 치료 요법이 개발되고 이에 따라 의료 전문가의 권위는 높아지지만, 노화와 관련된 질병이 정복되기는커녕 계속 새로운 질환이 발견되고 명명된다. 이것이 일리치가 말하는 과학기술 발전의 두 번째 분수령이다.

의료를 예로 드는 게 불편할 수 있다. 나 역시 그렇다. 얼굴에 난

종양을 노화의 일부라 여기며 죽을 때까지 참고 견딘 일리치를 보면, 존경심은 들지만 감히 따를 엄두는 나지 않는다. 그렇다면 《에너지와 공정성에 대하여》에서 다루는 교통 문제를 예로 들어보자. 교통 영역에서 첫 번째 분수령은 철도의 등장이다. 그 전까지 장거리 운송 수단은 마차였고, 이는 귀족이나 부유층만 이용할 수 있었다. 하지만 증기기관차가 등장하면서 서민도 먼 곳을 빨리 이동할 수 있게 됐다. 여기까지는 도구의 발전이 인간 행복에 기여한 셈이다. 하지만 20세기에 두 번째 분수령이 도래했다. 개인 승용차가 도로를 달리기 시작한 것이다. 개인이 자유롭게 이동할 수단이 생겼다고 하지만, 실상은 교통 체증 탓에 사람들이 도로에서 보내는 시간만 늘어났다. 더 빠른 속도의 추구가 오히려 사회 전체의 평균 속도를 떨어뜨린 셈이다.

도구 발전의 두 번째 분수령에서 일리치가 발견한 가장 중요한 문제는 '근원적 독점'이다. 경제학 교과서(우파든 좌파든)에 흔히 나오는 '독점' 개념과 구별하고자 일리치는 '근원적'이라는 수식어를 덧붙였다. '일반 독점'은 한두 기업이 특정한 산업을 지배하는 상황을 뜻한다. 구글, 페이스북이나 재벌 기업을 생각하면 된다. 이들 대기업이 시장, 더 나아가 사회를 지배하는 상황은 분명히 극복돼야만 한다.

그런데 일리치는 그보다 더 뿌리 깊은 차원의 독점이 있다고 한다. 그것은 산업을 소수가 지배하는 게 아니라 '산업 자체가 우리를 지배하는 상황'이다. 인간에게 반드시 필요한 능력을 특정 산업이 독점해 이 산업에 의존하지 않고는 살아갈 수 없게 된 상황이다. 일리치는 과학기술 발전이 두 번째 분수령을 넘어서면 이런 산업 체계가 구축되며 근원적 독점의 문제가 나타난다고 본다.

일리치 자신이 사용한 비유는 아니지만, 이런 사고 실험을 전개해 볼 수 있겠다. 요즘 재난 영화가 끊이지 않고 제작된다. 대재앙이 일어나서 소수만 살아남고 그들이 어떻게든 문명을 재건하려는 식의 이야기가 많다. 그런데 과거의 농촌 공동체에서는 이런 대재앙이 지금보다 더 잦았다. 가뭄이나 홍수만으로도 엄청난 타격을 받았다. 하지만 재난 영화가 그리는 파국 뒤 상황과 달리 농촌 공동체는 쉽게 재해 이전 상태로 돌아갈 수 있었다. 인간의 집단 능력은 지금이 훨씬 더 발전해 있는데, 회복력은 과거가 더 나았다. 왜 그럴까?

과거 농촌 공동체에서는 집단 능력의 상당 부분을 개인, 가족, 마을이 공유했다. 그래서 공동체가 파괴된 뒤라도 소수의 사람들이 충분히 재건할 수 있었다. 반면 오늘날 집단 능력은 대개 산업이 독점하고 있다. 그래서 대재앙으로 이들 산업이 붕괴하면 인간 사회의 능력 자체가 사라지고 만다. 산업 전문가가 아닌 대중이 쉽게 재건할 수가 없다. 이것이 '근원적 독점' 현상이다.

자본주의를 비판한 고전 사회주의 이론가들조차 근원적 독점을 충분히 주의하지 못했다. 산업 체계를 자본가가 아니라 노동자들이 직접 운영하기만 하면 모든 문제가 해결되리라 여겼다. 하지만 일리치는 근원적 독점이 남아 있는 한, 전문가와 대중이 계속 나뉘고 전자의 지배가 지속된다고 일갈한다. 소련 같은 현실사회주의 국가의 일상이 자본주의와 그리 달라 보이지 않았던 것도 상당부분 이런 근본 문제 때문이었다고 할 수 있을 것이다.

공생공락(共生共樂)하는 다중 균형에 이르다

"현존하는 주요 제도의 기능을 급진적으로 전복하는 일은 보통 제안되는 소유권 변화와 권력 이동보다 훨씬 더 뿌리를 뒤흔드는 혁명을 이룬다. 성장 광신으로부터 빠져나오는 것은 고통스러운 일이지만, 이행을 겪어야 하는 세대에 속하는 사람들 대부분과, 무엇보다도 최저소득계층이 이뤄내야 할 일이기도 하다."《공생공락을 위한 도구》에서

그럼 도구의 발전이 산업의 인간 지배로 귀결되지 않도록 막을 방법은 무엇인가? 과학기술 발전이 두 번째 분수령을 넘지 않도록 제어할 길은 무엇인가? 《공생공락을 위한 도구》를 비롯한 1970년대 저작들에서 일리치가 제시한 대안은 사회가 '다중 균형'을 추구해야 한다는 것이다. 일단 끝없는 확장, 성장이 아니라 균형이 목표가 돼야 한다. 그런데 '다중' 균형이다. 일차원적 균형이 아니라 다차원적 균형이다. 기준이 하나가 아니라 여러 가지라는 이야기다. 복수의 기준들에 따라 어떤 도구를 사용하고 무엇을 더 발전시킬지 결정해야 한다. 일리치는 세 가지 기준을 말한다.

첫째는 생존이다. 사람들의 생존을 보장하는 도구는 꼭 필요하다. 교통을 예로 든다면, 철도망이 반드시 갖춰져야 한다. 둘째는 정의다. 사람들이 도구에 평등하게 접근할 수 있어야 하며, 역으로 도구는 이렇게 평등하게 접근하기에 용이한 형태를 취해야 한다. 다시 교통을 예로 든다면, 철도는 민간 기업의 영리 수단이 돼선 안 된다. 공공이 소유, 운영해야 한다. 이 두 가지는 실은 전통 좌파가 이미 이야기해온 바다.

일리치가 특별히 강조하는 바는 세 번째 가치다. 그것은 공생공락

이다. 일리치가 쓴 원어는 '컨비비얼리티(conviviality)'라는 영단어다. '컨비비얼 convivial'은 본래 잔치에서 여럿이 함께 술을 마셔서 흥이 오른 상태를 뜻한다. 딱 맞게 대응하는 우리말 단어를 찾기 힘들다. 그래서 번역자들이 애를 먹는다. 그나마 가장 나은 번역어가 '공생공락(共生共樂)'이다.

    이 대목에서 우리는 일리치의 탁월한 언어 감각을 새삼 느낀다. '컨비비얼리티'에 함축된 의미가 참으로 묘하다. 술을 마시는데 모두 함께 기분이 좋으려면 다들 적당히 취해야 한다. 여기에서 가장 중요한 것은 '적당히'다. 다들 저마다 주량만큼 마셔서 어느 한 사람도 지나치게 취해 주사를 부리지 않아야 한다. 어떻게 이런 상태에 도달할 수 있는가? 어떻게 해야 저마다 제 주량에 맞게 술을 마시게 할 수 있는가? 각자 알아서 하는 수밖에 없다. 자기 주량은 자기밖에 모르기 때문이다. 각자 스스로 조절해야만 한다. 그래서 '컨비비얼리티'에는 단순히 '함께 좋다'는 뜻 말고도 '자율 결정', '자기 억제' 같은 뉘앙스도 담겨 있다.

    여기에 '술' 대신 '과학기술'이나 '산업'을 대입해보자. 그럼 일리치가 제시한 다중 균형의 세 번째 가치가 무엇인지 감이 올 것이다. 어떤 과학기술을 어느 정도 발전시켜야 모두가 저마다 좋은 삶을 누릴지 찾아나가야 하는데, 이것은 도무지 전문가 한 사람이 제시해줄 수 있는 게 아니다. 시민 모두가 참여해 결정하는 수밖에는 없다.

    일리치는 《에너지와 공정성에 대하여》에서 이런 다중 균형이 가장 잘 구현된 탈것으로 자전거를 제시한다. 도시와 도시 사이는 철도가 잇더라도 도시 안에서는 자전거가 주된 교통수단이 돼야 한다고 제안한다. 왜냐하면 자전거야말로 인간의 속도에 가장 부합하는 탈것이기 때문이다.

이런 자전거가 중심 운송수단이 된다면 자동차에게 빼앗겼던 도로를 다시 인간이 차지할 수 있다. 광장의 일부로 돌아올 수 있다.

물론 이것은 일리치의 제안일 뿐이다. 일리치 자신의 논리에 따른다면, 자전거를 주된 탈것으로 삼을지 여부도 일리치의 뜻이 아니라 시민들의 뜻에 따라 결정돼야 한다. 단순히 한 차례 투표해서 결정하자는 게 아니다. 토론에 토론을 거듭한 끝에(숙의한 뒤에) 합의해야 한다. 일리치는 시민 배심 재판에서 가장 바람직한 민주주의 모델을 찾는다.

지금까지 일리치가 1970년대 저작들에 풀어놓은 생각을 정리해봤다. 사실 짧은 글에 수많은 사색을 응축시키는 일리치의 저작을 이렇게 몇 가지 시각으로 정리한다는 것 자체가 어설픈 시도다. 게다가 일리치의 사상은 그 뒤로 더욱 깊고 넓게 성숙해갔다. 1982년에 발표한 《젠더》를 기점으로 그의 사유는 서구 문명의 심층을 추적하고 비판하는 쪽으로 나아갔다. 이런 후기 일리치 사상은 더더구나 어떠한 도식화도 거부한다.

하지만 일리치 사상의 전모까지는 아니더라도 최소한 그의 1970년대 저작들만큼은 신자유주의 지구화의 위기 뒤에 새로운 가치와 지향, 대안 사회를 추구하는 이들로부터 반드시 그에 합당한 주목을 받아야 한다. 2007년 작고한 프랑스 좌파 사상가 앙드레 고르는 이미 《프롤레타리아여, 안녕》을 통해 칼 마르크스와 이반 일리치의 종합에서 미래 사회의 방향을 찾은 바 있다. '노동 시간 단축, 자유 시간 확대'라는 마르크스의 이상과 '다중 균형'이라는 일리치의 이상을 종합하려 한 것이다. 나는 그가 정말 방향을 제대로 잡았다고 확신한다.

"사람들은 생존을 위한 조건으로서 환경 문제에 비춰 1인당 에너지 사용량의 최대 한도에 제약을 가하기 시작하고 있다. 이것이야말로 모든 나라가 선택해야만 하는 유일한 길이다. 참여민주주의는 저에너지 기술을 요구한다. 오직 참여민주의의만이 합리적인 기술을 위한 조건을 만들어낼 수 있다." 《《에너지와 공정성에 대하여》에서)

장석준

사회학을 공부했으며 진보신당 부대표를 지냈다. 진보정당운동의 정책 및 교육 활동에 참여해왔으며, 전환사회연구소의 연구와 출간 사업에 함께하고 있다. 《세계 진보정당 운동사》, 《21세기를 살았던 20세기 사상가들》(공저), 《레프트 사이드 스토리: 세계의 좌파는 세상을 어떻게 바꾸고 있나》, 《사회주의》, 《장석준의 적록서재》, 《신자유주의의 탄생: 왜 우리는 신자유주의를 막을 수 없었나》를 비롯해 여러 책을 썼고, 옮긴 책으로 《유럽민중사》, 《도서관과 작업장》, 《안토니오 그람시: 옥중수고 이전》이 있다.

이반 일리치의 책

《성장을 멈춰라!》
이한 옮김, 미토, 192쪽, 2004년

도구가 인간을 지배하고 삶의 목표를 설정하는 '도구 과잉의 시대'를 비판한다. 인간성 회복을 위해 도구의 성장에 한계를 지어야 한다고 말한다. 스스로 목적을 설정하고, 창조 행위를 할 평등한 자유를 가지며, 자기 삶을 스스로 관리할 권리를 강조한다. '발전'과 '성장'은 어느 날 하늘에서 떨어져 갑자기 신화가 됐다고 지적하면서 '성장'은 모든 가치를 뛰어넘는 선이 아니라고 강조한다. 대안은 '성장을 멈추는 것'이라고 주장한다.

《학교 없는 사회》

박홍규 옮김, 생각의나무, 349쪽, 2009년

가치가 제도화된 현대문명의 치명성을 진단하며 교통수단이 되레 이동의 장애물이 된 것처럼 학교는 제도화돼 가치를 잃은 대표 사례라고 지적한다. 공부야말로 타인에 의해 조작될 필요가 없는 인간 활동이라고 말한다. 오늘날 '산업 생산양식의 존재방식'이자 '가치의 제도화'를 드러낸 학교를 철폐하는 '학교 혁명'을 선언한다. 학교 철폐는 '학교화된 사회' 철폐와 잇닿아 있다. 이로써 타율 관리사회에서 자율 공생사회로 이동하게 된다고 말한다.

《과거의 거울에 비추어》

권루시안 옮김, 느린걸음, 399쪽, 2013년

경제, 교육, 의료, 언어, 종교처럼 분야별 전문가를 대상으로 그들이 금기시하는 전제들에 도전을 던지고 연구 방향의 근본 전환을 호소한 12년 연설문을 망라했다. 현대 모든 삶의 분야를 인류 역사 전체 속에서 뿌리까지 파악하고자 했다. 우리가 당연하게 받아들이는 생각과 상식은 역사에 그 뚜렷한 시작점이 있었고, 따라서 그 끝도 있을 것이라고 지적한다. 살아 있는 인간과 삶의 복원을 염원했던 그의 사상을 통해 우리 삶을 지금 여기에서 온전히 살아내는 계기를 갖게 한다.

《누가 나를 쓸모없게 만드는가》

허택 옮김, 느린걸음, 145쪽, 2014년

빼앗기고 잃어버린 인간 능력 회복을 위해 시장 상품 같은 인간을 거부하고 '쓸모 있는 실업을 할 권리'를 말한다. 우리를 쓸모없게 만드는 이들은 누구이며 시장 의존 사회의 근본 문제를 지적하며 '쓸모 있는 실업'을 위한 새로운 저항의 길을 제시한다. '언제든 내 일을 할 수 있는 극소수'와 '어디서도 내 일을 할 수 없는 대다수'로 양극화된 사회에서 '가난의 현대화'를 겪는 사람들에게 '끝까지 희망을 잃지 말라'고 당부한다. 인간 능력과 삶의 회복을 위해 시장 의존을 줄이는 현대의 자급 자립 사회를 제안한다.

《행복은 자전거를 타고 온다: 에너지와 공정성에 대하여》
신수열 옮김, 사월의책, 148쪽, 2018년

편리하게 이동하기 위해 만든 에너지가 어떻게 인간을 파괴하고 있는지, 이를 어떻게 극복할 수 있는지 분석하고 있다. 에너지 대량 소비가 인간 정신을 노예화하는 마약이라고 말한다. 본래 모든 인간 움직임의 기본은 걸음인데 속도를 쫓느라 상상력은 마비되고 자기 세계의 중심에 서 있다고 느낄 수 있는 감각을 상실했다고 지적한다. 가속도는 무익하며 그 대안은 자전거라고 말한다. 최적의 1인당 에너지 소비량과 그 한도를 정치 차원에서 결정하자고 말한다.

머레이 북친

Murray Bookchin
1921-2006

미국 뉴욕시에서 러시아의 유대계 이주민으로 태어나 버몬트주 벌링턴에서 85세로 생을 마쳤다. 10대부터 공장에서 일하며 노조운동에도 참여한 그는 스스로를 자연주의적이고 합리적인 생태주의자라고 칭했지만, 무정부주의자, 자유지상주의적 사회주의자, 생태무정부주의자로 불리기도 했다. 역사가이자 정치이론가인 북친은 뉴저지주 라마포 주립대학 환경학부 교수였고, 버몬트주 사회생태학연구소 명예소장이었으며 환경운동가이기도 했다. 1952년 '음식물에 포함된 화학첨가제의 문제점'이라는 논문을 발표하면서 생태위기에 관심을 갖기 시작했다. 1956년 핵폐기물 처리시설이 있던 영국 윈저 스케일에서 주민들이 암에 걸리고 가축들이 기형으로 태어나는 것을 보면서 환경운동가로 나섰다. 1963년 뉴욕 레이번스우드 핵발전소 사고를 계기로 핵발전소 반대 운동에도 적극 나섰다. 그 뒤 반자본, 반시장, 반국가의 대안운동으로서 생태-코뮌주의 운동을 전개했다.

생태 문제를
사회 문제에서
찾다

글. 오수길

인간에 의한 자연 지배는
인간에 의한 인간 지배로부터

1970년대를 지나면서 생태 담론이 여러 분파로 발전해왔다. 생태철학자 고 문순홍 선생은 이들 유파를 근본생태론, 사회생태론, 생태사회주의, 생태마르크스주의로 구분한 바 있는데, 머레이 북친은 사회생태론의 거장이라 할 수 있다. 그는 여러 다른 이론이나 관점들과 치열하게 논쟁하면서 자신의 주장을 다듬어왔다. 문순홍 선생이 1992년 《생태위기와 녹색의 대안》이란 책을 통해 국내에 생태사상을 소개하면서 북친의 사상이 조금씩 알려지게 됐다.

당시 그의 핵심 주장은 필자를 비롯해 냉전시대를 지나면서 새로운 대안을 갈망하던 몇몇 학자들에게 큰 영감을 줬다. 그것은 바로 "인간에 의한 자연 지배는 인간에 의한 인간 지배로부터 비롯된다."는 말이었다. 이와 유사한 말을 동양 고전 속에서 들을 법하지만, '녹색의 대안'이 단지 환경보전에 머물러 있는 것이 아니고 '생태위기'는 단지 자연의 위기가 아니라는 통찰은 쉽게 얻어질 수 있는 것은 아니었다.

머레이 북친은 1960년대 말 미국의 반문화주의를 겪으면서 독일의 비판이론과 신좌파의 논리를 섭렵했을 것이며, 칼 폴라니와 같은 사람들로부터 현대 위기의 본질을 헤아리는 혜안을 구했을 것이다. 그런데 북친은 계급이나 자본주의, 또는 국가와 같은 구조에 초점을 맞추는 신좌파를 넘어섰고, 반문화와 반전, 또는 신비주의나 영성에 초점이 맞춰진 근본생태론을 넘어섰다. 문순홍 선생은 북친이 마르크스주의자들과는 달리 "계급에서 위계질서로, 착취에서 지배로, 국가의 단순한 폐지보다는 해방을 위한 제도들로, 정의보다는 자유로, 행복보다는 즐거움으로"(문순홍,《생태학의 담론》, 2006, 135쪽) 사회분석과 논의 초점을 옮겼다고 설명한다.

인간에 의한 인간의 지배는 거슬러 올라가면 일부일처제 사회로 넘어가던 시기 '여성에 대한 남성의 지배'에서 비롯됐다. 사회가 복잡해지면서 관료제가 남성에 대한 남성의 지배를 확고히 뒷받침해줬다. 이런 의미에서 머레이 북친은 막스 베버의 통찰도 놓치지 않았다고 할 수 있다. 남성에 대한 남성의 지배가 근대화 지나면서 인간에 의한 자연 지배로 발전된 것이다. 칼 폴라니는 시장의 등장으로 자본주의가 발전한 것이 아니라 자본주의의 등장에 따라 오히려 사회가 시장(경제)에 종속됐다고 주장한 바 있다. 북친 역시 인류공동체는 처음부터 조화로운 평등관계 속에서 협동이라는 상호작용을 뿌리 삼아 살아왔다고 설명한다. 계급 기반의 위계사회로 변하면서 조화가 기본이었던 자연에 대한 인식이 사회와 자연을 분리하는 것으로 바뀌게 된 것이다.

    계급과 자본이 사회를 지배하고 인간과 사회가 이윤이나 경쟁구조 속에서 사고팔 수 있는 대상이 되고, 이런 원리와 관점이 인간의 인간관과 사회관이 돼 자연관 역시 지배와 착취의 관점으로 확립되었다. 1972년 스톡홀름에서 열렸던 '유엔인간환경회의'에서 인디라 간디 인도 수상이 "가난이 최악의 오염이다."라고 역설했던 것을 떠올려보면, 인간과 사회에 대한 인식이 자연에 대한 인식을 결정함을 알 수 있다.

    인간과 사회에 대한 북친의 이러한 관점은 도리어 근본생태론을 신비주의로 비판하며 '해방의 잠재력'을 놓치지 않아야 한다고 강조한다. 생물중심주의는 반인본주의로서 심지어 에코파시즘으로 전락할 위험도 갖고 있다고 그는 비판한다. 그의 저서 《사회생태주의란 무엇인가》에서 1987년 6월 미국 매사추세츠주 암허스트에서 열린 전국녹색운동가모임에서 있었던 경험을 전했는데, 한 생태주의자의 연설이 생태위기의 원인을 사회에서 찾지 않고 생물종인 인간에게 돌린 데 대해 충격을 받았다고 한다. 이 책은 '사회적' 비판과 변혁에 확고히 뿌리 내린 생태주의만이 자연과 인류에게 유익한 방식으로 사회변혁의 수단을 제공할 수 있음을 보여주기 위해 쓴 것이다. 같은 맥락에서 남성배타주의를 단지 여성배타주의로 치환하는 식의 환경페미니즘에도 반대하는 입장이다.

    임박한 생태적·사회적 파국을 직시하고 단호한 행동에 나서야 하지만, 자유에 대한 사람들의 갈망은 사회를 떠나 자연으로 돌아가는 것이 아니라 우리의 자의식을 확대해 해방의 잠재력으로 실현해나갈 수 있어야 한다는 것이 북친의 주장이다. 이러한 인식은 사회관계의 부적절한 구성만이 아니라 지배적인 문명의 핵심에 생태위기와 사회적 갈등의 핵심이 뿌리박고 있음을 분명히 하는 것이어야 한다. 예를 들어 기존 사회 질서를 전제로 삼는 자유주의적인 환경주의로는 재산권이 항상 공공의 권리에 우선시되고 힘 있는 것이 항상 힘없는 것에 우선시될 수밖에 없다. 인간생태계의 미래는 인간사회의 구조적 변화에 달려 있다고 본 것이다.

변증법적 자연주의와 참여자치제

생태계의 원리를 약육강식이 아니라 참여와 다양성 원리로 파악해보자. 자연의 어떤 것도 사소하거나 버릴 것이 없으며, 그 가운데 어느 개체가 사라진다면 생태계는 붕괴하고 만다. 그 과정을 통해 참여와 다양성이 유지되는 것으로 생각해볼 수 있다. 생태계 다양성은 구성요소들이 분화하며 더욱 강화된 다양성의 통일을 기반으로 한다. 디디티(DDT)가 해충만 없애는 것이 아니라 숲 생태계 전체를 파괴한다는 내용의 레이첼 카슨이 쓴 《침묵의 봄》은 자연에서는 그 어느 것도 따로 존재하지 않는다는 것을 보여줬다. 코로나19 같은 전염병도 인간이 자연의 다양성을 깨뜨린 탓임이 보고되고 있다.

그런데 인간과 인간 사이의 조화 없이 자연과의 조화가 달성될 수 없다. 계급, 젠더, 인종, 민족과 관련된 이익이 폭넓고 개방된 관점에서 편협한 관점으로 돌아간다면, 더욱 큰 이익이 작은 이익으로 환원돼 서로 다른 것이 공존하는 '상보성'이 갈등으로 돌아서게 된다. (《사회생태주의란 무엇인가》, 224-225쪽) 계몽이 '주술화된 인간'을 주술에서 풀려나게 했지만, 계몽된 이성이 활용되면서 인간은 다시 야만의 신화로 되돌아갔고 근대화를 거치며 위험사회에 이르게 되었다. 따라서 북친은 다시 더 많은 자유와 자의식을 갖게 하기 위한 '인간 이성의 재주술화'가 필요하다고 했다. 국내에 《휴머니즘의 옹호》라고 소개된 책의 원제가 《인간의 재주술화 Re-Enchanting Humanity》인 이유다.

인간은 진화 과정 속에서 자유와 성찰성을 갖춰왔기에 '변증법적 이성'을 갖고 있다. 사회를 고정된 것으로 보지 않고, '있어야만 하는 것'을 추구하는 자유를 갖고 있다. 현재 상황과 당위를 대비시켜 사고할 수 있다는 것이다. "존재이면서 생성이고, 변화이면서 발전이며, 과정이면서 목적이고, 외재적인 그 어떤 것을 향한 운동이면서 유출이고, 단절, 분화, 소외이면서 중재이고, 연속적이면서 누적적이다."(문순홍, 《생태학의 담론》, 2006, 144쪽). 이것을 그는 '변증법적인 자연주의'라고 했다.

북친은 프랑스혁명의 자유, 평등, 우애라는 3대 정신을 재검토한다. 자유는 부르주아 계급의 특수 이익을 위한 자유로운 거래를 말한다. 평등이란 가난한 노동자와 부유한 자본가가 노동계약을 맺는 권리를 말한다. 우애란 프롤레타리아 계급이 부르주아 계급에 복종하는 것을 말한다. 오늘날 생태위기는 과거 인류가 직면했던 어떤 문제보다도 계급이나 몇몇 사람들 이익을 초월해 광범위한 대중의 지지와 관여를 필요로 한다. 자유의 이상을 일반화해 인류 보편에 닿고 민중의 차원에 새로운 가능성을 열어야 한다. 이를 위해 막연하게 뜬구름 잡는 대처는 금물이다. 보편 인류의 이익을 위해 자유의지론적인(libertarian) 교훈을 출발점으로 삼아야 하고, 단지 대의민주주의에 기대는 것이 아니라 고대 아테네 폴리스처럼 독립된 인간으로서 '그 자신의 인간'이 되고 지구 사회의 여러 문제를 훌륭히 다루는 능력을 발휘해야 한다. (《사회생태주의란 무엇인가》, 225-233

쪽)

'재주술화된 인간'이 해방의 잠재력을 실현해가는 것 역시 참여의 원리에 바탕을 둔다. 그는 가족, 정치, 국가의 등장을 검토하면서 그것들이 '통치자들의 게임'으로 전락했음을 발견했다. 그런데 참여의 정치는 이러한 국가를 재건하는 데 목적이 있지 않다. 국가와 관료에 정치생활을 위임하고 대표를 선출하는 이름 없는 유권자로 후퇴한 현실을 극복하고, 참여민주주의의 전통적인 이상을 반영해 민중이 자신의 힘을 길러야 한다. 더 나은 사회를 만들겠다는 결단과 실현은 '우리 내부로부터' 찾아야 하며, 그 선택은 "과거로부터 생생한 교훈을 얻어내는 우리의 능력, 미래의 전망을 바르게 판단하는 우리 자신의 능력에 기초해야 한다."(《머레이 북친의 사회적 생태론과 코뮌주의》, 2012, 116쪽)는 것이다.

그러므로 생태 공동체를 바탕으로 하는 참여자치제가 대안이다. 이는 여러 공동체를 조정하는 자유 연합이며, 분권화된 공동체인 아나키즘에 바탕을 둔 전망이기도 하다. 정부 또는 정치체제(polity)가 참여자치제를 제도화할 때, 생태 공동체로서 사회 문제를 평화롭고 공정하게 해결하는 제도화된 협의기구가 정부 형태로 공무를 처리할 것이다. 북친의 생태-코뮌주의는 조화로운 사회를 만들고 위계구조를 극복하는 사회를 만들자는 주장이다. '분권화, 자연과의 새로운 균형, 여러 사회적 관계의 조화'(《사회생태주의란 무엇인가》, 242쪽)에 근거한 유토피아적인 해결책이 필요하다. 인간에 의한 인간 지배를 우리 사회 내부에서 극복하며 자연과의 조화로운 삶을 만들어가야 한다.

협치 시대의 지향

최근 다양한 영역에서 협력하는 거버넌스, '협치'가 강조되고 있다. 협치가 행정과 정부 주도의 동원체제에 대한 수사에 불과하다는 비판도 크지만, 사실 크고 작은 협력 사례는 상당히 많이 쌓여 있다. 이런 사례들을 모아 새로운 통치체제를 세우는 데는 역부족이거나 그 경로를 가로막는 역할을 할 수밖에 없다는 비판도 가능할 것이다. 하지만 북친은 생태-코뮌주의는 더 많은 중산층이 참여하는 여러 가지 프로그램을 만들지 않으면 실현이 불가능하다고 본다. 마르크스주의의 근본주의적인 기획이 계속 실패할 수밖에 없었던 역사를 교훈으로 삼은 것이다.

계급주의 관점에서 보면, '민회(popular assemblies)'가 일정한 계획과 관리를 수행할 수 있다는 북친의 기획으로는 사회를 변화시킬 수 없다고 여길지도 모른다. 그러나 북친은 위계사회가 세운 지배-피지배의 메커니즘 자체를 극복해야 한다고 보는 것이다. 민주 절차를 통해 규율을 만들어가는 것이 참여자치제의 사회적 진화라는 것이다. 근현대 역사를 들여다보면 급진 계급운동이 자주 나타났지만, 실제로 많은 부분 도시에서 시민의 역할이 중요했다는 것을 북친은 강조한다. 도시 자체를 정치체제로 본다면, 도시를 변화시키는 것이 사회를 변화시키는 것이고 도시의 새로운 전통을 만들어 생태-코뮌주의 환경과 사상을 촉진해야 한다는 것이다. 주택, 교통, 환경, 노동 같은 개인의 주변 환경을 둘러싼 문제들에 대한 새로운 계획과 정치가 구조화돼야 한다. 그래서 북친은 "지역센터, 협동조합, 농업센터, 주민회의 같은 형태로 권력을 점차 이웃과 자치체로 이전시켜야 한다."(《사회생태주의란 무엇인가》, 249쪽)고 주장하는 것이다.

이 지점에 이르면, 《뜨는 도시 지는 국가》에서 도시의 공공성과 문제 해결 능력에 주목한 벤자민 바버(Benjamin R. Barber)의 분석과 맞닿게 된다. 그는 도시가 시골의 공동체성을 잃어버린 것 같지만, 현대 사회에서 도시는 오히려 공공성을 유지할 수 있는 적절한 기제(메커니즘)를 갖고 있다고 본다. 가령 아파트에 사는 사람들이 옆집에 누가 살고 있는지는 잘 알지 못해도 단지 내에 발생한 어떤 문제를 해결하기 위해 함께 대안을 고민하는 과정을 생각해보라. 생태-코뮌주의 국가를 건설하려면 혁명이 필요한 것이 아니라 시민들의 수평 연대와 협력이 필요하다. 그 과정에서 인간에 의한 인간 지배와 자연 지배를 극복할 새로운 틀을 만들어낼 수도 있다. 북친은 《도시의 한계》(1973)에서 시장경제의 부도덕성에 대해 진지하고 비중 있게 다뤘다. 최근 부각되고 있는 (도시)공유재(commons) 또는 공유경제 논의와 실천(commoning)은 그 부도덕성을 극복할 윤리적 실천과 윤리적 사회를 만들고자 하는 노력과 같은 맥락에서 이해할 수 있다.

도시 지속가능성을 위한 기획

2015년 9월 유엔은 17개의 '지속가능 발전 목표(SDGs: Sustainable Development Goals)'를 193개 회원국 만장일치로 채택했다. 그리고 2016년부터 2030년까지 15년 동안 해마다 진단과 평가를 이어가기로 했다. 유엔 차원에서의 지속가능 발전 노력은 《우리 공동의 미래》(1987)를 통해 지속가능 발전 개념을 확립시켰고, 1992년 유엔환경개발회의

(UNCED)에서 합의한 '의제21(Agenda 21)'을 계기로 특히 도시와 지방 차원에서 확대해왔다.

지속가능 발전은 개량주의적 기획이라는 비판을 받기도 했고, 실제 그 성과에 대한 회의론이 끊임없이 제기됐다. 그런데 193개 전체 회원국의 합의는 경제 발전, 사회 통합, 환경 보전이라는 개별 가치들을 수평으로 통합하고, 특정한 이해관계의 우선순위를 앞세우기보다는 전체를 아우르는 방식을 중요하게 여기는 지구 차원의 '민회' 체제를 만드는 계기로 볼 수 있지 않을까? 미래학자 제러미 리프킨은 《글로벌 그린 뉴딜》(2020)에서 그린 뉴딜의 핵심 기제로 민회를 제시한 바 있다. 안토니오 네그리와 마이클 하트는 《어셈블리》(2020)를 통해 민회가 21세기 새로운 민주주의 질서라고 주장했다.

세계 지방정부들이 참여하는 '지속가능성을 위한 세계 지방정부(ICLEI: Local Governments for Sustainability)'나 '세계지방정부연합(UCLG)' 같은 협의체들도 주목해볼 필요가 있다. 이들은 '지역의 실천이 지구를 바꾼다'라는 생각으로 지속가능 발전을 전면에 내걸고 도시와 도시가 서로 문제를 해결해가는 연결망이다. 지역을 기반하고 있고 도시민의 참여를 중시한다는 점이 의미 있다. 북친이 말하는 생태-코뮌주의의 새로운 전통을 도시와 지역에서 실현해볼 수도 있다. 근대 국가가 잠식해온 지역자치의 삶을 하루속히 회복하며, 도시와 지역, 마을에 뿌리를 둔 새로운 정치적 실천이 실행 가능한 대안일 수 있다.

한국 역시 국가 차원에서 벌이는 많은 기획이 이전과는 달리 그다지 잘 작동하지 않는다는 것을 몸으로 겪고 있다. 기후위기 대응이나 '그린 뉴딜'과 같은 문제제기와 새로운 대안 요구도 우리 스스로 움직이지 않는다면 이뤄질 수 없다는 것을 알고 있다. 한편에서는 로컬 그린 뉴딜이나 코로나19 대응과 같이 여전히 진행되고 있는 여러 변화와 함께 새로운 실험과 마주하고 있다. 몸담아 살고 있는 도시와 지역에서 무엇을 함께 바꿀 수 있을지 새롭게 기획해볼 수 있는 중요한 시기다. 쉬운 일은 아니지만 지역사회에서 저마다 주체가 돼 피부에 닿는 주제들을 찾아내고 부딪쳐 물꼬를 트는 경험이 중요하다. 이런 과정을 통해 함께 한 걸음 더 나가고 있다는 사실을 확인하는 '변증법적 이성'을 발휘할 수 있을 것이다. 그것은 생태계에 대한 책임감, 공동체, 연대라는 가치를 품는 성찰이며 합리성이다.

오수길

지방의 지속가능한 발전을 위한 '지방의제21' 추진 과정의 거버넌스를 분석한 논문으로 행정학 박사 학위를 마친 뒤 줄곧 지속가능 발전과 거버넌스를 연구하며 고려사이버대학교에서 가르치고 있다. 《환경행정학》, 《로컬 거버넌스의 성공모델》, 《우리의 지속가능한 도시》, 《민주주의, 종교성, 그리고 공화적 공존》, 《환경사회학: 자연과 사회의 만남》, 《갈등을 넘어 협력 사회로》, 《녹색당과 녹색정치》, 《사회문제를 보는 새로운 눈》, 《기후변화의 유혹, 원자력》, 《녹색 대안을 찾아서》를 함께 썼고, 《지속가능성 혁명》, 《지구환경보고서》를 우리말로 옮겼다.

머
레
이
북
친
의
책

《사회생태론의 철학》

문순홍 옮김, 솔출판사, 278쪽, 1997년

생태 환경 문제가 일어나는 배경, 사회구조 그리고
사회 이론을 어떻게 조화롭게 결합시켜 대안을
찾을 것인가를 질문한다. 이를 위해 생태적으로
사고하며 억압과 통제, 위계 제도, 계급 지배, 그리고
삶을 치부와 탐욕의 수단으로 타락시키는 현실에
맞서 싸워야 한다고 말한다. 무엇보다 인간이
이성을 바탕으로 언젠가는 합리적인 사회를 이룰
수 있으리라는 굳건한 믿음을 생태적 변증법으로
풀어내고 있다.

《사회생태주의란 무엇인가: 녹색 미래로 가는 길》

박홍규 옮김, 민음사, 326쪽, 1998년

우리가 갈등하는 계급, 성, 인종이 지금 상태에서
머문다면 인간사회의 조화는 불가능하다고 말한다.
인류를 통합할 수 있는 길은 자연과의 조화로운
균형을 이루는 것이라고 강조한다. 생태주의 사상은
생태위기와 긴급성을 통감하게 하고, 사회 전체를
효과 있게 변혁할 수 있는 실천으로 이끌고 있다고
말한다. 환경생태문제를 사회문제에서 떼어내지 않고
밀접한 관계를 바탕으로 성찰하는 것이 출발점이라고
강조한다.

《휴머니즘의 옹호: 반인간주의, 신비주의,
원시주의를 넘어서》

구승회 옮김, 민음사, 440쪽, 2002년

생태환경사상 전반을 되짚어 보며 사회적 허약함을
반성한다. 단순히 환경오염을 줄이자는 구호에
그치지 않고, 더 나은 사회로 나아가기 위해 인간 의식
구조를 바꿔야 한다고 주장한다. 인류사를 개관하며
세계를 변화시킬 수 있는 인간 잠재력, 이성적 능력에
대한 확고한 믿음을 바탕으로, 생태운동에 퍼진
반인간주의와 반이성주의를 비판한다. 북친은 야만과
공포로 얼룩졌던 인간 역사의 실체도 인정하면서,

혹독한 윤리적 노력과 성찰이 뒷받침돼야 한다고
말한다.

《머레이 북친의 사회적 생태론과 코뮌주의》
서유석 옮김, 메이데이, 188쪽, 2012년
머레이 북친은 사회적 생태론의 창시자이자 생태-
코뮌주의 운동가로서 임박한 생태 사회적 파국을
직시해 단호히 행동에 나서자고 촉구한다. 급진
생태사상가의 정치철학을 소개한다. 국민국가의
억압적 권력에 맞서는 힘을 키우기 위해 필요한 조직
형태에 대해 자세하게 담아냈다. 지구를 살리기 위한
정치 사회적 변혁에 동참할 것을 절실하게 호소하며
이를 위한 실천으로 '코뮌주의'를 제안한다.

배리 카머너

Barry Commoner
1917-2012

20세기 가장 중요한 미국 생태학자이자 현대 환경운동의 초석을 놓은 사람이다. 1917년 미국 뉴욕에서 러시아 이민자 아들로 태어난 그는 컬럼비아대학에서 생물학을 전공한 뒤 하버드대학에서 석사와 박사 학위를 받았다. 제2차 세계대전이 끝나고 세인트루이스 워싱턴대학에서 34년동안 강단에 섰다. 1950년대 후반 핵무기 실험 반대를 시작으로 환경운동에 본격 나섰다. 방사능 낙진 위험을 알리고, 석유화학산업이 생산하는 합성제품을 반대하며 폭넓은 행동주의에 바탕을 두고 활동했다. 과학기술이 사실은 환경위기를 가져온 장본인이라는 것을 밝히려고 노력하며 환경운동에 새로운 방향을 제시했다. 환경문제에서 '지속가능성' 개념을 처음으로 제시한 카머너는 2012년 세상을 떠날 때까지 지구 환경위기에 대해 지속해서 문제를 제기했다.

시민이
과학의 주체가
되다

글. 김동광

　　미국 생물학자이자 생태사상가, 사회운동가인 배리 카머너는 우리에게는 그다지 많이 알려지지 않은 인물이다. 1971년 나온 주요 저서인 《The Closing Circle》이 과학사가 송상용 교수가 1980년 번역한 《원은 닫혀야 한다》가 절판된 뒤 33년 지난 2014년에 같은 제목으로 다시 번역됐다. 많이 늦었지만 그나마 배리 카머너의 주장이 우리나라 독자들에게 알려질 수 있었다는 점에서 다행스러운 일이다.

　　엄청난 피해자를 낳은 가습기살균제, 여성들을 불안에 떨게 만드는 생리대 안전 문제, 그리고 계란 파동으로 이어진 살충제 계란, 시민 공론조사 끝에 건설 재개로 매듭지은 신고리 핵발전소 5, 6호기 논쟁까지, 최근 몰아닥친 기술 위험의 쟁점들로 시민사회는 스스로 대응책을 고심하느라 숨 가쁠 지경이었다. 그러나 배리 카머너는 이미 50여 년 전부터 이런 문제들의 근본 원인을 산업사회의 반생태주의, 과학의 비민주성에서 찾았다. 카머너는 우리에게 이런 기술 위험의 당장 눈앞 해결책에 매몰되지 말고 과학기술과 사회, 산업, 민주주의의 구조적인 문제를 성찰하기를 권한다.

배리 카머너의 생태주의 사상은 앞서 소개한 책 제목인 '원은 닫혀야 한다'로 잘 요약된다. 여기에서 원은 다름 아닌 생태계 순환을 뜻한다. 지구는 생명이 출현한 뒤 수십억 년 동안 이런 순환 구조를 정착시켜왔고, 그 토대 위에서 숱한 생명들이 번성할 수 있었다. 따라서 물질대사와 에너지대사와 같은 생태계 순환구조가 끊어지면 더 이상 생명이 지속될 수 없다.

생태학의 4법칙

배리 카머너는 일찍이 환경파괴 문제를 인간 활동으로 인해 생태계 순환이 끊어지는 구조 문제로 인식했다. 방사능 낙진, 디디티(DDT)를 비롯한 합성 살충제의 의도하지 않은 부작용, 합성세제와 비료가 생태계에 미치는 영향, 자동차 배기가스에서 나오는 광화학 스모그, 해마다 우리를 괴롭히는 미세먼지, 그리고 최근 세계를 뒤흔드는 전대미문의 코로나19 상황은 모두 기업이나 혁신론자들이 당장 눈앞 이익을 추구하는 과정에서 뜻하지 않게 생태계의 순환이 끊어지면서 나타나는 문제점들이라 할 수 있다. 카머너는 이러한 태도를 '인위적인 환원주의(artificial reductionism)'라 불렀다. 이른바 핵폭탄, 살충제, 합성세제, 비료, 자동차, 플라스틱, 그밖에 새로운 과학과 산물들이 생태계의 평형 상태 한쪽에만 초점을 맞추면서 원래 의도했던 목적은 훌륭히 달성했을지 모르지만 전혀 예상치 못했던 숱한 생태환경 문제들을 낳았다는 것이다.

이것은 오늘날 사회와 과학기술의 결합이 점차 고도화되면서 나타나는 '통제의 딜레마' 현상이라고 볼 수 있다. 빠른 속도로 발전하는 과학기술에 도취돼 자연에 대한 통제 가능성을 자만한 결과, 자연을 무리하게 통제하려고 시도하지만 정작 예상치 못한 결과로 인해 도리어 큰 피해를 입게 되는 역설이다.

카머너는 옷 세탁에 효율이 좋다는 이유로 개발해 오늘날 필수품이 돼버린 합성세제가 자연 상태에서 분해되지 않고 물 생태계(水界)의 박테리아를 질식시켜 가정의 수도나 다른 식수원에서 거품이 나오는 문제를 만든다는 사실을 지적했다. W. 맥구켄은 이것을 '인간의 청결 수준이 상승할수록 환경오염이 가중되는' 역설이라고 지적했다.*각주1 카머너도 이 역설을 지적하면서 합성세제가 환경을 구성하는 식물, 동물, 그리고 미생물에 미치는 영향을 파악하기도 전에 시장에 출하됐다고 주장했다. 카머너는 미국의 '비누와 합성세제 협회(Soap and Detergent Association)'에서 새로운 세제가 생태계와 상호작용하는 방식을 알기 위해 어떠한 생물학적 현장 실험도 하지 않았다고 지적했다. 그는 자연이 '통합된 전체'이며 인간도 그 전체(integrity) 속에 들어 있는 한 부분이라는 사실을 이해하지 못하고, 마치 인간이 자연에서 분리돼 그 위에 군림하면서 자신의 의지대로 자연을 통제할 수 있다는 식의 오만한 태도를 비판했다. 그는 산업 과학의 근시안적 태도와 환원주의적 접근을 비판하면서 다음과 같은 생태학의 4법칙을 제기했다.

1. 모든 것은 다른 것과 연결돼 있다.
2. 모든 것은 어디론가 가야 한다.
3. 자연이 가장 잘 알고 있다.
4. 공짜 점심 따위는 없다.

자연에 '공짜 점심이 없다'는 주장은 커머너뿐 아니라 레이첼 카슨을 비롯한 1950년대와 1960년대 미국 환경사상가들의 공통된 인식에서 비롯됐다. 카슨이 주된 비판 대상으로 삼았던 디디티는 전쟁 가운데 개발된 살충제로 그 뛰어난 효과에 비해 저렴하고 인체에 무해하다고 여겨져 '기적의 살충제'로 불리기도 했다. 일본 진주만 공격으로 미국이 참전하고 2차 세계대전의 무대가 태평양으로 확대되면서 일본군의 공격보다 더 많은 피해를 입힌 모기를 퇴치하는 데 디디티가 큰 기여를 한 것도 사실이었다. 그러나 전쟁이 끝나고 대량 생산된 디디티가 남아돌자 항공기를 이용해 숲과 경작지에 무차별 살포하면서 비로소 디디티가 동물과 생태계에 미치는 영향이 밝혀지기 시작했다.

카슨은 1954년 한 연설에서 이렇게 말했다. "인간은 오랫동안 자연의 정복을 자신해왔습니다. 이제 인간은 그 호언장담을 실현시킬 수 있는 힘을 가지고 있습니다. 하지만 그 힘이 지혜롭게 조절되지 못한다는 점, 그리고 정복의 대가로 결국 인간 자신을 파괴하는 점이 우리의 불행입니다." 그녀는 손쉽게 해충을 없앨 수 있다는 생각이 얼마나 어리석은지 낱낱이 지적했다. 효과 높은 살충제는 해충뿐 아니라 수많은 익충들까지 함께 죽이고, 디디티로 죽은 벌레를 먹은 새들의 몸속에 디디티가 쌓이고, 알을 낳지 못해 새들의 울음소리가 사라진 '침묵의 봄'으로 인간에게 되돌아온다는 것이다. 자연에는 공짜 점심이 없는 것이다.

카머너는 2차 세계대전 당시 미 해군에 복무할 때 디디티에 관한 같은 경험을 했다. 1942년 카머너는 병사들에게 질병을 옮기는 곤충의 발생을 줄이고자 공중 어뢰로 해안 상륙 거점에 디디티를 살포하는 장치를 개발하는 연구팀을 지휘했다. 이 새로운 장치에 대한 실험이 파나마, 그리고 뉴저지 해안과 떨어져 있는 한 로켓 기지에서 이뤄졌다. 장치는 제대로 작동했고, 디디티는 가공할 위력으로 들끓던 파리 떼를 섬멸했다. 그러나 며칠이 지나자 새로운 파리 떼가 로켓 기지로 몰려들었다. 디디티로 죽은 물고기들이 부패하면서 해안에 밀려왔고 또 다른 파리 떼들을 불러 모은 것이었다. 파리들이 죽은 물고기에 꼬여드는 모습을 보면서 카머너는 새로운 기술이 전혀 예상치 못했던 환경문제를 일으킬 수 있다는 놀라운 사실을 목격했다. 훗날 카머너는 이런 개념을 그의 생태학 4법칙에 적용하게 됐고, 공짜 점심은 없다는 사실을 깨달았다.

방사능 위험을 고발한 '어린이 치아 조사'

우리는 오늘날 당연하게 여기는 수많은 기술 위험이 저절로 밝혀진 것으로 생각하곤 한다. 그러나 방사능, 납, 수은, 석면 같은 물질이 위험하다고 인정받기까지 수많은 과학자들이 화학기업과 권위주의적 정부의 탄압, 방해에 맞서 헌신을 다해 노력한 투쟁의 산물이라는 점을 잊어서는 안 된다. 디디티의 위험을 고발한 카슨도 책 출간을 막으려는 몬산토를 비롯한 화학회사들의 집요한 공격 탓에 결국 《침묵의 봄》이 나오고 몇 해 지나지 않아 암으로 세상을 떠났다. 납이 어린이 건강에 미치는 영향을 이해하기 위한 연구에 평생을 바쳤던 허버트 니들먼(Herbert Needleman)과 같은 과학자가 없었다면 납 중독에 대한 위험도 훨씬 늦게야 알려졌을 것이다.

〈왜 배리 카머너가 중요한가〉라는 글을 쓴 마이클 에건은 흔히 사회운동가로 알려진 카머너가 과학자에서 활동을 시작했다는 점을 강조한다.*각주1 과학자로서 카머너는 자신이 연구할 수 있게 해준 사회에 봉사할 책임이 있다는 신념으로 연구에 임했다. 〈학자의 이의제기 의무〉라는 논문에서 카머너는 이렇게 썼다.

"무릇 학자는, 그를 지원해준 사회에 갚아야 할 책무가 있다. 그것은 공개 의견 표명의 의무다. 어떤 제약에 의해 학자들이 단일한 견해를 지지하도록 요청받을 때, 의견 표명의 의무는 반드시 이의제기의 의무가 된다. 순응주의의 상황에서, 다른 견해를 주장하는 것은 학자의 사회 책무다."

그는 이런 신념을 행동으로 옮겨서 과학정보운동(science information movement)을 주창했다. 과학자들이 전문지식을 기반으로 자신들을 지원해주는 사회에 책무를 가지고 문제를 제기하고, 시민들에게 필요한 과학 정보를 제공해야 한다는 것이다. 이러한 과학정보운동의 가장 잘 알려진 사례는 바로 '어린이 치아 조사(Baby Tooth Survey)'다.

그것은 방사성 낙진의 가장 위험한 성분인 스트론튬-90의 위해를 입증하기 위한 조사였다. 스트론튬-90은 화학 구조가 칼슘과 비슷하고, 먹이 사슬에서도 비슷한 경로를 따랐다. 풀 위에 떨어져 소에게 흡수되고, 우유 속 칼슘 위치에 들어 있어 사람, 특히 어린이 몸에 들어오게 된다. 카머너가 창립 멤버인 '광역 세인트루이스 핵정보위원회(Greater St.

Louis Committee for Nuclear Information)'는 핵무기 실험 과정에서 나오는 낙진이 시민들, 특히 어린이 건강에 좋지 않은 영향을 줄 것이라는 우려에 대응했다. 미국 정부기구인 '원자에너지 위원회(Atomic Energy Commission)'는 건강상 잠재 위험을 과소평가하며 오랫동안 지상 핵무기 실험을 옹호해왔다. 하지만 1953년 예상량보다 방사능 수치가 높게 검출되면서 불확실성이 고조됐다. 방사능 위험성을 고발하기 위해 핵정보위원회는 1958년 캠페인을 벌여 루이지애나를 포함한 주변 넓은 지역에서 어린이들의 젖니를 수집하기 시작했다.

1958년 기자회견에서 핵정보위원회는 스트론튬-90 조사를 위해 어린이 젖니 5만 개를 수집하겠다는 놀라운 계획을 발표했다. 스트론튬-90은 대략 10년 전부터 지상으로 떨어지기 시작했기 때문에 젖니가 빠지고 있는 아이들이 완벽한 시료를 제공하는 셈이었다. 그 젖니는 방사능 낙진이 떨어지던 초기에 부모와 유아들이 먹은 음식에 들어 있던 광물질 성분으로 만들어졌기 때문이다.

핵정보위원회의 젖니 수집 요청에 시민들은 열렬히 화답했다. 1960년 봄까지 조사팀은 젖니 17,000개를 수집했다. 세인트루이스 시장 레이먼드 터커는 위원회가 봄에 치아 수집을 시작할 수 있도록 치아 조사 주간을 선포했다. 세인트루이스 치과협회와 세인트루이스 약사협회는 캠페인 광고를 맡아 폭넓은 풀뿌리지원운동을 벌였다. 1961년 11월 위원회는 〈사이언스〉에 '어린이 치아 조사의 예비 결과'를 발간해 1951년에서 1954년 사이 스트론튬-90의 흡수 수준을 발표했고, 그들의 접근방식의 타당성을 주장했다. 당시 67,500개 치아가 목록에 올랐고, 그 가운데 1,335개가 초기 연구에 사용됐다. 초기 연구를 통해 아이들 뼈에 스트론튬-90 양이 늘어날 것이라는 두려움이 사실임을 확인했다. 스트론튬-90의 양은 최초 수소폭탄이 폭발했던 해인 1952년 뒤부터 늘어나기 시작했다. 1951년에서 1952년까지 치아에서 발견된 스트론튬-90은 대략 그램마다 0.2 마이크로마이크로퀴리(μμCi, 1마이크로마이크로퀴리는 1퀴리의 100만 분의 1을 다시 100만 분의 1로 나눈 값, 1퀴리는 초당 370억 개 원자가 붕괴하는 방사능) 정도였는데, 1953년 말에는 그 숫자가 배로, 1954년에는 3~4배로 뛰었다.

시민과학의 함의

어린이 치아 조사는 전문가인 과학자와 대중이 함께 손을 잡고 기술 위험을 밝힌 '시민과학(citizen science)' 운동의 전형을 이룬다는 점에서 오늘날 많은 시사점을 가진다. 카머너는 환경운동의 한 형태로 시민 참여를 요청하고 준비된 참여자들에게 조사 결과를 알려 풀뿌리운동의 발전을 보장했다. 관심을 가진 부모들은 치아를 보내고 검사 결과를 애타게 기다렸다. 또한 핵정보위원회는 아이들을 참여시키는 방법을 개발했고, '오퍼레이션 투스 클럽(Operation Tooth Club)'을 설립했다. 젖니를 보낸 아이들은 이 클럽의 회원이 되고, 증명서와 "나는 과학에 내 치아를 기증했다."는 글귀가 새겨진 기장을 받았다. 이 아이들은 훗날 미국 역사상 가장 대담하고 성공한 환경 입법을 목격했고, 첫 번째 '지구의 날'(1970) 행사의 핵심 동력으로 자랐다. 첫 어린이 치아 조사의 성공을 위해 반드시 필요했던 대중 참여는 대중 스스로 능력 부여

(empowerment)할 수 있는 필수 도구들을 제공해 여러 가지 측면에서 미국 환경 의식의 성장을 강화시켰던 것이다.

    오늘날 우리 사회는 아직도 과학기술 영역에 전문가주의가 팽배해 있다. 방사능이나 광우병 같은 위험에 대해 권위주의 정부나 전문가들이 안전하다는 주장을 되풀이하고 시민들의 불안감을 과학에 대한 무지에서 비롯한 감정 반응으로 몰아붙이거나 심지어 괴담으로 평가절하 하는 태도를 보인다. 그러나 카머너는 '얼마나 위험해야 위험한가?'라는 기술 위험의 중요한 평가를 누군가 대신 이뤄줄 수 없으며, 시민들이 자신의 지역공동체 속에서 스스로 그 '문턱 값'을 결정하는 것임을 깨달았다. 카머너의 어린이 치아 조사 운동은 한 과학자의 사회적 책무에서 시작한 과학 정보운동이 시민이 주체인 시민과학운동으로 발전하는 과정을 잘 보여준다. 카머너는 사람들에게 무엇을 해야 할지 알려주는 대신 대중들이 접근할 수 있도록 과학 정보를 제공했다. 이를 통해 대중 스스로 정치 의사 결정에 참여할 수 있는 능력을 부여해주는 경로를 선택했다. 또한 단순히 연구 결과를 공유하지 않고, 카머너는 가설, 실험, 그리고 관찰 결과까지 공유해서 대중을 결과 해석에 참여시켰다. 이미 1958년부터 카머너는 과학 정보가 결론이나 평가 없이 제공돼야 한다고 주장했다. 정보에 대한 접근이 충분히 이뤄진다면, 대중 스스로 결론을 이끌어낼 수 있다는 믿음이 그 바탕에 있었던 것이다.

    최근 우리나라에서도 미래의 에너지정책을 결정하기 위한 시민 참여의 한 방안으로 신고리 5, 6호기 공사 중단 여부를 공론화위원회에 맡겼다. 471명 시민참여단이 오랜 기간 동안 합숙토론을 통해 숙의해 2017년 10월 20일 공사를 재개하기로 최종 결정을 내렸다. 물론 이 결정에 대해서는 많은 평가가 엇갈리지만, 일단 우리 사회에서 중요한 과학기술 사안을 일반 시민들의 지혜와 숙의에 기초해서 평가하고 그 방향을 결정할 수 있다는 믿음을 가지게 됐다는 점에서 의의를 가진다. 오늘날 배리 카머너가 다시 중요한 이유는 시민이 과학의 주체가 될 수 있고, 또한 그렇게 돼야 한다는 그의 확신 때문일 것이다.

* **각주1** McGucken, W. 1991. Biodegradable: Detergents and the environment. College Station: Texas A&M University Press.
* **각주2** Michael Egan, "Why Barry Commoner Matters", Organization & Environment, Volume 22 Number 1 March 2009 6-18. 이 글은 시민과학센터가 발간한 〈시민과학〉 80호(2009)와 81호(2010)에 발췌 번역됐다. 이 절의 내용도 예건의 글을 기반으로 한 것이다.)

김동광
과학기술과 사회의 관계를 연구하는 연구자이자 과학저술가다. 《생명의 사회사》, 《불확실한 시대의 과학 읽기》(공저), 《시민의 과학》(공저)를 펴냈으며, 《언던 사이언스》(공역), 《인간에 대한 오해》를 우리말로 옮겼다.

배리 카머너의 책

《원은 닫혀야 한다》
고동욱 옮김, 이음, 320쪽, 2014년

카머너는 환경위기를 극복하려면 환경문제를 똑바로 바라보고 문제 연결고리를 파악하는 데서 시작해야 한다고 말한다. 인간은 생태계의 완전한 원을 이루는 순환 고리 안에서 빠져 나와 생태계를 파괴했으나 이제 다시 그 원을 닫아야 한다고 말하면서 현대 환경문제의 원인을 명료하게 제시한다. 다양한 분석 사례를 통해 환경문제 뿌리를 지적하며 환경운동을 사회운동으로 전환시키는 계기를 만들었다. 인간이 축적한 부는 짧은 시간 동안 환경을 착취해 얻은 것이며, 이를 위한 비용이 자연 생태계 위기, 산업국가에서는 환경 파괴, 개발도상국에서는 인구 압력으로 나타나게 됐다는 사실을 경고한다.

레이첼 카슨

Rachel Louise Carson
1907 - 1964

레이첼 카슨은 미국 펜실베이니아에서 태어나 10살 때 이미 작가의 길에 들어섰다. 늘 작가를 꿈꿨고 대학에서 영문학을 전공하다 생물학에 매료돼 진로를 바꿨다. 카슨은 동물학을 전공하고 특히 해양생물에 대한 깊은 관심을 보여 관련한 일을 했다. 오랜 기간 정부기관 수상생물 부서에서 일한 카슨은 바다생물에 관한 두 권의 책, 《바닷바람을 맞으며 Under the Sea Wind》(1941), 《우리를 둘러싼 바다 The Sea Around Us》(1951)를 출판했다. 특히 두 번째 책을 출판한 뒤 각종 상을 휩쓸었고 이를 계기로 공무원 생활을 그만두고 전업 작가의 길로 들어서 《바다의 가장자리 The Edge of the Sea》(1955)를 펴냈다. 그 뒤 암 투병을 하면서 세계에 카슨을 알린 책《침묵의 봄 Silent Spring》(1962)을 출판했다. 1964년 사망 뒤 유고집으로 《자연, 그 경이로움에 대하여(The Sense of Wonder》(1965)가 나왔다.

자연과 함께
침묵을 깨고
일어서다

글. 김은진

전혀 몰랐던 카슨의 꿈

　레이첼 카슨의 유고집인 《자연, 그 경이로움에 대하여》에 대한 여러 서평에 따르면 카슨이 진짜 쓰고 싶었던 글들은 카슨을 유명하게 만든 《침묵의 봄》 같은 책이 아니라 바다라는 대자연과 그 바다 속의 생물과 교감한 글이라는 것을 알 수 있다. 하지만 카슨은 인간이 해야만 했던, 그리고 해야만 하는 일에 대한 경고를 통해 그의 꿈을 실현했던 것이 아닐까 생각한다.

　사실 이 글을 쓰기 전에는 카슨의 다양한 글을 읽어볼 생각도 없었고 읽을 필요도 느끼지 못했다. 《침묵의 봄》 하나만으로 충분했기 때문이다. 글에 대한 의무감이 아니었다면 나는 영원히 자연의 아름다움을 노래하고자 했던 카슨의 꿈을, 그리고 그 꿈을 이루기 위해 얼마나 끈질기게 싸워야 했는지를 모르고 넘어갈 뻔했다. 그런 뜻에서 이 글 자체가 내게는 새로운 도전이다. 어쩌면 레이첼 카슨을 《침묵의 봄》 하나로만 알고 있는 많은 사람들과 교감할 수 있어 다행이라고 위안해본다. 그럼에도 불구하고 이 글은 《침묵의 봄》의 범위를 넘어서지는 못할 듯하다. 안타깝게도 오늘날 우리 현실은 카슨이 그토록 우려했던 문제들을 여전히 안고 살아가기 때문이다.

화학산업의 치명적 상품, 디디티에서 유전자변형모기까지

우리 세대라면 누구나 경험했을 어린 시절 추억 아닌 추억이 바로 머릿니가 아닐까 싶다. 그 머릿니를 없애기 위해 당시 우리가 많이 쓰던 디디티(DDT)가 바로 레이첼 카슨을 살충제와 싸우는 전사로 만든 상징물이다.

이미 1940년대부터 디디티는 그 문제점이 지적되기 시작했다. 그러나 지적은 무시되고 그 사용량은 점차 늘어갔다. 그뿐만 아니라 그 효과에 힘입어 갖가지 화학합성살충제들이 쏟아져 나왔다. 이처럼 점차 심각해지던 때 카슨은 그 살충제 문제를 제기한 정부 기관에 재직하고 있었지만 그런 지적에 큰 주의를 기울이지는 않았던 듯하다. 《침묵의 봄》에서 카슨은 "지난 10여 년 동안 이런 문제 때문에 어두운 그림자가 드리워졌지만 우리는 그 심각성을 알아차리지 못했다. 자연방제법을 발전시키고 널리 알리는 데 중요한 역할을 하는 사람들도… 화학방제에 신경 쓰느라 바빴다."라고 회상했다. 그러나 그 경험이 훗날 《침묵의 봄》을 집필하는

데 많은 도움이 되었다.

 디디티를 비롯한 각종 살충제를 남용한 탓에 생태계 이상 현상이 늘어나면서 살충제 사용 금지를 요구하는 단체들도 늘어나기 시작했다. 그러나 예나 지금이나 항상 이런 문제의 해결방식은 비슷하다. 즉, 드러나는 문제점과 인간이 얻는 이익 사이에서 저울질만 할 뿐 당장에 보이는 이익이 우선시된다. 이른바 필요악이 되는 것이다.

 이런 현상은 오늘날도 마찬가지다. 최근 유전자변형에 대한 문제의식이 높아지면서 유전자변형생물을 개발하는 기업들은 이른바 비식용 유전자변형생물을 만들어내고 이를 상용화할 궁리에 한창이다. 이런 맥락을 잘 보여주는 것이 바이러스를 없애는 '유전자변형모기'다. 1940년대 모기를 없애려고 살충제 사용을 정당화했던 기업들이 이제는 새로운 상품으로 살충제 대신 유전자변형기술을 활용한 모기를 만들어내기 시작한 것이다.

 그때나 지금이나 기업들의 주장은 항상 같다. 인류를 위해 필요하다는 것이다. 그러나 카슨은 인류를 위해 필요한 것은 이런 화학제품이 아니라고 경고한다. 카슨이 1961년 《우리를 둘러싼 바다》 개정판을 내면서 머리말 마지막에 "바다는 비록 나쁜 방향으로 변한다 하더라도 계속 존재하겠지만, 정작 위험에 빠지는 것은 생명 자체다."라는 글을 남겼고, 《침묵의 봄》 마지막 문장을 "곤충을 향해 겨눴다고 생각하는 무기가 사실은 이 지구 전체를 향하고 있다는 사실이야말로 크나큰 불행이 아닐 수 없다."로 마무리 지은 것이 이를 잘 보여준다.

유기농운동의 바람을 일으키다

일찍이 화학 산업이 발달한 미국이나 유럽 같은 나라에서도 살충제 사용에 대한 찬반 논란은 끊이지 않았다. 나오는 보고서마다 서로 다른 주장이 이어졌다. 그런 가운데 《침묵의 봄》이 나온 것이다. 당시 카슨은 이 책을 쓰고 싶었다기보다는 쓸 수밖에 없었을 것이다. 이미 이 책이 나오기 20여 년 전부터 문제점이 꾸준히 제기되고 있다는 사실을 알고 있었음에도 직접 문제를 경험하고 나서야 집필을 시작한 걸 보면 말이다. 전업 작가를 꿈꾸며 직장을 그만두고 자연 속에서 살기 시작하면서 살충제의 심각성을 맞닥뜨리게 된 것이다. 그러나 자신이 원하는 것, 즉 자연 환경과 어우러져 사는 세상을 만들기 위해 카슨은 엄청난 노력을 기울여 책을 집필했고 출간 뒤 실천에 옮기기 위해 환경운동가로 변신했다. 1963년 미국 정부가 카슨이 책에서 언급한 내용이 사실임을 인정할 때까지 카슨은 꿋꿋하게 자신의 주장을 이어갔다.

살충제의 폐해가 널리 알려지면서 카슨이 《침묵의 봄》 마지막 장에서 언급한 가지 않은 길에 대한 고민이 이어졌고 그것은 선진국에서 펼쳐진 유기농운동으로 이어졌다. 《침묵의 봄》이 나오고 미국에서는 서해안을 중심으로 농약 사용을 줄이는 농업 단체가 생겨나기 시작했다. 물론 유기농업 자체는 유럽에서는 시작된 지 오래되었지만 화학 산업의 우세를 꺾을 정도는 아니었다. 그러나 1960년대 들어 확실히 상황이 달라졌다. 유럽뿐만 아니라 미국까지 이른바 산업이 발전한 대부분 나라에서 단순히 농업양식이 아니라 환경과 생태계를 고민하고 그 해결방안 가운데 하나로 유기농을 선택하기 시작했다.

카슨의 책은 확실히 유기농운동의 계기를 마련해줬다. "생물학적 방제법은 원치 않는 식생을 조절하는 데 괄목할 만한 성공을 거두었다. 오늘날 우리를 괴롭히는 많은 문제들은 자연이 이미 대면했던 것이고 또 자연은 그런 문제를 나름의 방식으로 잘 해결했다. 인간이 자연을 관찰하고 열심히 따라 할 정도로 영리하다면 성공적인 결과를 얻을 수 있을 것이다."《침묵의 봄》, 114쪽)

　　이 대목에서 유기농을 현실화하기 위한 노력에서 꼭 언급해야 할 책이 또 하나 있다. 1909년 미국 농무성 공무원이었던 프랭클린 킹이 쓴 《4천 년의 농부 Farmers of Forty Centuries》(2006)다. 이 책은 부제가 '유기농업의 원류—중국·한국·일본'이다. 머리말에서 킹은 "동아시아에서 땅은 먹을거리와 연료, 옷감을 생산하는 데 남김없이 쓰인다. 먹을 수 있는 모든 것은 사람과 가축의 입으로 들어간다. 먹거나 입을 수 없는 모든 것은 연료로 쓰인다. 사람의 몸과 연료, 옷감에서 나온 배설물과 쓰레기는 모두 땅으로 돌아간다."라고 했다. 즉, 가장 유기적인 방식으로 자연과 조화를 이루는 삶의 모습을 동아시아 사람들 삶에서 발견한 것이다. 1900년대 초기에 산업이 발달한 국가의 눈으로 보기에 진짜 유기농을 실천한 나라가 바로 우리나라였다는 말이다. 실제 이 책은 미국 유기농업에 어느 정도 영향을 미친 것으로 알려져 있다. 이렇게 1960년대는 화학 산업이 만들어낸 상품의 위험성에 대한 경고가 서서히 현실로 나타나면서 이에 대한 대안이 선진국을 중심으로 활발하게 진행됐다. 그럼에도 불구하고 안타까운 것은 그 영향이 디디티에만 집중돼 나타났다는 점이다. 디디티로만 관심이 집중되는 탓에 되레 다른 살충제의 생명력이 연장됐다는 생각을 지울 수 없다. 그리고 그것은 실제로 개발도상국에서 두드러지게 나타났다.

1960년대 선진국에서 유기농운동이 확산되는 동안 개발도상국은 '우리도 선진국처럼 잘 살아보세' 운동이 촉발되는 시기였다. 개발도상국들은 저마다 경제성장정책을 도입했고 우리나라도 예외는 아니었다. 1962년에 시작된 '제1차 경제개발 5개년 계획'이 그 시작이었다. 개발도상국의 경제성장정책은 공장을 짓는 산업화의 모습으로 나타났다. 개발도상국이 공장을 짓기 시작하자 선진국들은 환경오염의 원인이 되는 산업들을 개발도상국에 넘겨주기 시작했다. 그렇게 우리나라도 산업발전이라는 이름으로 공장이 지어지기 시작했다. 공장을 지으면 공장에서 일할 노동자가 필요하다. 정부는 이농정책을 추진했고 그 결과 1950년대 후반 70퍼센트 넘던 농가 인구수가 1975년에는 38퍼센트까지 줄어들었다. 약 15년 사이 약 30퍼센트 이상의 인구가 도시로 빠져나간 셈이다.

가족농 중심이던 농촌에서 인구가 줄어드는 현상은 여러 가지 악순환을 가져왔다. 우선 일손이 부족하니 농사가 힘들어진다. 이제 이 부족한 일손을 무엇으로 메울 것인가. 그렇게 농기계가 들어오고 농약과 화학비료의 사용이 급증하기 시작했다. 사람이 농사짓던 시절에는 구불구불한 농로로도 충분했지만 이제는 농기계가 들어가는 농로가 필요했고 이를 위해 경지를 정리하고 길을 넓혔다. 새마을운동 신화는 이렇게 시작됐다. 이런 현상이 비단 우리나라에서만 있던 것은 아니다. 개발도상국 가운데 남들보다 일찍 산업화의 중요성을 깨달은(?) 나라들은 너나할 것 없이 마찬가지였다. 농기계와 농약과 화학비료는 단위면적당 수확량을 늘려줬고 그렇게 '녹색혁명'은 아름답게 포장됐다.

1970년대 들어 개발도상국은 농약과 화학비료를 포기할 수 없는 중요한 농자재로 여기기에 이르렀다. 우리나라에서는 이 현상이 몹시 심각하게 나타났다. 농약 치는 기간을 정하고 정책으로 전국에서 동시에 같은 농약을 치도록 했기 때문이다. 당시 우리나라 전통 농업방식, 선진국이 유기농업의 원류라고 불렀던 그 농업방식을 고집하는 농민들에게는 아주 가혹한 일도 일어났다. 농약을 치지 않는다는 이유만으로 빨갱이로 몰리는 일까지 벌어졌다. 디디티에 지나치게 집중됐던 살충제 남용 문제는 결국 개발도상국 농약 남용 문제에는 별다른 영향을 미치지 못한 것이다. 하지만 진실은 결국 알려졌고 그에 따른 대안도 만들어지기 시작했다. 개발도상국 농약 남용 문제까지 더해져 결국 1980년대에는 환경운동에도 세계화 바람이 불어왔다.

환경·생태가 화두가 되다

선진국이건 개발도상국이건 환경오염과 생태계 파괴의 문제가 지구 전체 문제로 확산하기 시작했다. 그리하여 1980년대는 환경과 생태계 문제를 고민하기 위한 시민사회단체들이 활발하게 활동을 벌이기 시작했다. 이미 선진국을 중심으로 활동하던 국제 환경단체인 그린피스, 지구의 벗, 세계자연기금 활동이 세계로 확산됐다. 우리나라도 환경문제를 고민하던 사람들이 단체를 결성했는데 1982년 결성된 공해문제연구소가 기록상 우리나라 최초 환경운동단체다. 즉, 1980년대는 우리나라에도 환경운동단체가 만들어질 정도로 환경운동이 국제 사회에서 대세가 됐다는 말이다. 환경운동단체 활동은 대체로 비슷한데 처음에는 환경오염으로 시작해서 생태계 파괴의 문제로 발전한다. 일찍 시작한 국제 환경운동단체나 다른 나라의 환경운동단체도 대체로 비슷하고 우리나라도 마찬가지다. 그 흐름에 따라 1980년대에는 이렇게 가다간 지구가 망할 것이라는 위기의식이 팽배해졌다. 그리고 이 위기의식으로 인해 환경단체들은 국제기구나 정부마다 그 대책을 마련할 것을 요구하기 시작했다. 그 결과물이 바로 1992년 브라질의 리우데자네이루에서 있었던 국제연합(UN)의 환경개발회의였고 그 회의에서 채택된 선언문이 오늘날 지구의 환경과 개발에 관한 기본원칙을 천명한 '리우 선언'이다.

     1980년대 이러한 변화는 경제 성장만을 좇던 개발도상국에도 큰 영향을 미쳤다. 개발도상국에서도 환경과 생태계 문제를 고민하는 단체들이 늘어나고 그 속에서 유기농운동이 다시 불붙었다.

레이첼 카슨의 한계를 벗어날 때

     처음에 밝힌 바와 같이 레이첼 카슨의 꿈은 아마 인간도 자연 속 일부임을 깨닫는 것이었으리라 생각한다. 카슨의 유작 《자연, 그 경이로움에 대하여》를 "늘 자연과 가까이하는 기쁨은 과학자들만의 것이 아니다. 그것은 땅과 하늘, 그리고 그 모든 것이 간직하고 있는 놀라운 생명의 경이로 자기 자신을 기꺼이 내맡길 줄 아는 사람들에게 열려 있다."로 끝맺은 것은 카슨의 꿈을 알려주기 위한 편집자의 배려였으리라.

     우리는 이제 그 꿈을 어떻게 실현할 것인가? 우리는 레이첼 카슨 시대에 있었던 일에 교훈을 얻고 한계를 넘어서야 할 의무가 있다. 《침묵의 봄》 마지막 장에서 카슨은 살충제를 대신할 다양한 대안을 열거한 바 있다. 그러나 그 대안이 현재에도 여전히 유효한 것은 아니다. 그때는 가능해 보였으나 결국 또 다른 문제를 불러온 것들도 있다. 그러나 그 대안들이 유기농운동에 상당한 영향을 미친 것 또한 사실이다. 다양한 시도 끝에 오늘날 유기농을 위한 다양한 방법이 생겨났다. 한편 이런 유기농은 자연 생태와의 공존보다는 농업 생산력을 더 우선시하고 있다는 것 또한 기억해야 한다. 그 결과 유기농자재라는 이름으로 또 다른 정형화된 관행 농업이 되고 말 것이라는 우려도 있다. 즉, 유기농이 세계로 확산하면서 국제 기준이 필요하게 됐고 그 과정에서 점차 물질 기준의 유기농 인증 제도가 대세가 되고 있다. 그러나 어디 농업양식만이 문제인가. 왜 농민만이 유기농에 대한 책임을 져야 하는가.

레이첼 카슨이 지적한 살충제와 그 살충제를 만들어내는 화학 산업에 대한 지적은 반세기가 지나면서 더욱 복잡해진 산업구조와 함께 확산됐다. 카슨이 꿈꾸던 세상은 이제 책에서 밝힌 대안만으로는 불가능하다. 그러나 카슨은 죽기 전 카이저재단 심포지엄 '스스로에게 맞서는 인간'이란 강연에서 이런 미래를 예견하고 이렇게 말했다. "새로운 과학기술이 정치·경제와 밀착되면서 더 이상 돌이킬 수 없게 되기 전에 한시바삐 그 위험을 인식해야 한다."(《레이첼 카슨 평전》, 샨티) 삶과 사회와 세계 속에서 인간이 살아남기 위해, 자연생태와 공존하기 위해 우리를 둘러싼 자연과 함께 침묵을 깨고 나설 때다.

김은진
원광대 법학전문대학원 교수다. 1988년부터 한국농어촌사회연구소 연구원으로 있으면서 국내 농업 문제에 집중해왔다. 생협전국연합회, 전국여성농민회총연합를 비롯해 여러 농업단체에서 일했다. 오래전부터 농업의 가치, 우리농업 살리기, 토종씨앗과 식량주권에 대해 관심을 가지고 사람들을 만나며 함께 이야기 나누고 있다. 펴낸 책은 《유전자 조작 밥상을 치워라》가 있다.

레이첼 카슨의 책

《자연, 그 경이로움에 대하여》
표정훈 옮김, 에코리브르, 112쪽, 2002

카슨이 세상을 떠나기 얼마 전 쓴 글을 책으로 묶었다. 아이 때부터 풍부하게 품어온 자연에 대한 감수성이 결국 우리와 자연, 지구를 구하게 될 것이라는 생각을 풀어냈다. 밤바다, 여름 숲, 비오는 날, 가을 풍경 같은 자연의 아름다움을 생생하게 표현했다.

《침묵의 봄》
김은령 옮김, 홍욱희 감수, 에코리브르, 398쪽, 2011

20세기 환경학 최고의 고전. 50주년 기념 개정판이다. 카슨이 친구로부터 받은 편지 한 통을 계기로 살충제 사용 실태와 그 위험성을 조사하고, 생물학자로서 전문 지식을 바탕으로 방사능 낙진으로 인해 더욱 절실해진 환경 문제의 복잡성을 알기 쉽게 풀어냈다. 무분별한 살충제 사용으로 파괴되는 야생 생물계의 모습을 적나라하게 드러내며 생태계 오염이 어떻게 시작되고 생물과 자연환경에 어떤 영향을 미치는지 낱낱이 설명했다. 정부 정책 변화와 현대 환경운동을 일으키는 데 큰 영향을 미쳤다.

《레이첼 카슨 - 환경운동의 역사이자 현재》
윌리엄 사우더 지음, 김홍옥 옮김, 에코리브르, 630쪽, 2014

《침묵의 봄》 출간 50주년을 기념해 새로 쓴 전기집이다. 시간 흐름에 따른 서술 방식에서 벗어나 '보존주의 시대를 살면서 환경주의를 잉태한 삶'이라는 창을 통해 레이첼 카슨을 살펴본다. 사고에 영향을 미친 저술과 저자들, 책으로 결실 맺기까지 과정에 집중해 선 굵은 이야기를 전개해간다. 카슨이 인류에게 남긴 유산과 교훈을 다시금 오늘날 시각으로 되새겨볼 수 있다.

《우리를 둘러싼 바다》
김홍옥 옮김, 에코리브르, 368쪽, 2018

바다가 어떻게 탄생했고, 거기서 생명이 어떻게
출현했는지, 바다에 대한 기묘하고도 흥미로운 이야기가
펼쳐진다. 새로 생겨난 지구가 잔뜩 흐린 하늘 아래서
냉각돼가는 과정, 대양저의 거대한 땅을 밀어 올리면서
엄청난 산맥과 황량한 계곡을 만들어내는 화산 활동,
수백 미터 아래에서 향유고래와 결투를 벌이는
대왕오징어 같은 놀랍고도 쉽게 잊히지 않는 이미지로
넘치는 책.

토마스 베리

Thomas Berry
1914 - 2009

토마스 베리는 미국을 비롯한 영어권에서는 상당히 영향력이 있는 생태사상가이지만, 국내에는 그리 알려지지 않았다. 문예지 〈블룸베리 리뷰(The Bloombury Review)〉는 "100년에 한 번, 인류 가운데 심오한 명료함을 가지고 우리에게 말하는 어떤 사람이 나타난다. 토마스 베리는 바로 그런 인물이다."라고 평가했다. 〈뉴스위크〉는 1989년 베리를 "새로운 유형의 생태신학자들 가운데 가장 도발적인 인물"이라고 지칭했다. 베리는 '생태계 위기는 과학이나 정책의 문제가 아니라 영적인 위기'라고 파악하고, 영성(spirituality)의 쇠퇴가 가져온 자연으로부터 유리된 인간 현상을 경고했다.

생태대,
매혹 있는 미래로
이동하라

글. 맹영선

지구의 꿈을 꾸다

1914년 베리는 미국 노스캐롤라이나주 그린즈버러에서 태어났다. 베리는 이렇게 썼다. "나는 자동차 시대의 시작을 봤고, 어느 정도는 산업 시대의 시작도 봤다. (…) 나는 기억한다. 1920년대 중동 산유국들이 유전을 개발하기 시작하던 것을… 당시 나는 여덟 살이었는데… 그때 이미 내가 결코 좋아할 수 없는 어떤 일이 일어나리란 것을 알았다."

베리는 《위대한 과업(Great Work)》의 '샛강 건너 초원'에서 자신이 어떻게 자연에 관심을 갖게 됐는지에 대해 11살쯤 겪었던 '계시 체험'을 들어 설명한다. 그때 깨달음이 베리의 평생 규범이 됐다. "그 체험은 내 사고방식 모든 영역에 걸쳐서 규범이 돼왔다. 생태계의 자연스러운 순환 속에서 그 초원을 보전하고 향상시켜주는 것은 무엇이든 좋은 것(善)이고, 그 초원을 거스르는 것이나 부정적인 것은 좋지 못한 것(惡)이다. 내 삶의 지향은 그렇게 단순하다." 그 뒤 베리는 생애 대부분을 '왜 인간 문화가 자연 세계를 파괴하지 않으면 안 되었는지'를 이해하는 데 보냈고, 2009년 6월 1일 우주로 돌아갔다.*각주1

1933년 베리는 고등학교 졸업 뒤 예수고난회(Passionists)에 입회했다. 토마스 아퀴나스(Thomas Aquinas)에게 영향을 받아 수도명을 토마스로 정했다. 본래 이름은 윌리엄 나탄 베리(William Nathan Berry)다. 1942년 사제 서품을 받은 베리는 문화사학자로 학문적 여정을 시작했다. 미국 가톨릭대학교에서 서양지성사를 전공하면서 인간에 의한 환경 파괴가 기원전에도 있었다는 사실을 알게 됐고, 1949년 잠바티스타 비코(Giambatista Vico, 1668~1744) 연구로 박사학위를 받았다. 베리의 사상에는 비코의 사상이 많이 들어 있다. 비코는 르네상스 시대의 철학자, 역사가, 법률학자, 언어학자였다. 문화사학자로서 베리는 유럽 문명뿐만 아니라 인도와 중국 같은 아시아 문화와 북아메리카 토착문화 전통과 현대 문명의 특징을 연구했다. 이렇게 인류 문명사를 연구하면서, 세계 인류가 저마다 독특한 우주(창조) 이야기를 만들어냈음을 알았다.

베리는 세계의 다양한 우주 이야기를 살펴보면서, 왜 어떤 문화권에서는 인간이 자연과 유리돼 있고 다른 문화권에서는 그렇지 않은지 연구했다. 그리스도교 이외의 다른 종교와 문화에서는 인간 존재의 문제를 어떻게 취급했는지 알고 싶어서 한자와 산스크리트어를 공부하고 동양 사상도 공부했다. 베리는 인류의 커다란 영성 전통인 동양 사상을 공부해야 제대로 인류의 영성을 이야기할 수 있다고 생각했고, 《불교》와 《인도의 종교》라는 책도 썼다. 동서양 사상을 공부한 베리는 원주민의 영성 전통 또한 중요하다고 생각해서 공부했다. 베리는 이 세계를 신성하게 여기는 원주민 영성이 지구 영성의 기초가 될 수 있다고 봤다.

미국으로 돌아온 베리는 아시아학 연구(Asian Studies)를 하는 교수가 돼 시튼홀대학교, 뉴욕 성요한대학교, 포담대학교 외에도 콜롬비아대학교와 드류대학교와 샌디에이고대학교에서 오랫동안(1956~1979) 문화사와 종교사를 강의했다. 베리의 가르침을 받은 제자들은 네트워크를 만들어 지금도 미국 전역 다양한 분야에서 활동하고 있다.[*각주2]

1940년대 말부터, 베리는 떼이야르 드 샤르댕(P. Teilhard de Chardin, 1881~1955)의 사상을 만났다. 과학적 진화현상론을 그리스도교 신학에 접목한 예수회 사제이자 고생물학자인 떼이야르의 영향을 받아, 베리는 이제 인류 문명사를 넘어 지구 공동체의 생명 현상으로까지 관심사를 넓히게 되었다. 그는 지질학과 생물학, 생태학을 비롯한 자연과학까지 공부했다. 1975년에서 1987년까지 베리는 인간의 미래를 위한 미국 떼이야르 협회(American Teilhard Association for the Human Future) 회장직을 역임했다.

베리가 생태계 위기 문제를 심각하게 인식하게 된 것은 1962년 출판된 레이첼 카슨의 《침묵의 봄》 때문이다. 베리는 카슨에게 자극을 받아 문화사학자에서 지구학자(geo-logian)로 돌아섰다고 고백한다. '지구학자'는 신학자(theo-logian)의 신(theo) 대신 지구(geo)를 넣어 베리가 만든 말이다. 신 대신 지구를 연구하겠다는 선언이다. 《침묵의 봄》 뒤로 베리는 점차 깊게 생태계 위기 문제뿐만 아니라 생태주의자들의 다양한 논의에 관심을 기울였다.

1967년 린 화이트(L. White, Jr.)는 〈생태계 위기의 역사적 뿌리들

〉*각주3 이란 논문에서, 많은 환경 문제의 근원이 그리스도교의 자연에 대한 오만에 있다고 설득력 있게 주장했다. 이에 대응해 다양한 반응이 그리스도교 교회 안에서 나타났고, 많은 신학자가 대응 논리를 찾으려 노력했다. 베리 역시 가톨릭 사제로서 이런 위기를 초래한 그리스도교적 요소에 특히 관심을 가졌다.

1970년, 베리는 뉴욕 리버데일에 종교연구센터(Center of Religious Research)를 설립했고, 1995년까지 이 연구센터 소장으로 있었다. 여기에서 발행하는 〈리버데일 논문집(Riverdale papers)〉에 실리는 글을 통해 자신의 생태 사상을 펼쳤다. 1988년 생태사상을 담은 자신의 글을 모아 《지구의 꿈(Dream of the Earth)》을 출판했다.

행성 지구의 건강을 진단하다

토마스 베리가 생태계 위기의 원인을 진단하고 해결하려는 방식은 매우 독특하다. 생태계 문제는 원인을 어떻게 파악하는가에 따라 해결책도 달라진다. '행성 지구의 건강'에 관심이 있는 베리는 모든 지식을 총동원해서 생태계 위기를 진단하고 처방한다. 베리는 한마디로 생태계 위기를 '지구의 죽음'이라고 정리한다. 모든 생명의 바탕인 지구 생명이 죽어가고 있다는 것이다. 지구 차원에서 지구의 구조와 기능과 성질이 이렇게까지 파괴된 일은 46억 년 지구 역사에서 유례를 찾을 수 없다. 지구의 이런 변화는 '단순한 또 하나의 역사적 전환기 또는 문명적 전환기가 아니라 지구의 생태학적 전환기'라고 베리는 말한다. 이런 변화는 인간의 존재 양식과 관계가 있다. 인간은 자연에 대한 친밀감과 경외감을 잃어버렸고, 자연 세계로부터 유리돼 자연과 친교를 나누지 못하는 '자폐증'을 앓고 있다. 베리는 생태계 위기 상황보다 그런 상황을 느끼지 못하는 인간의 감수성 결핍이 더 심각하다고 생각했다. 그 원인은 인간에게 비전을 제공해주는 우주 이야기(우주론)를 잃어버렸기 때문이라고 봤다.

베리는 한 걸음 더 들어가 생태계 위기의 원인을 과학과 역사와 종교라는 맥락에서 찾는다. 첫 번째 원인은 과학 기술이 만든 산업 문명의 진보 신화다. 산업 문명은 경이로운 세계를 만들고자 진보라는 환상을 좇아 달려왔지만, 결국 우리 앞에 놓인 것은 쓰레기 세계일 뿐이다. 산업 문명의 진보 신화는 알코올·니코틴·마약 중독처럼 작용하고, 그런 중독을 치료하려면 상당한 고통이 뒤따른다. 두 번째 원인은 인간중심적·가부장적인 역사다. 생태계를 이루는 하나의 생물 종으로 여기지 않는 인간중심주의와 공격과 약탈을 일삼는 남성지배적 가부장제에 의해, 인간 문명은 점차 악화됐다. 따라서 인간중심주의와 가부장제가 초래한 문제점을 주목하고 경계해야 한다. 세 번째 원인은 지구에 대한 경외심의 상실이다. 우리가 지구와 인간 이외의 다른 존재들에 대한 예의, 감사하는 마음, 성스러움을 인정하는 마음을 상실했기 때문에 현재 생태계 위기를 초래했다. 생태계 위기는 본디 영성의 문제다. 자연 세계는 인간에게 물리적 필요뿐만 아니라 영적 필요 때문에 필요하다고 베리는 단언한다. 오늘날 우리가 초래한 모든 환경 문제의 뿌리에도 이런 세 가지 원인이 모두 뒤섞여 있다고 할 수 있다.

기술대에서 생태대로 탈출하라

이제 인류 앞에는 두 갈래 길이 있다. 그 하나는 기술대 (Technozoic era)고, 다른 하나는 생태대다.*각주4 베리의 선택은 생태대다. 현재 기술대로 이끄는 힘이 너무 강력하지만, 지구 공동체가 생존 가능한 조건을 만들려면 생태대로 이동해야 한다고 베리는 말한다. 생태대는 인간이 지구와 상호 증진(mutually enhancing)하는 양식으로 지구에서 존재하는 시대를 말한다. 생태대 실현은 오로지 인간의 결정과 헌신에 달려 있다. 베리는 생태대 실현이 우리 시대에 주어진 '위대한 과업'이라고 선언한다. 베리는 이 과업을 "공유된 이야기와 꿈을 체험함으로써, 시간적 전개라는 맥락 안에서, 생명 체계들의 공동체 안에서, 비판적 반성과 함께, 종(種)의 수준에서, 인간을 재창조하는 것"이라고 복잡하게 묘사한다. 하지만 분명한 것은 지구에서 인간의 위치와 역할을 다시 생각해봐야 한다는 것이다. 따라서 생태대 실현을 위한 인간 의식의 근본 변화와 프로그램이 필요하며, 인간 사회의 기본 체제인 정치와 경제, 교육과 종교가 그 뿌리에서부터 변해야 한다고 말한다.

이 과업은 인간만의 과업이 아니라 지구 구성원들의 공동 과업이다. 이미 나타난 지구의 손상들은 인간 행위에서 비롯한 결과지만, 사람 몸의 한 기관에 나타난 질병이 단지 그 기관만의 노력으로 치유될 수 없듯이 지구 역시 단순히 인간의 노력만으로는 치유할 수 없다. 현재 생태계 위기를 해결하려면 조용히 지구에 귀 기울여 지구가 스스로 치유할 수 있도록(Geo-healing) 도와줘야 한다. 베리는 지구의 소리를 듣고, 우리에게 그 소리를 전달해주는 위대한 샤먼(Shaman)이다.

베리는 생태대 실현을 위한 도구로서 생태지역주의(Bioregionalism)[*][각주5]와 생태영성(Ecospirituality), 그리고 새로운 우주론(New Cosmology)을 제안한다. 그런데 생태지역주의는 환경철학에서, 생태영성은 생태신학에서 다른 많은 학자가 논의하고 있으므로, 베리의 생태사상은 새로운 우주론으로 특징짓는다.

인간은 어떤 위기에 봉착했을 때, 그 위기를 헤쳐 나갈 수 있는 정신적 에너지를 두 가지 방법을 통해 얻을 수 있다. 그 하나는 '공포'이고 다른 하나는 '매혹'이다. 생태계 위기 극복도 마찬가지다. 즉 생태계가 파괴되는 공포를 겪으면서 그것을 막으려고 노력하거나, 또는 생태대라는 매혹 있는 미래로 나아갈 수 있는 꿈을 보여줌으로써 생태대로 움직이도록 이끌 수 있다.

베리는 생태대라는 매혹 있는 미래를 사람들에게 보여줘야 한다고 봤고, 그 도구로 선택한 것이 우주 이야기다. 우주 이야기는 생태대에 대한 신화다. 지구에 대한 매혹을 다시 불러일으키면, 지구를 파괴하는 인간 행위로부터 지구를 구할 수 있다고 봤다. '우주 이야기'는 우주와 우주 안에서 인간의 위치와 역할에 대한 설명이다. 이 세계가 어떻게 존재하게 됐으며, 어떻게 현존하는 실체들이 창조됐는지, 어떻게 인간이 거대한 우주 안에 나타나게 됐는지, 이 모든 것이 어디로 가고 있는지를 설명해준다.

베리가 제안하는 '우주 이야기'는 패러다임이 전환된 새로운 우주론이다. 베리는 과학적 우주론과 종교적 우주론을 통합한 새로운 우주론을 문화적(역사적) 이야기 형태로 제안한다. 사실 베리는 생태계 위기에 관심을 갖기 전부터 오늘날 필요한 것은 미래의 신화로 다뤄질 수 있는 새로운 '이야기'라고 믿었다. "우주 이야기가 더 이상 시대 상황에 적합하지 않아 생동감을 잃어버릴 때, 인간은 위기에 직면하게 된다."라고 베리는 지적했다. 우주 이야기에는 그 사회에서 최고로 평가받는 가치들이 간직돼 있기 때문이다. 베리는 생태계 위기도 "건전한 우주 이야기를 갖지 못해 봉착한 난관"이기 때문에 그 위기를 극복하는 대안은 우주의 출현과 우주 안에서 인간의 위치와 역할을 새롭게 제시하는 '우주 이야기'라고 보고, 새로운 비전을 제시하는 작업을 시작했다. 베리가 제안하는 새로운 우주론은 브라이언 스윔(B. Swimme)과 함께 쓴 《우주 이야기》에 자세히 담겨 있다. 《우주 이야기》는 과학 이야기일 뿐 아니라 과학의 눈으로 관찰하는 것보다 앞선 실재가 있다는 것을 함축하는 종교적 이야기다. 베리는 물리적 우주에 대한 지식을 기초로 모든 것을 감싸 안는 자비로운 특별한 우주론을 우리에게 제안한다. 베리가 이렇게 과학과 종교와 역사를 통합해 새로운 《우주 이야기》를 제안한 이유는 새로운 인간-지구 관계를 확립하기 위한 정신적, 영적 자원을 불러일으키기 위해서다. 《우주 이야기》는 매우 귀중한 자료다.

지구에서 정중하게 사는 법을 다시 배우라

우리는 자신의 세계관이나 우주론을 바꾸는 일이 '고집스러운 뇌' 때문에 어렵다는 것을 잘 알고 있다. 한 사회나 시대의 세계관이나 우주론을 바꾸는 일은 그보다 더 어렵다. 게다가 인류 역사의 어떤 우주론도 인간 공동체를 도덕적으로 만들지 못했다는 사실을 우리는 잘 알고 있다. 그런데 나는 베리가 제안하는 새로운 우주론이 생태대 실현을 위한 비전,

우주에 대한 지식과 경외심과 통찰력을 제공해줄 수 있다고 확신한다. 베리는 "우리가 지구에서 정중하게 사는 법을 제대로 배워야만 수십억 년 동안 진화해온 이 행성 지구, 이 거대한 생명 공동체가 우리를 아낌없이 보살펴줬듯이 우리 후손들 또한 보살펴주리라는 확신을 가질 수 있다."라고 말한다. 베리는 생태대 실현을 위한 우리 인간의 책임과 역할을 분명히 강조한다. 생태대 실현이라는 이 과업은 우리가 선택하는 것이 아니라 우리에게 주어진 것이며, 지금 여기에 우리가 있는 것은 우주 이야기가 우리를 선택한 것이라고 말한다.

생태대 실현이라는 위대한 과업을 위해 우리를 초월하는 어떤 힘이 '지금 여기' 바로 이 시공간의 존재로 자신을 던졌음을 인정하는 사람들이 점차 늘고 있다. 이들은 생태대 실현을 꿈꾸면서, 인간 공동체의 정치, 경제, 교육, 종교 모든 분야에 걸친 변화를 위해 움직이고 있다(Dream Drives Action!). 한국에서도 이런 사람들이 모여 생태대 실현을 위한 '포럼 지구와 사람'(www.peopleforearth.kr)이란 작은 모임을 만들었다. 이들도 끊임없이 공부하며 우주 차원에서 생각하고, 생생한 일상 현실에서 자신이 할 수 있는 아주 작은 일들을 지역에서 생태적으로 실천하고 행동하려고 노력하고 있다.

* **각주1** 2019년 6월 1일 베리 서거 10주기를 맞아 한국 토마스 베리 협회(Korean Thomas Berry Association)가 창설됐다.
* **각주2** 많은 사람이 있지만, 유교를 전공한 메리 이블린 터커(Mary E. Tucker)와 토착 종교를 전공한 존 그림(John A. Grim) 부부, 그리고 제네시스 농장을 운영하는 미리암 맥길리스((Miriam T. MacGillis) 수녀를 대표로 들 수 있다.
* **각주3** Lynn white Jr., 「The Historical Roots of Our Ecological Crisis」, Science, 58(3767): 1203-1207, 1967.
* **각주4** 생태대(Ecozoic era)는 베리가 고안한 용어다. 생태대는 지구 지질학적 역사시대인 현생대(Phanerozoic Eon)를 고생대, 중생대, 신생대(Cenozoic era)로 분류하는 과학 전통에 근거한다. 베리는 신생대 뒤 지구에 나타날 지질학적 시기로서 생태대를 제안한다. 베리에 따르면 생태대는 지구 공동체 구성원들의

친교를 바탕으로 '황폐해진 지구를 치유하는 시기'다. 기술대가 인간이 자기 목적을 위해 자연을 착취하고 조작하는 문명 형태인 데 비해, 생태대는 인간이 자연과 공생하면서 함께 진화하는 문명 형태다.

* **각주5** 환경운동가 피터 버그(Peter Berg)와 생태학자 레이먼드 다스먼(Raymond Dasmann)은 생태지리학적 개념인 생태지역(bioregion)에 알도 레오폴드(Aldo Leopold)의 '토지윤리(The Ethics of Land)'를 적용해 생태지역주의로 확대했다. 버그와 다스먼은 인간이 생태지역의 주민이 되는 과정을 '재정착'(reinhabitation)이라고 표현한다. 생태지역은 다양한 생물종 분포, 분수령의 지계, 토양의 유사성에 바탕을 두고 있고, 생태지역주의는 인간이 자신이 사는 생태지역의 자연적 특성에 맞춰 조화롭게 거주하는 것을 뜻한다. 생태지역주의 기본 원리는 생태지역과 실천적인 '토지윤리', 그리고 지역문화에 대한 존중이다.

맹영선

식품화학과 환경신학을 공부한 뒤 지구와 우리 자신을 위해 실제 무엇을 어떻게 해야 하는지 계속 공부하고 있다. 토마스 베리의 《지구의 꿈》, 《우주 이야기》, 《생태 영성》을 우리말로 옮겼다. 포럼 지구와 사람의 '토마스 베리 강좌'에서 토마스 베리가 던진 우리 시대에 던진 질문에 어떻게 함께 대답할 것인지 함께 공부하고 있다.

토마스 베리의 책

《신생대를 넘어 생태대로》
김준우 옮김, 에코조익, 240쪽, 2006년

토마스 베리와 토마스 클락 신부의 대화. 인류는 위험한 러시안룰렛 게임을 하고 있다. 생활 방식 탓에 자연이 파괴되는 것을 알면서도 자녀에게 죽음의 땅을 물려주는 것을 막지 않고 있다. 인류는 6천 5백만 년 동안 계속된 신생대 마지막 단계를 살고 있다. 지난 20여 년 동안 100만여 종이 멸종했고, 해마다 3~5만여 종이 멸종하고 있다. 하지만 정치인과 기업인은 환경 위기의 긴박성과 멸종 위기의 심각성을 무시하며, 자연을 끝없이 개발하고 파괴하면서 미래에 대한 달콤한 환상을 입에 올린다. 베리는 지구와 화해하고, 현재 위기에서 벗어나 '생태대'로 들어서야 한다고 말한다.

《위대한 과업》
이영숙 옮김, 대화문화아카데미, 263쪽, 2009년

인간 중심 문명에서 생명 중심 문명으로 전환하는 '위대한 과업'으로 우리를 초대한다. 현대문명이 맞닥뜨린 문명사 위기를 검토하고 그 해법을 모색한다. 환경오염, 생태파괴, 온난화로 인류문명이 파괴된 상황과 원인을 규명한다. 생명중심주의에 기초한 생태문명으로 나아가야 한다고 말한다. 지구를 착취 대상이 아닌 사귀어야 할 주체로 이해할 때에만 실현 가능하다고 강조하면서, 지구에 대한 인식을 바꾸고 위대한 과업에 참여하라고 말한다.

《우주 이야기》
맹영선 옮김, 대화문화아카데미, 470쪽, 2010년

태초의 찬란한 불꽃으로부터 생태대까지, 토마스 베리가 들려주는 우주의 생성과 진화 이야기를 비롯한 베리의 생태사상이 들어 있다. 역사해석방법론으로 우주 역사와 지구 역사, 인간 역사를 통찰한 뒤 현대의 생태계 위기를 진단하고, 생태 위기를 극복하는 길은 '생태대'로의 도약이라고 말한다. 신생대에서 생태대로 도약할 기회인 지금, 우주론의 패러다임 전환이 필요하다고 강조한다. 우리가 어디에서 와서, 어떻게 살아야 하며, 어디로 가는지를 설명하는 우주론이다.

《지구의 꿈》
맹영선 옮김, 대화문화아카데미, 349쪽, 2013년

이제까지 보지 못했던 지구의 아름다움을 순간순간 포착한다. 측량하고 도표로 나타낸 것이 아니라 전혀 다른 모습으로 지구를 바라볼 수 있도록 돕는다. 우리에게 지구를 바라보는 눈과 지구의 소리를 듣는 귀를 열어준다. 산업 시대에 묶여 있는 인류의 눈과 귀의 제한된 감수성으로는 지구와 우주의 실체를 온전히 포착할 수 없다고 말한다. "살아 있는 실체로서 지구에 다시 매혹돼야 지구를 파괴하려는 우리 자신의 행위로부터 지구를 구할 수 있다." 인간과 삶의 복원을

염원했던 그의 사상을 통해 우리 삶을 지금 여기에서
온전히 살아내는 계기를 갖게 한다.

《황혼의 사색》
박만 옮김, 한국기독교연구소, 194쪽, 2015년

세상을 떠나기 3년 전 발표한, 가장 원숙하며 논리가
치밀한 책이다. 지구 생태계 파괴와 지구 역사상 여섯
번째 대멸종 시대에 인류 자신도 멸종위기종이 된
현실을 들여다본다. 극심한 양극화, 식량 독점으로
동료 인간과 수많은 생명체를 멸종에 이르게 하고
있고, 기후변화와 환경오염 탓에 지구 자체를 학살할
정도로 자폐증에 사로잡혀 있다고 말한다. 경제 성장을
명분으로 인류를 파멸로 몰아가는 이 시대에 지구의
평화(Pax Gaia)를 위한 절박한 문명 전환이 어떻게
가능한지 설명한다. 부록으로 메리 이블린 터커가 쓴
〈토마스 베리의 지적 전기〉가 실려 있다.

자연과
사람을
잇다

에드워드 윌슨

Edward Wilson
1929-

미국 앨라배마주에서 태어났다. 어릴 때 낚시를 하다 사고로 한쪽 눈의 시력을 잃었다. 일찍부터 자연에서 채집하는 것을 즐겼다. 앨라배마대학교에 들어가자 생물학 교수들은 자연과 생명을 진정으로 사랑하는 학생이 왔다고 감탄하며 대학생인 그에게 연구실에 자리를 마련해줄 정도였다. 졸업한 뒤 하버드 교수가 돼 세계 곳곳을 돌아다니며 개미를 채집하고 연구했다. 한편 수학자이자 생태학자인 로버트 맥아더와 함께 섬 생물지리학의 토대와 이론을 구축했다. 1970년대에는 개미 같은 사회성 동물을 통해 얻은 지식을 확장시킨 사회생물학을 창시했다. 연구뿐 아니라 생물다양성과 환경을 보호하는 쪽으로도 힘을 기울였다. 《섬 생물지리학》, 《사회생물학》, 《초유기체》, 《인간 본성의 의미》를 비롯해 수십 권의 책을 펴냈고, 퓰리처상을 두 번이나 탔다. 또한 학문 업적과 생물다양성에 기여한 공로로 수많은 상을 받았고, 현재 하버드 명예 교수로 있다.

어우러져
새롭게 탄생하는
통섭의 세계

글. 이한음

에드워드 윌슨을 한마디로 규정하기 어려운 이유가 두 가지 있다. 첫째는 그가 구십 가까운 나이에도 아직까지 활발하게 저술 활동을 이어가고 있기 때문이다. 20대에 교수 생활을 시작했으니 과학자로 살아온 기간이 60년이 넘지만, 아직도 발전을 거듭하고 있다. 둘째로 그는 몇 개 분야에 걸쳐 창의성 넘치고 충격이라 할 만한 영향을 미쳤다. 본래 전공은 개미 생물학이며 탁월한 업적을 많이 남겼지만, 그는 다방면으로 사상의 폭을 넓혀왔다. 그 행보에 많은 이들이 충격을 받았고 과학자로서는 드물게 강연 도중에 물벼락까지 받기도 했다. 하지만 세월이 흐르면서 그는 시대를 앞서간 인물이었음이 드러났다. 여러 갈래로 뻗어나가는 듯하지만 외길로 이어지는 그의 여정을 살펴보자.

섬 생물지리학

윌슨이 전공 분야를 넘어 세상에 첫 번째로 큰 영향을 끼친 분야는 '섬 생물지리학'이다. 1967년 그는 수학자이자 생태학자인 로버트 맥아더와 함께 《섬 생물지리학》이란 책을 펴냈다. 섬의 종다양성이 어떻게 형성되고 유지되는지 설명하는 이론을 담았다. 섬의 생물다양성은 육지나 다른 섬에서 들어오는 종의 수와 섬 안에서 사는 종의 분화와 멸종 속도에 따라 정해지며, 섬의 면적과 종의 수 사이에는 일정한 관계가 있다는 내용이다.

윌슨은 이론을 직접 검증하기로 했다. 1969년 제자 대니얼 심벌로프와 함께 아메리카 열대 해안에 듬성듬성 자라난 커다란 맹그로브 나무 몇 그루를 골라서 천으로 감쌌다. 그런 뒤 살충제를 뿌려서 곤충을 비롯한 생명체를 모조리 없앴다. 장막을 걷자 이 맹그로브는 마치 바다 한가운데 새로 생긴 화산섬과 같아졌다. 바다 한가운데 솟아 있는 맹그로브는 진짜 섬이나 다름없었다. 그들은 이 섬에 어떤 생물이 들어오고 사라지는지를 계속 지켜봤다. 새로운 곤충이 들어와서 마구 불어났다가 다른 포식자가 들어오면 줄어드는 현상이 되풀이되다가, 이윽고 생물들은 균형 상태에 도달했다. 그리고 그 균형 상태는 섬과 육지 사이 거리와 섬 면적에 따라 정해졌다. 이 실험을 통해 생물지리학은 검증된 이론으로 자리 잡았다.

연구자들은 이 이론이 바다에 떠 있는 진짜 섬에만 적용되는 것이 아님을 깨달았다. 섬이라는 말은 도시 속 섬, 사람들 사이 섬 같은 비유로 많이 쓰이는데, 그런 비유가 곧 현실이 될 수 있음을 알아차렸다. 빌딩 숲 한가운데 조성된 공원도, 옥상에 놓은 화분 하나도 섬이라고 할 수 있었다. 섬 생물지리학 이론은 어떤 생물 서식지가 주변과 다른 양상을 보이는 곳이라면, 얼마든지 적용할 수 있다.

《총, 균, 쇠》 저자로 유명한 재레드 다이아몬드는 1975년, 이 이론과 자연 보전 구역 설정 문제를 관련지은 논문을 발표했다. 그는 이 이론을 거꾸로 적용했다. 보전 구역이나 공원은 원래 넓은 야생 환경 가운데 일부를 떼어내서 조성한다. 그렇게 고립된 때부터 들어오는 종의 수는 줄어든다. 주변이 개발되기 때문이다. 안에 있던 종들도 경쟁과 자원 고갈로 사라질 가능성이 높다. 그런데 생존이 가능한 공간의 크기는 종에 따라 다르다. 나무 한 그루만 있어도 번식을 계속할 수 있는 곤충이 있는 반면, 호랑이 같은 종에게는 넓은 공간이 필요하다. 따라서 상위 포식자까지 살 수 있으려면 보전 구역을 넓게 설정해야 한다.

이런 다이아몬드의 주장에 심벌로프가 반박하고 나섰다. 다이아몬드는 보전 구역의 면적을 크게 설정하면 작은 면적에 있던 종들까지 다 포함된다고 가정했다. 하지만 심벌로프는 면적이 크다고 다 좋은 것은 아니라고 했다. 드넓은 숲보다 호수가 있는 작은 숲에 생물이 더 많이 살 수 있다는 것이다. 다시 말해 큰 서식지 하나를 조성하기보다는 작은 서식지 여러 개를 조성하는 편이 더 낫다는 주장이었다. 이 논쟁은 점점 확산되면서 경관생물학과 보전생물학에 지대한 영향을 미쳤다. 도시처럼 서식지가 쪼개질 수밖에 없는 곳에서는 비오톱과 생태 통로를 조성해 단절된 서식지들을 연결하자는 개념도 이 논쟁의 산물이다. 자연 경관뿐 아니라 도시 경관에도 윌슨의 손길이 닿아 있는 셈이다.

생물다양성과 바이오필리아

개미를 연구하는 윌슨이 생물다양성에 관심이 많은 것은 당연하다. 그는 여러 환경 보전 기관들에서 활동하는 한편, 책과 기고를 통해 생물다양성 보전이 얼마나 중요한지 역설해왔다. 하지만 윌슨은 감정에 호소하거나 정치 활동에 기대는 대신, 다른 방향에서 접근해왔다. 무엇보다도 그는 자신을 '과학적 자연주의자'라고 말한다. 생태계 위기와 생물다양성 보호 문제에서도 가설과 이론, 검증을 토대로 한 과학적 접근법을 중시한다. 예를 들어 생물다양성 보호를 다룬 그의 책을 보면, 어느 지역의 종수, 멸종률 같은 수치가 자세히 제시돼 있을 뿐 아니라 그 지역에 어떤 독특한 생물이 살고 있는지 낱낱이 설명하고 있다. 꼼꼼한 관찰을 통해 생물 하나하나가 우리가 미처 모르는 수수께끼를 지니고 있음을 깨닫게 하는 방식이다.

더 나아가 윌슨은 자연과 야생이 무엇을 의미하는지를 깊이 따진다. 우리가 자연을 보호하자고 말할 때, 그 자연은 무엇을 가리키는 것일까? 그가 굳이 이 질문을 하는 이유는 오늘날 자연 보전을 외치는 진영에서 수상쩍은 움직임이 나타나고 있다고 봤기 때문이다. 그것은 70억 인구가 세계를 다 휘젓고 다니고 있는 지금, 진정한 의미의 야생이란 없으며 인류가 '관리하는 자연'만이 남아 있다는 입장이다. 지구에 인간의 발길이 닿지 않은 곳이 거의 없다는 현실을 반영하는 견해일 수도 있다. 하지만 윌슨은 개미 한 마리도 우리가 미처 모르는 신비와 수수께끼를 간직하고 있다는 점을 들며 이를 반박한다. 자연 다큐멘터리를 볼 때면 우리가 자연을 속속들이 알고 있다 여기지만 실상은 겨우 일부만 알고 있다는 것이다.

그는 자연에 무지한 채 관리한다는 생각이야말로 자연에 가장 큰 해를 끼칠 수 있다고 본다.

윌슨은 여기서 그치지 않고, 자연을 대할 때 우리가 느끼는 본능까지 따진다. 돈 잘 버는 사람은 왜 경관이 한눈에 시원하게 보이는 언덕에 집을 짓고 싶어 할까? 우리는 왜 뱀과 거미를 보면 질색할까? 왜 자연의 어떤 요소는 만끽하고 싶어 하고, 어떤 요소에는 혐오감이나 두려움을 느끼는 것일까? 여기에 그는 '바이오필리아(biophilia)'라는 개념을 제시한다. '생명 사랑'이나 '생명 애착'이라고 번역할 수 있지만, 우리가 자연을 사랑하자고 말할 때와 같은 의미는 아니다. 그는 바이오필리아를 우리가 진화하면서 습득한 본능, 일종의 '학습 규칙의 집합'이라고 말한다. 한 예로 기나긴 세월 동안 독사에게 해를 입은 경험이 쌓였기에 뱀을 본능으로 싫어하게 됐다는 것이다.

이렇게 자연과 생물을 대할 때 우리 본능을 학습 규칙의 집합이라고 본다면, 그 근원과 역사를 과학의 눈으로 살펴볼 수 있고, 상황이 변했을 때 그 규칙이 어떻게 달라질지 예측할 수 있게 된다. 이를테면 인류는 지금까지 늘 자연을 접하면서 살았기에 자연과 생명을 어떤 식으로 대할지 본능으로 안다. 하지만 도시화가 점점 진행되면서 후대로 갈수록 자연보다는 스마트폰 같은 전자기기와 콘크리트를 더 친숙하게 접하게 될 것이다. 야생을 화면에서나 보게 될 수도 있다. 그럴 때 이 학습 규칙의 집합은 쓸모가 있을까? 어떤 식으로 바뀌게 될까? 지금까지 이런 식으로 질문을 던진 사람은 없었다. 자연과 생물을 사랑하자는 말이 피부에 와닿지 않는 세대가 나올 때, 윌슨의 접근법이야말로 대안을 제공할 수 있지 않을까?

사회생물학

윌슨이 당시 사회에 가장 큰 충격을 던져준 것은 아마 '사회생물학'일 것이다. 1975년에 그는 《사회생물학》이란 두꺼운 책을 냈다. 동물의 사회적 행동을 진화와 유전자라는 근원까지 파고들어 설명한 책이었다. 그는 인간도 사회적 동물이므로 동물의 사회적 행동에 적용되는 원리들을 인간에게도 적용할 수 있다고 했다. 많은 이들은 그 주장에 경악했다. 그것이 유전자 결정론이며, 기존의 차별을 기반으로 한 사회 체제를 옹호하는 학문이라고 왜곡해 비판하는 이들까지 나왔다.

하지만 수십 년이 흐르는 동안 상황은 정반대로 바뀌었다. 현재 사회생물학과 그 후신인 진화심리학은 새로운 과학적 발견을 주도하는 분야가 됐다. 인간에게서든 동물에게서든 새로운 행동과 유전자가 발견될 때, 그것을 진화사 관점에서 해석하지 않는 연구자는 거의 없다. 새 유전자를 발견하면 과학자는 그것이 인간 행동이나 뇌와 어떤 관련이 있으며, 어떻게 진화했을 것이라는 해설을 친절하게 덧붙인다. 인간의 모든 행동과 두뇌 활동이 따지고 보면 유전자와 진화의 산물임을 인정하는 셈이다.

하지만 윌슨은 유전자와 진화의 산물이라고 해서 반드시 유전자의 명령에 따라야 한다는 말은 아니라고 역설한다. 그는 우리가 본성이라고 말하는 것이 '이런 상황에서는 이 행동을 해야 한다'고 규정하는 것이 아니라 그 상황에서는 그렇게 행동하는 성향을 부여하는 것이라고 본다. 그래서 사회마다 역사와 환경에 따라 유전자와 문화가 상호작용을 하면서 다양한 반응이 나타나게 된다고 본다.

그렇긴 해도 따지고 들면 유전자와 진화가 근원에 놓여 있으며, 그 근원은 인류가 출현할 때보다 더 이전으로 거슬러 올라간다. 인류의 조상인 다른 동물에게로, 계속 올라가면 최초의 생물에게까지 이어진다. 결국 모든 생물과 인간은 한 줄기로 엮인다는 것이다.

윌슨은 기존의 인문학이 그 점을 염두에 두지 않고 오로지 인간에게서 나타나는 현상만을 붙들고 씨름한다고 말한다. 인간의 이타적 행동, 신앙, 공격성 같은 것을 인간에 한정지어서 살펴보기만 한 탓에 그런 행동과 본능이 애초에 왜 생겼는지는 묻지 않는다고 비판한다. 그래서 그는 인문학이 생물학을 토대 삼아 인간 행동의 근원까지 따져야 풍성해질 것이라고 주장해왔다. 그 내용을 담은 책 《통섭》도 우리 사회에 큰 반향을 불러일으킨 바 있다.

자연과 본성

윌슨이 가한 이 모든 충격파들은 멀리서 보면 같은 중심점에서 시작되었음을 알 수 있다. 쉽게 말해 '모든 것은 연결돼 있다'는 것이다. 발밑에 있는 개미와 우리는 지구를 정복한 사회적 동물이라는 공통점을 지닌다. 유전자와 문화는 서로 영향을 주고받으면서 공진화를 해왔다. 자연과 그 자연을 접할 때 나타나는 온갖 감정과 본능은 같은 뿌리에서 왔다.

인류는 기나긴 세월 동안 자신의 지식 체계 안에서 자연과 자기 자신 사이, 여러 인류 집단 사이에 높은 칸막이를 세워왔다. 그 여파로 자연과 우리 자신, 다른 생물들이 같은 뿌리에서 함께 진화해왔다는 것을 잊은 채, 인간사회와 인문학이 생물학과 유전자와 진화와 동떨어진 것이라고 여기며, 인간의 이타성과 공격성을 생물학으로 설명할 수 있다는 것을 받아들이지 않으려 했다. 그런 무지와 외면이 생물다양성 위기와 지구온난화에 한몫을 했다는 것을 누구도 부정하지 못할 것이다.

　　윌슨은 현재 우리 인류가 왜 지금과 같은 고도 문명사회를 이룬 독특한 존재가 되었는지를 설명하는 삼부작을 써오고 있다. 먼저 영장류 가운데 왜 우리만이 유달리 다른 길을 걸었는지를 환경, 유전자, 진화, 문화의 맥락에서 짚은 뒤, 오늘날 우리가 어떤 상황에 처해 있는지를 설명한다. 그리고 가능한 한 많은 생물종과 함께 이 생태적 위기 상황을 극복하려면 어떻게 해야 하는지 제시하고 있다.

　　윌슨의 관점에서 보면 우리는 본래 모순된 존재다. 유전자와 문화의 공진화를 통해 그렇게 생겨났기 때문이다. 남을 위해 희생하는 행동도, 나치의 유대인 대학살 같은 잔혹성도 우리가 진화하면서 지니게 된 성향이다. 그런 성향으로 우리의 머나먼 조상들이 생존과 번식에 도움이 된 상황들을 겪었기 때문이다. 그런 성향을 인간 개량을 통해 없애려는 시도는 인간 자체를 멸종시킬 것이라는 내용까지 다루는 것을 보면, 윌슨의 사고 폭이 얼마나 넓고 깊은지 짐작할 수 있다. 인공지능과 로봇이 미칠 영향을 이야기하는 생태학자가 얼마나 될까?

　　윌슨은 우리 인류사회 전체가 지금 당면한 위기들에 대처하려면 그렇게 모든 것이 하나임을 깨닫는 동시에, 과학의 지식과 방법론을 채택해야 한다고 강조한다. 그래야 자연과 멀어지고 자연이 파괴됨으로써 일어나는 듯이 보이는 우리 사회의 병폐들도 균형 잡힌 시선으로 분석하고 해결책을 찾을 수 있지 않을까?

이한음

서울대학교에서 생물학을 공부한 뒤 인문학과 자연과학을 접목시키기 위해 노력해왔고, 특히 환경 분야에 관심이 많다. 과학 전문 번역자이자 저술가로 활동하고 있다. 《청소년을 위한 지구온난화 논쟁》을 썼고, 《기술의 충격》, 《지구의 정복자》, 《인간 본성에 대하여》 같은 책을 우리말로 옮겼다.

에드워드 윌슨의 책

《통섭》

최재천, 장대익 옮김, 사이언스북스, 558쪽, 2005년

인간 지식이 애초 통일성을 가지고 있다는 생각으로, 자연과학과 인문사회과학의 소통과 합류를 말한다. 인간 본성에 대한 진정한 이해와 인간 외부 세계에 대한 정확한 지식에 근거한 지식 혁명을 내다봤다. 서구 학문의 다양한 갈래를 심층 분석해 지식 통합의 가능성을 찾는다. 고대 그리스 철학부터 자연과학, 사회과학, 예술, 종교를 아우르는 지식의 대통합을 통해 인간을 포함한 모든 생물을 온전하게 바라볼 수 있다고 말한다. 파편화돼 있는 오늘날 지식 세계의 풍경을 새로운 방식으로 조망하고 이해할 수 있는 시선으로 안내한다.

《지구의 정복자》

이한음 옮김, 사이언스북스, 416쪽, 2013년

진화 생물학을 바탕으로 인류학, 심리학, 언어학, 뇌과학을 종횡무진하며 인류 문명의 근간이 되는 도덕, 종교, 철학, 예술, 과학의 기원을 밝혀낸다. 사회성을 무기로 약 6천만 년 전에 이미 지구를 정복한 개미 같은 사회성 곤충들의 진화 역사와 인류의 진화사를 비교 분석하며, 우주의 역사와 생명의 진화사가 우리 인간성에 새겨놓은 '인간 본성'을 들여다본다. 사회성 생명의 역사를 '집단 선택 이론'의 관점에서 아우르며, 지구 정복자인 개미와 달리 인류는 자신이 태어나고 자신이 살아갈 지구 생명권을 파괴하고 있다고 경고한다.

《인간 존재의 의미》
이한음 옮김, 사이언스북스, 232쪽, 2016년
인간의 지속가능한 자유와 책임을 위해 생명에 대한 사랑과 인간에 대한 믿음을 바탕으로 인류의 과거와 현재, 미래를 살펴본다. 인간 존재의 의미는 무엇인지, 자연과학과 인문학을 넘나드는 여정을 통해 우리는 어디로 가고 있는지 질문한다. 인간 존재는 우연과 필연 과정에서 나온 지구 생물권의 수백만 종 가운데 하나임을 강조하며 우리 종이 왜, 어떻게 출현하고 살아남았는지를 설명한다. 인류가 지구를 소비한 뒤 다른 행성으로 이주할 수 있다는 안일한 생각을 비판하며, 인간이 서식할 수 있는 행성은 단 하나밖에 없으며, 따라서 불멸할 기회도 단 한 번뿐이라고 경고한다.

《우리는 지금도 야생을 산다》
최재천, 김길원 옮김, 사이언스북스, 240쪽, 2016년
인간은 너무 오랫동안 자신이 마치 자연의 일부가 아닌 양 살아왔으며, 자연을 찾아 나서는 여행은 생물학자만의 일이 아니라고 지적한다. 생물학을 통해 얻은 지식은 정신의 진화사를 추적하는 가장 훌륭한 도구라고 말한다. 눈앞에 어떤 생명들이 다양하고 풍부하다는 이유로 그들이 불멸할 것이라고 생각해서는 안 되며, 인간의 간섭으로 멸종에 이를 만큼 상처받기 쉬운 존재들이라는 것을 강조한다. 또한 무척추동물 세계를 통해 '작은 것들이 세상을 움직인다'는 사실을 깨닫게 한다.

《바이오필리아》
안소연 옮김, 사이언스북스, 238쪽, 2010년
우리 유전자에는 생명 사랑의 본능이 새겨져 있고, 우리는 모두 연결돼 있다는 것을 이야기한다. 자연에 대한 호감, 관심, 자연스러운 호기심이나 안도감과 편안함을 '바이오필리아'의 개념으로 설명한다. '생명 사랑'이란 뜻을 담은 이 개념을 통해 자연에 대한 사랑, 환경 보전의 윤리를 새롭게 짜내려가야 한다고 말한다.

자연보호가 어떻게 인간 정신을 보호하고 계발하는지,
자연을 세밀하고 촘촘히 들여다본다. 자연이 두르고 있는
신비를 해체하는 과학이 어떻게 자연과 생명에 대한
진정한 애정과 관심을 되살려낼 수 있는지 밝힌다.

《초유기체》

임항교 옮김, 사이언스북스, 600쪽, 2017년

개미나 꿀벌, 말벌 같은 사회성 곤충의 '군락'을
'초유기체'로 정의하고, 이를 구성하는 것은 밀접하게
협동하는 동물 한 마리 한 마리라고 말한다. 사회성
곤충의 생활사와 행동 양식을 통해 복잡한 사회가 진화한
방식, 사회 질서를 만들고 진화시킨 자연 선택들 사이의
관계를 엿본다. 개미처럼 '진짜 사회성'을 가진 동물은
여러 세대 개체가 한 군락 안에 모여 살며 잘 짜인 조직을
바탕으로 협동을 한다. 개미 군락의 성장, 생태 특성,
의사소통, 둥지 건축에서 밝혀진 '초유기체'에 관한 과학
사실을 소개하고 해석한다.

존 뮤어

John Muir
1838-1914

미국을 대표하는 자연주의자이며
역사상 가장 영향력 있는
환경보호론자인 존 뮤어를 사람들은
'국립공원의 아버지'라고 부른다.
많은 편지와 수필, 논문을 통해
자신이 탐험한 자연을 이야기했고,
《나의 첫 여름 (My Frist Summer
in the Sierra)》에서 시에라네바다
산맥에 대해 자세히 소개했다.
뮤어의 자연보호운동은 요세미티
밸리, 세쿼이아 자연공원, 라이너 산,
페트리파이드 숲, 그랜드캐니언을
국립공원이나 보호지역으로 지정하는
데 큰 역할을 했다. 뮤어가 창설한
'시에라 클럽'은 지금까지 자연을
지키는 활동을 이어가고 있다.

개발의
욕망을 잠재운
국립공원의
아버지

글. 이수용

우리나라 국립공원이 지금 위태로운 처지에 놓였다. 몇 년째 국립공원 케이블카 설치 문제로 전국이 들끓고 있다. 미래 세대를 생각하고 자연을 사랑하는 사람들은 마음 고생이 크다. 서울 북한산국립공원에 세우려던 케이블카는 이미 취소됐고, 지리산 케이블카도 환경부가 부적합하다고 판단해 반려했다. 오랫동안 끌어오던 설악산 케이블카 문제도 백지화됐다. 국립공원위원회가 2015년 사업을 조건부 승인하면서 문제가 다시 불거졌으나 2019년 원주환경청의 부동의 결정으로 37년 묵은 사업을 매듭졌다. 하지만 지역에서는 다시 계속 불씨를 살리기 위해 움직이고 있다. 국립공원 기본 설립 취지를 조금이라도 알고 있다면 애초 일어나서는 안 될 일이었다. 국립공원 근본정신에는 '존 뮤어'가 버티고 있다. 그럴 수만 있다면 존 뮤어를 역사 속에서 다시 불러내고 싶다.

국립공원이 태어나다

1903년 존 뮤어는 루스벨트 대통령 요청으로 요세미티 지역에서 4일 동안 함께 야영하며 삼림 약탈이나 파괴에 대한 이야기를 나눴다. 그 뒤 백악관으로 돌아온 루스벨트는 이 지역을 국립공원으로 선포했으며, 1억 4천8백만 에이커의 삼림 개발을 제한하고, 국립공원 20여 개와 천연기념물을 지정한다. 국립공원의 창시자들이다.

미국의 국립공원은 1832년 화가이자 저술가인 조지 캐틀린(George Catlin)이 야생지역과 인디언 지역을 보전하기 위해 '국립공원'을 설정하자고 주장하면서 시작됐다. 미국 정부도 자연을 온전히 보호해 후손들에게 물려주기 위해 '국립공원법'을 제정해, 국립공원에서 수렵을 금지했고 숲과 야생동식물을 보호하는 정책을 이어갔다.

1872년 3월 1일 세계 최초로 옐로스톤이 국립공원으로 지정되고, 이어 미국 캘리포니아주 시에라네바다 산맥에 빙하 침식작용으로 만들어진 요세미티가 1890년 국립공원으로 지정됐다. 그 중심에 바로 존 뮤어가 있다. 존 뮤어는 1892년, '나무들을 행복하게 하기 위해'라는 목적을 내걸고 비영리 환경운동단체인 시에라 클럽(Sierra Club)을 창시한다. 이는 나무가 행복한 세상만이 인간이 행복할 수 있는 세상이며 자연과 인간이 서로 어우러지는 상생만이 함께 생존하는 유일한 방법임을 말해준다. 시에라 클럽의 활발한 활동 덕분에 그랜드캐니언을 비롯해 많은 국립공원이 지정됐고, 미국 야생동물보호법, 하천오염방지법 같은 자연환경보호법이 생겨났을 뿐 아니라 미국 그랜드캐니언 댐 건설 저지라는 성과를 이뤄냈다. 또한 국립공원과 자연보존지역 지정과 보호운동을 활발히 전개하며 야생지역의 보호, 생태계와 자원의 책임 있는 이용을 위해 활동하고, 대중을 위한 환경문제 교육도 해왔다. 존 뮤어는 초대 회장직을 맡아 22년 동안 자연환경보호에 정열을 쏟았다. 현재 시에라 클럽은 회원 수 60여만 명에 이르는 미국 최대 시민단체로 성장했다.

존 뮤어의 정신이 고스란히 담긴 《나의 첫 여름》은 헨리 데이비드 소로의 《월든》, 앨도 레오폴드 《샌드 카운티 연감》과 더불어 미국 생태문학의 고전이다. 뮤어가 73세인 1911년 출간한 이 책은 그가 31세였던 1869년 6월 3일 식량과 취사도구, 담요와 채집용 식물압착기를 말에 싣고 양 떼와 함께 시에라 산맥으로 올라가는 장면으로 시작한다. 뮤어는 그곳에서 여름을 지내고 9월 22일에 샌호아킨 목장으로 돌아온 뒤 석 달 20일 동안 보고 느낀 것을 하루도 빠짐없이 기록했다. 뮤어의 사상과 자연에 대한 애정이 넘치는 글이 담겨 있다.

그는 야생 동물처럼 사는 법을 배우기 위해 목동과 멋진 개 카를로와 함께 양 2,050마리를 몰고 산을 올랐다. 봄에 출발할 때 야위고 허약했던 양들이 여름을 지나 돌아올 때는 통통하게 살찌고 강해졌다고 뮤어는 기록했다. 그 가운데 열 마리는 곰에게, 한 마리는 방울뱀에게 잡아먹혔지만, 고원 지대를 여행하며 존 뮤어는 책 마지막에 이렇게 썼다. "하나님이 만든 것 가운데 가장 빛나고 최고인 빛의 산맥을 지나왔다. 나는 이제 그 영광스러운 모습을 기꺼이 또다시 보게 되기를 희망하며 기쁘고 감사한 마음으로 기도한다."

존 뮤어는 자연이 실용 가치 말고도 미적이고 영적인 가치가 있음을 말한다.

"이제 우리는 산속에 있고 산은 우리 안에 있어 우리 땀구멍 하나,

세포 하나하나를 채워 열정을 일으키고 모든 신경을 전율케 한다."

"야성은 그것 없이는 우리가 살 수 없는 필수품 같은 것이다. 산의 공원과 보호구역은 목재와 관개용 강의 근원으로서뿐 아니라 생명의 근원으로서 소중한 것이다."

"언덕과 숲이 하나님의 제일 성전이란 것이 결코 놀라운 일이 아니다. 비록 너무 고요하고 인적이 드물긴 하지만, 여기는 모든 선한 것들과 완전한 영적 교감을 나누며 세상을 향해 열린 곳이다."

이같이 인간은 자연에서 이성과 상상력을 초월하는 변화를 체험하고 참된 삶의 세계로 들어간다고 말했다.

자연의 대학에 입학하다

존 뮤어는 1838년 4월 21일 영국 스코틀랜드 이스트로디언 던바 고성이 있는 바닷가에서, 책을 멀리하고 오직 성경만 읽을 것을 강요하는 엄격한 기독교 집안에서 태어났다. 하지만 뮤어는 아버지 눈길을 피해 해안 고성을 오르는 호기심과 모험을 즐기며 강인한 저항 의지를 키웠다. 11세에 아버지와 함께 서부 개척시대 미국으로 이주해 성인이 될 때까지 위스콘신주의 킹스턴에서 살았다. 그곳에서 골드러시와 개발로 파괴된 현장을 보며 자연보호의 중요성을 인지했다. 당시 유럽에서 미국 신대륙으로 이주한 세력은 광활한 서부지역 개척 과정 가운데 산림과 초원 야생동식물 자원들을 엄청나게 파괴했다. 이런 상황을 보며 뜻 있는 자연주의자들이 크게 우려했다.

존 뮤어는 어릴 때부터 소로와 에머슨, 오드본 같은 자연주의자로부터 많은 영향을 받았다. 또한 기계와 과학에 재능이 뛰어난 기계발명가로서 주변을 놀라게 했던 뮤어는 1867년 인디애나폴리스에서 산업 기사로 일하다가 쇠줄에 눈을 다쳐 한쪽 시력을 잃을 뻔한 사고를 당하게 된다. 이 사고로 기계발명가라는 직업을 버리고, 결국 동경하던 야생의 숲을 찾아 떠나며 자연에 평생을 바치기로 한다. 어려서부터 호기심과 지식욕, 탐구열이 남달랐던 그는 1860년 위스콘신대학에 입학해 화학과 수학, 물리학, 식물학, 지질학을 공부했고 그리스어와 라틴어까지 배웠다. 배운 것만으로 만족하지 못해 50년 동안 식물과 지질 연구 여행을 이어간다. 자서전 《나의 유년과 청년 시절 이야기》를 보면 "항상 자유롭고 행복했으며, 가난하고 풍요로웠다."며 그 시절을 떠올린다.

29세 때 위스콘신대학을 그만두고 자연으로 귀의하며, "학위나 명성에 구애되는 일 없이, 장엄하고 무한한 자연의 아름다움을 찾아 가슴 두근대며 나아갈 뿐"이라며 "하나의 대학에서 또 다른 대학으로 옮긴 것이다."라고 얘기한다. 그 뒤로 뮤어 본인이 '황야의 대학'이라고 표현한 '자연의 대학'에서 자연을 연구하는 데 평생을 바친다. 어려서부터 글쓰기와 그림 그리기를 좋아해 항상 일기장을 가지고 다녔으며, 그 대표 기록이 바로 《나의 첫 여름》이다.

1868년 시에라네바다, 유타, 오리건, 워싱턴, 알래스카를 탐사하며 빙하와 숲을 관찰했으며, 요세미티 계곡의 장관이 오랫동안 빙하의 침식 작용으로 만들어진 것을 입증해 발표하기도 했다. 또한 캘리포니아의 시에라네바다 산맥과 알래스카를 비롯해 세계의 산을 등반하며 인간이 산을 정복하는 것이 아니라 산이 인간을 허락하는 것임을 일깨워주는 많은 수

필들을 남겼다.

존 뮤어가 말년에 가장 심혈을 기울인 건 해츠해치댐 건설을 막기 위한 활동이다. 1907년 샌프란시스코가 물 부족을 해결하기 위해 캘리포니아 요세미티 국립공원 해츠해치 계곡에 댐 건설을 추진했다. 뮤어는 전국을 돌며 해츠해치 계곡 댐 건설 반대 캠페인을 벌여 큰 반향을 일으켰지만, 개발론자들의 경제 논리에 막혀 좌절됐다. 결국 1923년 댐이 완성됐으나 지난 80년 동안 개발과 보존의 가치 사이에서 역사상 가장 뜨거운 논쟁을 불러 일으켰다.

1987년에 이르러 비로소 댐을 헐어 해츠해치 계곡의 아름다운 경관을 복원해야 한다는 논의가 본격화됐으며, 현재 캘리포니아주 정부와 연방정부가 복구를 위한 다양한 방안을 모색하고 있다. 늦었지만 미국에는 지금까지 존 뮤어의 주장이 살아남아 결국 해츠해치댐을 해체하게 된다니 부럽기까지 하다.

존 뮤어는 시에라네바다 산맥, 요세미티 계곡을 사랑해 당나귀를 타고 두루 답사했으며 자연보호에 일생을 바쳤다. 시어도어 루스벨트 대통령의 산림보호정책에도 큰 영향을 미쳤고, 지금도 박물학자, 환경사상가, 자연환경운동가, 자연의 친구, 산림보호운동가, 국립공원의 아버지로 불리고 있다.

해츠해치 계곡에 댐을 만들기 위한 레이커법이 국회를 통과하고 1913년 12월 19일 윌슨 대통령이 법을 승인하자, 존 뮤어는 지치고 슬픔에 젖은 채 자신이 사랑하던 울창한 숲이 물에 잠기는 모습을 상상하지 않으려 애썼다. 폐렴과 싸우다 1914년 크리스마스 이브, 로스앤젤레스 한 병원에서 "산이 나를 부르니 가야 한다."며 세상을 떠났다.

존 뮤어를 다시 불러내다

캘리포니아 주지사 아널드 슈워제네거는 2004년 4월 21일 존 뮤어 생일을 맞아 '존 뮤어 기념일(John Muir Day)'을 선포하면서, "자연 속에서 인간의 역할에 대한 중요성을 인지하고 이를 존중하는 기회인 동시에 우리 자신의 행복과 미래 세대들의 이익을 위해 자연 보존을 진작하는 기회로 삼고자 한다."라고 했다. 연방정부는 1908년 캘리포니아주의 마린 군에 뮤어의 삼림보호를 기념하는 기념물을 세우기도 했다.

우리나라도 댐 건설로 파괴될 위기에 놓인 생태보존지역을 지킨 경험이 있다. 한강의 한 지류로 영평정을 관통하는, 천혜의 자연과 경관을 이루는 동강. 특히 백운산의 등반 기점인 점재마을부터 시작해 소동, 제장, 바세, 연포, 가정, 절매, 문희마을에 이르는 동강의 물길은 수많은 바위 낭떠러지 '뻥대', 소와 천연동굴, 하중도(河中島)를 품고 구불구불 산을 휘감고 여울을 만들며 흐르는 감입곡류 하천의 극치를 이루고 있다. 동강은 지금까지 뻥대에 피는 동강할미꽃과 푸른 옥색의 물길에 어름치, 비오리 같은 희귀종 식물과 천연기념물이 서식하는 뛰어난 생태보존지역이다. 1997년 정부는 정선아리랑에도 나오는 유명한 전산옥 집터 앞 영월의 만지에 높이 98미터, 길이 325미터 다목적 영월댐을 동강에 건설하려 했다. 많은 국민의 반대와 시민단체의 참여로 동강댐 건설 반대 운동이 일어났고, 댐 건설을 밀어붙이던 정부도 결국 2000년 6월 5일 환경의 날에 댐 백지화를 선언했다. 당시 국립공원 지정도 할 수 있었으나 지역주민의 반대로 동강유역 자연생태경관 보존지역으로 지정돼 오늘에 이르고 있다.

하지만 한국전력은 1989년 8월 한강 상류인 대관령 지역의 송천을 막아 물길을 강릉으로 돌리고 도수 터널을 뚫어 도암댐을 건설했다. 하지만 강릉에 발전소가 건설돼 강릉 남대천의 수질 오염 문제가 생겨 가동이 중단됐다. 지금은 오염된 무용지물의 댐으로 물길만 막고 있을 뿐이다. 썩고 오염된 도암댐은 수시로 방류해 청정 동강을 오염시키고 있다. 동강은 전국 제일의 자연 생태 경관을 간직한 강으로 '하천형 국립공원'으로 지정해야 마땅한 곳이다. 존 뮤어가 그토록 막으려고 노력했던 미국의 헤츠헤치댐과 같이 도암댐도 철거해야 한다.

우리나라는 1967년 12월 27일 가장 숲이 울창한 지리산을 첫 국립공원으로 지정했다. 1968년 12월 30일 경주, 한려해상, 계룡산을 지정했고, 현재는 최근 태백산국립공원까지 포함해 22개 국립공원이 있다. 아울러 백두대간의 중요성을 인지해 무분별한 개발 행위로 인한 훼손을 막고 국토 자연환경을 보존하기 위해 2003년 12월 31일 백두대간보호법을 제정했다. 우리나라 산악형 국립공원 대부분이 백두대간에 있기에 '백두대간 국립공원'이라고 할 수 있지만 국립공원 창설 취지가 무색하게 경제성 개발 논리가 여전히 기승을 부리고 있다. 개발론자들은 경제논리를 앞세워 주능선에 댐을 만들고 스키장을 건설하고, 수많은 풍력발전소를 세우고 있다. 심지어 여러 국립공원에 케이블카를 건설해 더 많은 사람들을 끌어들이려 혈안이 돼 있다. 지역에서는 백지화된 설악산국립공원 케이블카를 여전히 포기하지 않고 있고, 지리산에서도 산악열차 건설 문제로 갈등이 계속되고 있다.

자연은 한번 훼손되면 복구가 거의 불가능하다. 자연을 영원히 잃게 된다. 우리는 1994년 북한산 우이령길 확대포장 계획 탓에 북한산국립공원이 두 동강 날 위기를 막아낸 경험이 있다. 국립공원이 위태로운 지금, 존 뮤어를 역사에서 다시 불러낸다. 국립공원 정신을 되살리고 케이블카를 비롯한 온갖 개발 욕구를 잠재울 수 있도록 말이다.

이수용
산과 자연에 관한 책을 펴내는 출판사를 운영하며 우이령보존회 회장을 역임했고, 국립공원을지키는시민의모임과 한국 내셔널트러스트를 비롯해 환경정의, 생명의숲 이사로도 함께하고 있다. 산과 자연을 사랑한다면 마땅히 지켜야 할 의무가 있다고 생각하며, 북한산 우이령길 도로 포장을 막기 위해 내딛은 환경운동을 30년 가까이 이어왔다.

존 뮤어의 책

《존 뮤어 자서전》
노지연 옮김, 현실과미래사, 254쪽, 2002년
어린 시절 생생하게 보고 느꼈던 자연의 학교, 새들과 동물들, 꽃과 나무들이 인간과 하나가 되는 경험이 존 뮤어를 자연을 보존하는 삶으로 이끌었다. 어린 시절부터 1890년 요세미티 국립공원 설정, 1892년 시에라 클럽 조직에 이르기까지, '누구나 아름다움과 생물들의 신비로움을 깨닫게 되는 공간인 자연은 '그 자체로 보존돼야 한다.'는 환경보존 개념을 펼친 그의 치열한 삶을 담아냈다.

《나의 첫 여름》

김원중, 이영현 옮김, 사이언스북스, 279쪽, 2008년

존 뮤어가 요세미티에서 보낸 1869년 여름의 기록. 31세 때 캘리포니아 시에라 산맥을 답사하며 시시각각 다른 얼굴을 보이는 자연의 경이로움과 소중한 야생을 기록했고, 1911년 73세에 이르러 자연주의자이자 환경운동가로 살아온 삶의 여정을 녹여내 담은 책이다. 국립공원의 아버지, 야생지의 선지자였던 존 뮤어의 여정이 시작되는 순간을 함께 경험할 수 있다. 시민단체 환경정의에서 주관하는 '환경책큰잔치'에서 우리 시대 환경 고전으로 선정된 책이기도 하다.

《녹색의 신비》

김용호 옮김, 현대문화센터, 256쪽, 2005년

학교에서는 가르쳐주지 않는 '자연과 함께하는 교육', 존 뮤어 자신을 가르친 자연과 숲에 담겨 있는 '녹색의 신비'로 이끈다. 자연은 매질이 아니라 매력으로 가르친다. 나무와 동물, 시냇물과 호수가 함께 뛰며 자유롭고 설레었던 경험이 평생 자연과 함께 살아가게 한 힘이었다. 자연이 보여주는 꾸밈없이 우아하며 정직한 몸짓이 존 뮤어가 품은 가치관이며 자연을 사랑하고 지킨 환경운동의 바탕이라고 전한다.

《자연과 함께한 인생》

김원중, 이영현 옮김, 사이언스북스, 279쪽, 2008년

온몸으로 자연을 감싸 안은 존 뮤어가 자연을 일기처럼 생생하게 담아낸 글을 연대순으로 모았다. 그는 풍요와 발전을 위해 개발은 반드시 필요하다는 당시 사회 속에서, 자연과 공존하고 보존해야 되레 인간 사회를 지속할 수 있다는 생각을 펼쳤다. 걸어서 여행하며, 장비 없이 눈이 휘날리는 산을 오르며 생동감 넘치는 '자연이라는 대학'에서 배우면서 자연을 깊이 만나고, 자연을 이야기했다.

《스티킨》
크리스토퍼 캐니언 그림, 장상옥 옮김, 바다어린이, 30쪽, 2005

존 뮤어가 인디언 종족에서 이름을 딴 작은 개 스티킨과 나눈 우정에 대한 이야기. 얼음용 도끼 한 자루, 빵 한 조각만 들고 스티킨과 함께 떠난 테일러 빙하 탐사를 통해 모든 생명체를 소중히 바라보게 됐고, 다른 생명체가 느끼는 사랑과 희망, 두려움을 몸으로 이해하게 됐다고 말한다. 자연 속에서 인간은 동반자이자 동거인일 뿐, 주인이 아니라는 것을 다시금 확인한다. 1999년 미국 부모회가 최고의 그림책으로 선정했다.

알도 레오폴드

Aldo Leopold
1887-1948

미국의 생태학자로서, 1887년 아이오와주 벌링턴에서 태어나 생의 전반기를 연방 삼림 공무원으로 일하다가 후반기에는 사망할 때까지 매디슨에 있는 위스콘신대학 농경제학과 교수로 재직했다. 레오폴드는 결코 전문 철학자나 윤리학자는 아니었지만 '토지윤리'(레오폴드적 환경윤리)의 제창자로서 사망 1년 뒤 출판된 《모래 군의 열두 달 A Sand County Almanac》이라는 명저를 남겼다. 그의 토지윤리는 《모래 군의 열두 달》마지막 장에 소개했다. 현대의 전일주의와 생태중심주의 환경윤리의 뿌리라고 할 수 있다.

# 모래 군의 열두 달과 토지윤리

글. 송명규

레오폴드와 토지윤리의 사상 배경

레오폴드가 태어나기 22년 전인 1865년 미국에서 노예제도가 폐지됐고, 레오폴드가 살아 있던 동안 여성 참정권과 인디언, 노동자, 흑인 인권운동이 이어졌다. 이런 과정은 윤리 영역을 확장하는 중요한 계기였다. 레오폴드는 이 과정을 몸소 겪었고 깊은 영감을 받았다. 그는 궁극에는 자연 자체를 대상으로 하는 영역까지 윤리가 확장될 수밖에 없을 것이며, 또 그래야만 한다고 믿었다. 이처럼 자연에 대한 인간 윤리의 확장, 이것이 곧 레오폴드가 촉구하는 토지윤리의 핵심인데, 레오폴드보다 70~80년 앞선 진화론 창시자 찰스 다윈, 그리고 동시대인인 러시아 철학자 우스펜스키와 영국 생태학자 찰스 엘턴의 영향을 크게 받았다.

이 가운데 특히 다윈의 《종의 기원》과 《인간의 유래》가 깊은 영향을 미쳤다. 다윈은 《종의 기원》을 통해 2천 년 넘게 지속해온 인간과 자연의 이분법을 뒤엎고 인간의 지위를 자연의 지배자로부터 다른 동물과 혈족 관계에 있는 하나의 종(種)으로 끌어 내렸다. 비록 생물체들은 저마다 치열한 생존 경쟁을 벗어날 수 없는 운명이지만, 영겁에 이르는 장구한 진화의 세월을 돌이켜 본다면 모든 생명체는 거대한 혈족 관계에 있다. 또한 다윈은 《인간의 유래》를 통해 윤리에는 자연사가 있다고 주장했다. 그러니까 인간의 진화와 더불어 윤리도 진화한다는 것이다. 다윈은 윤리가 인간의 영역을 넘어 다른 '감각을 지닌' 존재, 다른 동물에게까지 확장될 것이라고 예언했고, 이것이 윤리의 진화 방향이라고 생각했다. 한편 우스펜스키는 이 세상에 완전한 무생물은 없다고 주장했다. 레오폴드는 우스펜스키의 사상에 따라 해양, 삼림, 산 같은 실체들도 결코 단순한 물질이나 기계 같은 존재가 아니라 어느 정도 생명성을 지닌 유기체라고 봤으며, 또한 생태학 시각으로 볼 때 유기체와 비유기체 같이 오랫동안 적용해오던 구분은 공허하다고 생각했다. 마지막으로 엘턴은 먹이사슬, 에너지 순환, 생태적 지위, 생태 피라미드 같은 당대 생태학 패러다임을 통해 레오폴드에게 영향을 줬다.

레오폴드는 이 세 사람의 사상을 결합하고 자신의 사고를 덧붙여, 토지(자연이나 환경을 의미)는 건강하게 존속해야 하는 생명체이며, 그 위에서 살아가는 동식물은 인간과 진화의 역사를 함께한 친족이자 동료들이라고 했다. 토지는 그 삶들을 품고 보살피는 그릇이며, 이 모든 것은 하나의 공동체를 이룬다고 생각했다. 레오폴드는 이것을 '토지공동체' 혹은 '생명공동체'라고 불렀다. 따라서 인간은 이들을 보살피고 배려해야 할 책임과 의무가 있으며 이것을 '토지윤리'라 이름 붙였다.

토지윤리는 물론 아직 폭넓게 받아들여지고 있지 않다. 하지만 레오폴드는 인간의 윤리가 진화한다면 언젠가는 윤리를 적용해야 하는 범위가 인간 영역을 넘어 토지 위에서 살아가는 동식물과 토지 그 자체까지 자연스레 넓혀질 것으로 믿었다. 레오폴드는 이를 '진화론적 가능성'이라고 불렀다. 또한 그렇지 않더라도 급속한 생태파괴, 이로 인한 생태위기로부터 인류가 살아남으려면 토지윤리는 없어서는 안 된다고 생각했다. 레오폴드는 이를 '생태론적 필연성'이라고 말했다.

환경윤리로서 토지윤리의 특징, 전일주의

환경윤리에는 생명 하나하나에 대한 존중과 도덕적 배려를 앞세우는 '개체주의'와 개체보다는 전체, 다시 말해 종, 군집, 생태계의 보전을 앞에 두는 '전일주의'가 있다. 전일주의는 '사물과 현상을 구성요소들의 단순한 집합이 아니라 하나의 통합된 전체로 이해해야 한다'는 관점이다. 그런데 토지윤리는 생명공동체의 동료 구성원뿐만 아니라 생명공동체 그 자체에 대한 도덕을 촉구하고 있다. 따라서 토지윤리는 보기에 따라 개체주의와 전일주의를 동시에 내세운다고 볼 수 있다. 하지만 사실 두 입장은 화해하기 어려운 대립 상황에 놓일 때가 많다. 왜냐하면 생명공동체 전체 이익을 위해서는 개별 구성원의 희생이 불가피할 수 있으며, 또한 개별 구성원의 복지 증진은 전체 공동체의 이익과 충돌할 수 있기 때문이다. 예를 들어 포식자가 사라진 생태계에서 지나치게 불어난 토끼 떼는 삼림 생태계를 해칠 수 있다. 이때 개별 토끼를 옹호한다면 삼림 생태계 파괴를 방조하게 될 것이며, 삼림 생태계 보호가 우선이라면 사람이 나서 토끼를 솎아내야 할 것이다.

이처럼 두 입장이 상반될 때, 레오폴드의 막다른 선택은 전일주의다. 레오폴드는 토지윤리를 전개하면서 도덕적 관심의 초점을 점차 식물, 동물, 토양, 물에서 전체를 아우르는 생명공동체로 옮겨간다. 마지막에 이르러서는 토지윤리의 '결론적 도덕 격률'로서 동료 구성원이라든가 종이라든가 하는 실체에 대해서는 아예 언급조차 하지 않고 이렇게 말한다.

"생명공동체의 통합성, 안정성 그리고 아름다움을 보전할 것으로 생각되는 행동은 옳은 행동이다. 그렇지 않다면 잘못된 행동이다."

레오폴드 철학의 핵심이자 토지윤리의 정수로 널리 알려진 이 말에서도 드러나듯, 토지윤리는 생명공동체 그 자체에 대한 도덕을 말하고 있다. 뿐만 아니라 개별 구성원에 대한 도덕은 생명공동체 전체의 통합성, 안정성 그리고 아름다움을 보전하는 것보다 아래 개념이다. 그러므로 식물, 동물, 토양, 물이 존속할 수 있는 권리와 야생화, 명금류, 맹금류, 포식자의 생명 보전 권리가 만약 생명공동체의 통합성, 안정성 그리고 아름다움의 보전과 충돌하게 되면 생명공동체의 통합성, 안정성 그리고 아름다움의 보전이 우선하는 것이다. 따라서 토지윤리에 비춰보면, 우리나라 생태계의 통합성과 안정성 앞에 황소개구리라는 포식자의 생명 보전 권리는 옹호될 수 없다.

토지윤리가 전일주의에 뿌리를 둔 것은 우선 자연사적 윤리 진화론의 영향 때문이다. 현대의 주류 도덕철학은 이기주의에서 출발해 일반화를 거쳐 도덕의 대상 범위를 넓혀간다. 예를 들어 독립된 자아(ego)로서 나는 본래 고귀한 존재이기 때문에 '나'의 이익은 그것에 영향을 줄 수 있는 '타자'에 의해 존중되고 배려돼야만 한다고 하자. 나에 대한 도덕을 요구하는 것은 궁극으로 나의 어떤 심리적 능력에 근거하고 있다. 칸트가 '합리성', 벤담이 '감성'이라고 했던 이 능력은 그 자체로서 고귀한 것이며, 따라서 이런 능력이 있는 나는 도덕적 배려를 받을 자격이 있다. 하지만 내가 이런 근거로 타자에게 나에 대한 도덕적 배려를 요구하려면 나는 어쩔 수 없이 나와 같은 종류의 심리적 특성을 지닌 타자를 내가 요구하는 것과 동등하게 도덕적으로 배려해야만 한다.

도덕에 바탕을 둔 배려의 판단 기준이 합리성이라면 오직 인간만이 그 대상이 될 수 있다. 그 기준이 감성이라면 인간뿐만 아니라 많은 동물들이 그 대상에 포함된다. 만약 자격 요건을 훨씬 낮춰 단순히 생명의 유무라고 말한다면 동물은 물론이고 식물을 포함한 모든 생물이 그 대상이 된다. 그러나 이런 윤리는 동식물 전체 집단, 희귀종이나 멸종 위기 종, 생명공동체, 혹은 보다 넓은 생물계나 생태계 전체를 아우르는 도덕적 배려의 근거가 될 수는 없다. 왜냐하면 전체 그 자체에 어떤 심리적 특성이나 경험이 있을 수는 없기 때문이다. 이렇듯 현대의 주류 도덕철학은 '심리중심적(psychocentric)'이기 때문에 그 바탕을 흐르는 이론의 지향은 철저히 개체주의나 원자론일 수밖에 없다.

그러나 다윈은 "이타심은 이기심만큼이나 뿌리 깊고 본래 인간의 속성이기 때문에 서로 협동을 통해 만든 실체인 공동체의 복지가 도덕심의 대상이며, 또한 도덕심은 사회적 본능으로 타고난다."고 주장했다. 그러므로 다윈의 영향을 받은 레오폴드 입장에서 생명공동체는 논리상 당연히 도덕에 따른 배려를 받을 자격이 있다고 봤다.

토지윤리가 전일주의를 지향하게 된 것은 또한 생태학과 앞서 언급한 우스펜스키의 '자연유기체론' 영향 때문이기도 하다. '군집'(공동체)이 나 '먹이사슬', '생태적 지위'나 '생명 피라미드' 같은 용어에서 알 수 있듯 생태학은 탄생부터 현재까지 자연에 대한 전일주의 시각 속에서 발전돼왔 다. 생태학자이기도 했던 레오폴드 세계관에는 생태학적 틀이 깊이 새겨 져 있다. 또한 자연 혹은 지구를 하나의 거대 유기체로 보는 시각에 따르 면 동물과 식물, 토양과 물은 여기에 통합된다. 종은 그 기관이고 개체는 그 세포다. 레오폴드는 토지윤리를 전개하면서 생명공동체의 통합성, 안 정성 그리고 아름다움을 점점 더 강조하고, 개별 동식물의 삶과 자유와 행 복 추구의 '생명적 권리'를 점점 덜 강조하는 것을 볼 수 있다. 그 까닭 가 운데 하나는 이 거대 유기체론이 전체를 공통 특징에 따라 아우르고 틀을 지어 분류하고(유형화), 개별 구성원들을 전체에 통합시키도록 유도하기 때문이다.

토지윤리와 생태학적 파시즘

먹이와 포식자 관계를 핵심으로 하는 생명공동체의 먹이사슬 구조 는 한쪽 방향으로 영양분이 옮겨가는 '영양 전이'를 특징으로 한다. 인간 의 눈으로 보면 지극히 불공평한 이 구조가 생태계, 곧 자연이 생존하는 방식이다. 따라서 토지윤리는 당연히 이 불공평성을 자연의 선으로 받아 들이며, 더 나아가 이것을 보존하기 위해 노력한다. 개별 구성원의 생존 권이 생명공동체 구조와 조화를 이루지 못할 때, 토지윤리는 이것을 주장 하지도 보호하지도 않는다. 토지윤리에서 무엇보다 중요한 것은 구성원

하나하나의 복지가 아니라 생명공동체 자체 혹은 전체의 건강이다. 이것은 토지를 생태계로서 바라보는 토지윤리의 당연한 귀결이며, 그 점에서 토지윤리는 분명히 '전일주의'에 속한다.

    그런데, 전일주의 환경윤리는 이런 문제점을 안고 있다. 무엇보다 우선 토지윤리는 공동체 전체의 선을 위해 개개 구성원의 복지 희생을 당연시하고 있는데, 생명공동체의 나머지 구성원들이 이 공동체의 통합성, 안정성 그리고 아름다움을 위해 종속돼야 한다면, 그 구성원 가운데 하나인 우리 인간도 마찬가지다. 그러므로 만약 이 공동체 일부 구성원이 공동선을 위해 포식되거나 도태되거나, 가령 우리나라 생태계에 침입한 황소개구리처럼 사람 손에 제거돼야 한다면 이를 받아들일 수 있을까? 이것이 도덕으로 정당하며 반드시 필요한 일이라고 한다면, 우리는 어떻게 자신을 그 대상에서 논리에 타당하게 제외시킬 수 있을까? 지구 생태계 보전을 위해 세계 인구가 반드시 줄어야 한다면, 토지윤리를 충실하게 따른다면 어떻게 우리는 인간에 대해서만 그 끔찍한 운명, 다시 말해 포식이나 도태나 인간이 개입한 제거로부터 면죄부를 줄 수 있는가? 레오폴드가 말하듯이 인간도 생명공동체의 '평범한 시민'에 불과하다면 말이다. 이런 까닭에 일부 환경윤리학자들은 토지윤리를 명백한 '환경 파시즘(environmental fascism)'이라고 공격하고 있다.

    이 같은 비판에 대해 토지윤리의 현대 대변자인 미국 철학자 켈리코트는 이렇게 방어한다. 어떤 사람이 어떤 나라의 국민이라고 해서 더이상 다른 더 작은 공동체, 예를 들어 도시나 마을이나 가족의 구성원이 아니라고 할 수 없으며, 시민이나 이웃이나 식구의 도덕 의무로부터 해방된다는 것을 뜻하지 않는다. 마찬가지로 우리가 생명공동체의 구성원이라고 해서 더 이상 '지구촌'으로 표현되는 인류 공동체의 구성원이 아니라고 할 수 없으며, 인류 공동체에 조응하는 인간의 존엄성이나 인권 존중 같은 도덕의 의무로부터 해방되는 것이 아니다. 우리는 마치 나이테처럼 수많은 공동체에 속해 있다. 중심에 있는 나이테가 가족이다. 이해가 상충될 때, 우리는 보통 안쪽 나이테, 우리 몸과 정서가 보다 깊이 뿌리 내리고 있는 공동체에 대한 도덕 의무를 우선한다. 그러므로 대체로 가족 구성원 의무가 국민의 의무를 앞서며, 국민의 의무가 인간이라는 종의 의무를 앞서며, 인간이라는 종의 의무가 환경에 대한 의무를 앞선다. 그러므로 토지윤리는 결코 공포의 대상도 환경 파시즘도 아니며, 인류에 대한 우리 도덕을 거부하는 것도 아니다.

그러나 다른 새로운 윤리와 마찬가지로 토지윤리는 행동의 취사선택에서 새로운 기준이 필요하며, 이 요구는 다시 더욱 안쪽에 있는 나이테의 요구(demands)에 영향을 주게 된다. 다시 말해 토지윤리는 '인권'과 같은 인간 사회의 인도주의에 따른 요구를 무시하는 것은 아니지만 그렇다고 해서 인간 사회의 도덕에 간섭하지 않는 것도 아니다. 토지윤리에 따르면 생명공동체의 나머지 동료 구성원들은 '인권'을 가지고 있지 않다. 그들은 인류 공동체의 구성원이 아니기 때문이다. 하지만 생명공동체의 동료 구성원으로서는 존중받을 자격이 있다.

레오폴드 사상이 현대 환경운동에 주는 시사점

레오폴드가 《모래 군의 열두 달》을 통해 토지윤리를 처음 제시했을 때는 별로 주목을 끌지 못했다. 급진성을 띄기 때문이었다. 레오폴드 사상은 전통 미국인들 가치관과 행태, 그리고 진보의 의미를 해체하고 완전히 재구성해야 하는 것이었다. 오늘날 세계에서 강국으로 떠오른 미국의 발전은 환경과 자연의 정복과 착취의 연속이었던 지난 300년 동안 이뤄진 서부 개척을 바탕으로 하고 있다. 토지윤리는 바로 이 과정에 대해 전례 없는 비판을 가했다. 토지윤리는 당시까지 미국인들이 자연을 다뤄온 방식을 멈추라고 요구하는, 크게 앞선 혁명과도 같은 제안이었다.

1960년대 말, 기성 문화에 대한 성찰과 환경 파괴에 대한 자각의 시대를 맞아 현대 환경운동의 철학 기초로서 그의 주장이 재평가되기 시작했다. 레오폴드가 《모래 군의 열두 달》과 그 책의 토지윤리 장을 통해 제시하고 정립한 새로운 의미의 자연, 그리고 새로운 관계의 인간과 자연은 현대 생태중심, 전일주의 환경 철학과 운동의 기초가 되고 있다.

레오폴드와 마찬가지로 필자 역시 인간이 결코 자연을 초월한 존재라거나 자연을 넘어서는 존재라고 생각하지 않는다. 인간이란 오랜 지구의 생물 진화사에서 가장 최근에 탄생한 동물 종 가운데 하나일 뿐이다. 인간이 오늘날과 같은 문명과 문화를 가능케 한 언어나 사고 능력 면에서 다른 어떤 동물보다 진화해 있음은 사실이다. 하지만 이런 능력을 가지고 있다는 것이 결코 다른 동식물에 대한 절대 우월성의 근거가 될 수는 없다. 언어나 사고 능력은 인간이 더 뛰어나겠지만 다른 동식물들은 나름대로 인간이 도저히 다다를 수 없는 능력들을 지니고 있다. 치타가 달리는 능력, 참치가 헤엄치는 능력, 매가 비행하는 능력을 인간은 따라잡을 수 없다.

그러나 인간의 정신 능력이 바탕이 된 현대 문명은 지구 생태계의 많은 종을 마음만 먹으면 삽시간에 절멸시킬 수 있는 엄청난 힘을 지니고 있다. 인간도 생명체로서, 또한 하나의 종으로서 개체와 종족을 보전하려 하며 그것은 보장돼야 한다. 하지만 이것이 다른 생물들의 멸종을 가져오게 하거나 이를 당연시해서는 안 된다. 왜냐하면 그들은 지구 진화사와 생태학 관점에서 볼 때, 레오폴드가 말하는 것처럼 생명공동체에서 우리의 동료 구성원이기 때문이다.

  이런 사실들을 인식할 수 있는 능력을 지닌 종은 오직 인간뿐이다. 또한 오늘날은 지구 차원의 생태파괴 시대이며, 따라서 이를 극복하고 인간과 나머지 자연이 모두 살아남기 위한 새로운 사고와 윤리가 절실히 필요한 시대이기도 하다. 이런 점에서 레오폴드의 토지윤리는 인간과 자연의 새로운 관계 정립에 많은 시사점을 던져준다.

* 이 글은 《모래 군의 열두 달》(도서출판 따님, 2004)의 해제, 송명규 지음, "현대 환경 윤리의 아버지 알도 레오폴드의 생애와 그의 유작 《모래 군의 열두 달》(송명규)" 〈환경정책〉 한국환경정책학회 1998 제6권 제1호 pp21-37, "알도 레오폴드의 토지 윤리"(송명규) 〈환경정책〉 한국환경정책학회 1998 제6권 제1호 pp39-71 내용을 발췌해 다시 작성했다.

송명규
단국대학교 사회과학대학 교수로 일하면서 자연과 생태를 아우르는 다양한 글을 통해 시민들이 자연에 한 걸음 더 가까이 갈 수 있는 계기를 만들고 있다. 펴낸 책은 환경과 생태문제에 관한 현대 사조들을 아우른 《현대 생태사상의 이해》, 수필집 《후투티를 기다리며》와 《금낭화를 심으며》가 있고, 알도 레오폴드의 《모래 군의 열두 달》과 인류 역사를 '인간-자연'의 관계로 조명한 《숲의 서사시》를 우리말로 옮겼다.

알도 레오폴드의 책

《모래 군의 열두 달》
송명규 옮김, 따님, 304쪽, 2000년

근대 환경윤리의 아버지라고 불리는 알도 레오폴드가 40년 동안 겪은 여러 가지 사건들을 통해 야생 환경의 중요성을 일깨우는 장엄한 산문시처럼 읽히는 수필 모음이다. 인간 문명은 야생 자연을 오로지 인간을 위한 배경 정도로 여겼고 함부로 희생시켰다. 하지만 레오폴드는 인간은 거대한 생태공동체에서 다른 구성원들과 마찬가지로 하나의 종이라는 것을 알아야 하며, 이것이 결국 인간 자신을 살게 할 것이라고 강조했다. 레오폴드는 이러한 생각을 '토지 윤리'로 정리했다. 인간은 더는 정복자가 아니라 다른 동식물, 토양, 물과 함께 살아가는 '생명공동체' 시민이자 구성원으로 살아야 한다고 말한다.

《야생의 푸른 불꽃 – 알도 레오폴드》
메리베드 로비엑스키 지음, 작은 우주 옮김, 달팽이출판, 2004년(2020년 재출간)

오늘날 환경운동과 토지에 대한 새로운 윤리체계를 제시한 알도 레오폴드 평전. 그의 생애와 자연에 대한 열정을 풍부한 사진 자료와 함께 보여준다. 자연을 지키고, 자연과 하나가 되고자 노력했던 레오폴드의 헌신과 소박한 삶을 만날 수 있다. 또한 '토지를 해치지 않으면서 토지와 조화롭게 사는 법'을 말하며, 자연에 대해 겸손하고 진지한 태도로 일관했던 그를 통해 자연에 오만한 오늘날 인간 현실을 뒤돌아보게 한다. 특히 레오폴드는 자연이 인간을 위해 이용돼야 한다는 공리주의 환경보호 이론을 따르지 않았다. 인간이라는 동물은 다른 동물과 식물과 토양이 상호 의존하는 협력 상태이며, 그 가운데 하나만 잘못돼도 언제든 파괴될 수 있다고 말한다.

스코트
니어링

Scott Nearing
1883 - 1983

1883년 미국 펜실베이니아 사업가 집안에서 태어났다. 어린 시절 할아버지가 경영하는 광산에서 가난한 노동자들에 대해 배우고 깨달았다. 펜실베이니아대학에서 가르치며 글과 강연으로 미국인들을 깨우쳤다. 아동 노동 착취에 반대하는 운동을 하다 해직됐고 톨레도대학에서도 제국주의 국가들이 일으킨 세계대전을 반대하다 교직에서 물러났다. 늘 사회로부터 위험분자, 과격분자로 몰려 소외당했다. 1928년 가장 힘들 때 헬렌 니어링을 만났다. 두 사람은 자본주의 경제로부터 독립해 자연 속에서 자기를 잃지 않고 조화롭게 살자 마음먹었다. 스코트는 1983년 헬렌이 지켜보는 가운데 눈을 감았다. 문명에 저항하고 자연에 순응한 두 사람은 '조화로운 삶', 참으로 이 세상에 보탬이 되는 삶이 어떤 것인지 온몸으로 보여줬다.

자연에서
온 삶을 살며 사랑하며

글. 김광화

100년이란 긴 세월

세상이 숨 가쁘게 돌아간다. 핑계지만 책 볼 짬이 잘 안 난다. 그러다가 오랜만에 빛바래 누런 낡은 책을 꺼내 다시 읽어본다. 길게는 20년쯤 된 책이다. 바로 스코트 니어링 관련 책이다.

돌 지난 아이는 부모가 목말을 태우면 참 좋아한다. 키가 작아 늘 올려다봐야 했던 아이가 세상을 내려다보는 기분. 부모 어깨 위에서 세상을 보는 건 얼마나 신나고 가슴 뛰는 일이었을까. 이는 부모 자식 사이에서도 가능하지만 인류 전체를 놓고 봐도 통하는 이야기다. 그런 점에서 나는 스코트 어깨 위에서 세상을 볼 수 있는 행운을 누린 셈이다. 덕분에 배운 게 많다.

스코트는 1883년에 태어나 꼬박 100년을 살았다. 미국 펜실베이니아

탄광 도시 유복한 가정에서 태어났다. 하지만 그의 인생은 그리 평탄하지 않았다. 열렬한 사회개혁가였기에 시대와 불화할 수밖에 없었다. 러시아혁명을 지지하고, 전쟁에 반대하는 평화주의자였다. 반전운동을 주도하다 30대 중반에 대학 교단에서 쫓겨난다. 1917년 발표한 반전 논문 탓에 1919년 연방법정에 서기도 했다. 무죄 판결을 받기는 했지만 설상가상으로 아내에게도 버림받는다.

아마도 이 무렵이 스코트 100년 인생에서 가장 바닥까지 내려간 때가 아닐까 싶다. 하지만 그는 머리만 굵은 책상물림 지식인이 결코 아니다. 실천하는 생태주의자이기도 하다. 모든 걸 내려놓고 메인주 어느 시골 마을에서 살기 시작했다. 이때 자신보다 스무 살이나 어린 헬렌 니어링을 만나면서 새로운 인생을 펼친다. 그때 스코트 나이 마흔 다섯. 시골에서 자급자족하며 생활을 꾸렸고, 다양한 주제로 글 쓰고 강연하면서 젊은이들에게 새로운 삶과 시대정신을 보여줬다.

스코트 니어링의 삶과 철학을 크게 네 갈래로 나눌 수 있다.

- 하루에 4시간 일하고, 4시간 책 읽고 글쓰기, 4시간 이웃과 교류하기
- 자신에게 잠재된 힘을 온전히 살리기
- 나이를 떠나 서로 사랑하기
- 삶 마무리를 자신의 의지로

순서대로 살피면서 내 이야기를 곁들여 풀어가겠다.

4-4-4 공식, 일과 돈 그리고 시간에 대해

스코트 니어링이 조화로운 삶의 특성으로 제시하는 공식이 있다. 4-4-4 공식이다.

"4시간은 생계를 위해 노동하고, 4시간은 글쓰기나 강의 같은 전문 활동을 한다. 마지막 4시간은 사람으로, 지역주민이자 국민으로, 세계 시민으로 의무와 책임을 다하는 단체 활동에 참여한다."

꽤나 근사하고 부러운 삶이다. 스코트 생각을 좀 더 따라가 보자.

"이 공식은 보편성과 구체성을 띤다. 부자든 가난한 이든, 젊은이든 늙은이든 이 공식에 따라 누구나 이 세상에 이바지할 수 있다. 생계 노동은 늘 해야 하는, 건전한 삶과 봉사하는 삶의 기본 바탕이 된다. 세상에는 해야 할 일이 있고 우리는 모두 함께 그 일을 해야 한다. 우리가 저마다 전문 분야에서 일을 함으로써 우리가 하는 작은 몫이 이 세상 전체의 기술과 능력 발전에 보탬을 준다. 또 함께 사회 활동을 해서 경험과 지식을 동료들과 함께 나눈다."

하지만 대부분 현대인들은 생계 노동을 하는 것만 해도 벅찬 게 현실이다. 하루 8시간은 물론 휴일도 없이 일을 끌어안고 살아간다. 그러면서도 돈에는 여유가 없다. 왜 이런 괴리가 생길까? 내가 스코트를 처음 알았을 때는 4-4-4 방식이 너무나 근사하고 우러러 보게 되는 삶이었다. 하지만 나름 스코트의 어깨 위에서 내려다보면서 20년 정도 시골 살이 해본 경험으로 말하자면 여기서 한 걸음 더 나가야한다고 본다. 그건 바로 '시간에서 자유롭기'다.

굳이 4-4-4에 얽매일 필요가 있을까? 시간에서 자유롭기 위해서는 몰입하는 삶과 주인 되는 삶이 함께 가야 한다. 사실 이 둘은 하나라고도 할 수 있다. 삶을 주인답게 살 때 몰입이 가능한 거니까. 조금 더 자세히 보자. 몰입하는 때는 자신이 원하는 일을 원하는 만큼 할 때다. 똑같은 일이라도 하고 싶어 해야 한다. 이를테면 밥상을 차리는 것부터 그렇다. 의무로 마지못해 차린다면 얼마나 힘들겠는가. 그것도 날마다 끼니마다.

하지만 해야 하는 일이 아니라 하고 싶은 일일 때는 달라진다. 우리 식구는 시간을 딱 정해놓고 먹지 않는다. 배가 슬슬 고파지면 음식을 만들고 싶은 욕구가 생긴다. 밭을 둘러보면서 재료들을 가져와 준비한다. 제철이면서 어제와 다른 음식이 먹고 싶다. 다른 재료, 다른 요리법을 고민한다. 기존 요리책에 크게 얽매지 않는다. 헬렌이 차리던 '소박한 밥상'과 크게 다르지 않다. 이것저것 먹고 싶은 대로 뒤섞기도 하고 무치기도 한다. 그러다 보면 못 먹을 정도는 아니고 가끔 전혀 새로운 요리가 나오기도 한다. 가령 토마토에다가 된장 소스를 얹어 먹으니 아주 특별하고 잘 어울린다. 이런 요리가 나오면 그 다음은 이 요리법을 세상과 나누고 싶은 마음이 들어 글을 쓰게 된다. 이를 인터넷에 올리기도 하고, 잡지에 연재하기도 한다. 이런 글들이 나중에 모이니 책이 되곤 했다. 처음에는 세 끼에 참까지 먹었지만 지금은 하루 두 끼를 먹는다. 4-4-4 공식이 달라질 수밖에 없다.

이렇게 먹는 것 하나만 제대로 붙잡아도 여기에서 뻗어가는 가지는 참 많다. 하지만 반드시 하고 싶은 일이어야 다채롭게 가지를 잘 뻗을 수 있다. 사실 모든 일이 그렇다. 해야 하는 일들을 하고 싶은 일로 만들 때 오는 상승효과는 높다. 창조성, 생산성, 여유, 자아실현뿐 아니라 돈 역시 마찬가지다. 돈을 벌기 위해 일을 하는 게 아니라 일의 결과로 돈이 따른다. 물론 탐욕을 만족시킬 만큼의 돈이 아니다. 그저 자신을 재상산할 수 있는 정도면 된다.

그러므로 4-4-4 공식에 얽매일 필요가 없다. 남들 눈이 중요한 게 아니기 때문이다. 사실 나는 시간으로 따지면 하루 대부분을 일하면서 보낸다. 노는 것보다 일이 더 재미나고 즐겁다. 무언가 새로 빚어내듯 즐기는 것이니까. 사람에 따라 6-1-5일 수도 있고, 2-6-4일 수도 있겠다. 중요한 건 시간에서 자유롭기, 몰입하는 삶이라고 생각한다. 스콧 역시 이를 수치화한 것은 사람들과 영감을 나누고자 하는 데 있지, 숫자 그 자체에 있지 않았을 것이다.

자신에게 잠재된 힘을 온전히 활용하기

사람들은 곧잘 묻는다. 시골 생활이 단조롭지 않느냐, 심심하지 않느냐고 말이다. 여기에 대해 스콧 역시 자주 비슷한 질문을 받고 이렇게 답한다.

"우리가 하는 일 가운데 굵직굵직한 일을 말해볼까요. 먹을거리를 다듬어서 갈무리하는 일, 땔나무를 베는 일, 밭일, 집 짓는 일, 숲에서 하는 일, 연구, 가르치는 일, 작곡, 대화, 논문이나 책 쓰는 일, 여행 들을 해요."

스콧 말대로 '굵직굵직'하게 말한 것이다. 하나하나 자세히 말한다면 하나마다 책 한 권으로도 모자라다. 어떤 때는 밭일 하나만 해도 하루가 후딱 가기도 하고, 때로는 밭에서 먹을거리를 가져와 다듬고 씻고 요리해 먹고 치우는 일만 해도 하루가 짧다.

집을 짓는 일 역시 마찬가지다. 변수가 많다. 주인이 어디까지 할 것인가. 땅을 고르는 일부터 나무를 다듬고 벽을 올리고 지붕을 씌우는 모든 과정을 다 한다면 몇 해가 걸릴 것이다. 하지만 만약 집을 작게 짓는다면 그리 어렵지 않을 것이다. 그렇다면 그 많은 일은 언제 다 하는가? 그것도 하루에 4시간만 일한다면 말이다. 역시나 몰입과 집중이다.

시골살이를 '슬로 라이프'라고 알고 있는데 그렇지 않다. '자연과 동화되고 하나 되는 삶'이란 표현이 더 좋겠다. 슬로 라이프라는 건 '빨리빨리' 삶에 대한 반작용일 뿐이다. 시골에 살지만 더 바쁘게 살 수도 있다. 산골에 살아도 스마트폰을 웬만큼 다 쓴다. 대중교통이 불편하니 차도 웬만큼 굴린다.

나는 사실 '디지털 노마드'에 가깝다. 스마트폰으로 어디서든 소통하고 일한다. 밭에서 김매다가 영감이 떠오르면 글을 쓰고 인터넷에 올리기도 한다. 오늘날을 '초연결사회'라고 한다. 스코트도 자신의 삶을 세상과 나누기 위해 글을 쓰고 강연하며 세계를 돌아다녔다. 지금은 집 안에서도, 아니 논밭에서 일하다가도 스마트폰으로 사진을 찍고 인터넷에 올려 세계인들과 소통할 수 있다.

스코트는 스코트만의 자아 실현을 한 것이다. 나는 스코트에게 영감을 받지만 결국 나다운 나를 실현해가는 과정에 있다. 스코트한테서 온 삶을 아우르며 살아가는 온전한 존재, '전인(全人)'에 대한 영감을 받았지만 이를 실현해가는 과정은 온전히 나 자신의 몫이었다. 사람마다 자신이 가진 잠재력을 마음껏 드러낼 때 인류는 한층 더 진화한 존재로 거듭나리라 믿는다.

나이를 떠나 서로 사랑하며 살기

자신을 실현하는 과정 가운데 하나인 사랑을 빼놓을 수 없다. 우리는 누구나 부모 사랑으로 태어났기에 사랑을 키우고 싶고 또 나누고 싶어 한다. 앞에서 잠깐 봤듯이 스코트는 자신의 삶이 바닥이다 싶을 때 헬렌을 만난다. 헬렌과는 나이 차이가 많이 난다. 요즘에는 이런 연애와 사랑에 대해 관대한 편이다. 아마도 이 두 사람의 사랑이 많은 사람들에 영감을 준 게 아닌가 싶을 정도로 둘의 만남과 사랑은 특별하다.

그럼에도 사랑 자체에 대한 이야기는 별로 없다. 그저 부부가 대부분 일상과 삶을 함께한다. 함께 집 짓고, 텃밭 일구고, 손님 맞고. 헬렌의 글을 통해 살짝 부부 관계에 대한 이야기도 나오지만 육체 관계보다는 도반이자 영적인 사랑에 가깝다고 이해한다.

사랑에 관한 한 스코트보다 헬렌이 한층 더 깊은 고민을 하지 않았나 싶다. 헬렌은 스코트를 만나기 전에 크리슈나무르티라는 영적인 사람과 교류를 해왔다. 보통 세속의 사랑으로는 가늠하기 어렵다.

"사랑이 인간관계의 복합체라면, 헬렌과 크리슈나무르티는 서로의 관계를 불붙게 할 만큼 몸과 마음의 요소를 나누지 못했다. 둘 사이에는 대륙과 바다가 가로놓여 있었고 그 정도 교류만으로는 사랑의 양식으로 충분하지 않았다."

어쩌면 충분한 사랑의 양식은 날마다 먹는 밥처럼 일상에 있다. 특히 스코트가 헬렌을 만나면서 삶이 크게 달라지는 그 힘은 사랑이 아닐까 생각한다. 아무튼 이 '사랑에 대한 철학적인 부분'이 좀 더 드러났으면 하는 아쉬움이 있다. 삶을 사랑한다는 것, 누군가를 사랑한다는 것에 대해 말이다.

삶 마무리를 스스로 의지로

스코트는 만 100세를 조금 더 살았다. 당시로 치면 이 자체만으로도 굉장한 일이다. 그런데 숨을 거두는 과정이 경이롭다. 헬렌은 다음과 같이 기록해두었다.

"그이(스코트)는 오랫동안 최선의 삶을 살았고, 일부러 음식을 끊음으로써 위엄을 잃지 않은 채 삶을 마쳤다."

과연 이게 정말 가능할까. 나는 책으로 처음 이 부분을 보면서 전율을 느꼈다. 눈앞에 그림이 그려지고 제 뇌리에 깊이 새겨졌다. 그래서인지 지금 다시 보니 이미 내 것이 된 마냥 조금 덤덤하다. 이제는 우리 사회가 '100세 시대'로 접어들어 장수하며 100세를 사는 게 어렵지 않는 세상이다.

그렇다고 스코트처럼 할 수 있는 사람은 극히 드물다고 생각한다. 왜냐하면, 대부분 사람은 살기 위한 본능이 죽음을 선택하는 이성보다 더 근본이라고 여기기 때문이다. 만일 스코트처럼 스스로 삶을 마무리하려면 일상에서 굉장한 훈련과 자기관리를 해야 한다.

그렇다면 나는 어떻게 마무리를 준비할 것인가. 이 글 마무리는 그야말로 내 삶의 마무리에 대한 이야기로 하겠다. 나는 환갑을 맞으면서부터 죽음에 대한 생각을 가끔 하는 편이다. 그 언저리에는 스코트처럼 스스로 삶을 마감하고 싶다는 생각이 있다.

나름 지금까지 내린 답은 젊은 시절보다 몸을 더 자주 돌보며 삶의 마무리에 대해 스스로 중심을 잡아가는 의지를 잃지 않겠다는 것이다. 이 의지는 마음만으로 결코 지켜낼 수 없고 몸이 받쳐줘야 할 테니까. 그래서 운동을 이전보다 훨씬 더 많이 하게 된다. 그동안 해왔던 태극권뿐 아니라 국선도나 니시 건강법 그리고 생식에도 관심을 가지고 조금씩 실천하고 있다. 그러나 그 모든 것보다 논밭에서 일하다가 그 자리에서 자연스럽게 죽을 수 있다면 가장 복된 삶이 아닐까 생각한다.

그리고 삶 마감을 결정하는 시점도 중요하다고 본다. 스스로 소명을 갖고 있느냐, 아니냐가 판단 기준이다. 앞에서 본 대로 인류 모두가 스코트처럼 4-4-4 공식에 따라 살 수 있으려면 '기본소득'이 인류 전체에 보장돼야 한다고 본다.

그러자면 거기에 따르는 재원은 어떻게 할 것인가. 기술 발달로 발생하는 소득은 다시 인류 전체로 나눈다면 누구나 기본소득이 보장되리라 생각한다. 빌게이츠는 '로봇세'를 주장한 적이 있지만 나는 '인류세'라는 이름으로 재원을 마련하자고 제안한다. 초연결사회에서 어느 누구 한 사람의 불행은 인류 전체 불행이나 다름없다. 마찬가지로 부의 편중과 불평등은 많이 가진 사람도 불행하게 만든다. 돈이 많은 탓에 경호원이 따라 붙어야 안전이 보장되는 삶이라면 얼마나 불행할까? 인류세는 강제 세금이 아니라 인류를 위해 기꺼이 내놓는 세금이면 충분하다고 믿는다.

최근 인류는 코로나19라는 전염병과 혹독하게 씨름하고 있다. '사회적 거리 두기'는 물론 삶을 깊이 있게 성찰하게 한다. 이러한 재난에 대응하는 정책 가운데 하나가 바로 '기본소득'이라는 것도 무척 흥미롭다.

사실 '사회적 거리 두기'는 부정적인 느낌을 먼저 준다. 거리 두기보다 '가까워지기'가 더 발전된 모습일 테니까. 그렇다면 우리는 '자연과 더 가까워지고, 자신을 더 많이 알아가기'가 절실하다고 하겠다. 이는 스코트가 우리에게 던지는 '조화로운 삶' 메시지와 다시 연결된다. 빛바래 누렇던 책이 황금으로 빛난다.

"우리는 조화로운 삶에 반드시 필요하다고 여기는 최소한의 가치를 제공하는 방안을 모색했다. 이는 일하는 것에서 즐거움을 찾고, 그 즐거움을 확장하며 성취감을 얻고, 고결함과 자존을 높이도록 하는 것이다."
-《스코트 니어링 평전》

"생명의식, 열망, 창조적 노력, 그리고 계획에 따른 발전 방향은 우주, 태양계, 그리고 우리가 뿌리를 내리고 사는 지구, 또 개인이면서 사회적 존재인 우리 삶을 이끄는 중요한 동력이다. 오늘날 걷잡을 수 없는 파괴를 서슴지 않는 경향을 통제하고, 좀 더 안정된 문화양식으로 재조정하기 위해 우리는 이 같은 동력을 적극 활용하지 않으면 안 된다." -《스코트 니어링 자서전》

김광화
1996년에 서울을 떠나 귀농했다. 농사 틈틈이 일기를 썼는데, 이게 쌓이니 언젠가부터 자신만의 '빅 데이터'가 됐다. 그 사이 책을 몇 권 냈는데 이 역시 일기 덕분이다. 카메라도 어느새 호미만큼 익숙한 도구가 됐다. 지은 책은 《피어라, 남자》, 아내 장영란과 함께 쓴 《아이들은 자연이다》, 《숨쉬는 양념밥상》, 《밥꽃 마중-사람을 살리는 곡식꽃 채소꽃》이 있다.

스코트 니어링의 책

《아름다운 삶, 사랑 그리고 마무리》
헬렌 니어링 지음, 이석태 옮김, 보리, 248쪽, 1997년
스코트 니어링을 만나 함께 살았던 53년의 삶을
돌아보며 헬렌 니어링이 썼다. 두 사람이 숲에 터를
잡고 서로의 빈 곳을 채우며 함께한 '땅에 뿌리박은
충만한 삶'을 말한다. 스코트 100세 생일에 이웃이
"스코트 니어링이 백 년 동안 살아서 이 세상이
더 좋은 곳이 되었다."고 했다. 경제학자이자
사회주의자이며, 교육자이자 생태주의자인 스코트는
100세 생일을 앞두고 스스로 음식을 끊음으로써
평화롭고도 위엄을 간직한 채 죽음을 맞이했다.
죽음을 통해 사랑과 삶, 죽음이 하나임을 보여줬다.

《조화로운 삶》
헬렌 니어링, 스코트 니어링 지음, 류시화 옮김, 보리,
220쪽, 2000년

니어링 부부가 버몬트 숲 속에서 산 스무 해의
기록이다. 대공황 늪으로 빠져들던 1930년대
뉴욕을 떠나 버몬트 작은 시골로 들어간다. 자연
속에서 서로 돕고 기대며, 자유로운 시간을
누리면서 생산하고 창조하는 삶을 바랐다. '적어도
절반 넘게 자급자족하고, 땀 흘려 집을 짓고, 땅을
일구어 양식을 장만한다. 한 해 살기에 충분할
만큼 노동하고 양식을 모았다면 돈 버는 일은 하지
않는다. 사람들과 힘을 합쳐 일을 해낸다.'는 원칙을
세웠다. 단순함을 추구하고, 속도에서 벗어나며,
물음을 던지고, 곰곰이 생각하고, 깊이 들여다볼
시간을 만들었다. 걱정과 두려움, 증오가 차지했던
자리에 평정과 뚜렷한 목표, 화해를 심었던 삶을
담았다.

《조화로운 삶의 지속》
헬렌 니어링 지음, 이수영, 윤구병 옮김, 보리, 246쪽, 2002년

니어링 부부가 메인 땅에서 스물여섯 해 동안 조화로운 삶을 이어갔던 이야기가 담겨 있다. 버몬트에서 쌓은 경험을 바탕으로 자신들이 세운 원칙을 지키며 삶을 꾸린다. 《조화로운 삶》이 니어링 부부가 세운 삶의 원칙과 철학에 대한 이야기라면, 《조화로운 삶의 지속》은 이 원칙들이 농사와 집 짓기, 공동체 생활을 통해 어떻게 실현됐는지 보여준다. 쉰 해 넘게 몸 놀려 일하고 그 사이에 느끼고 생각한 것들을 하나하나 꼼꼼하게 기록한다. 땅에 뿌리내리고 사는 삶이야말로 진정 조화로운 삶이라는 것을 일깨워 준다.

《헬렌 니어링의 소박한 밥상》
헬렌 니어링 지음, 디자인하우스, 284쪽, 2001년

먹을거리와 먹는 행위에 대한 자연주의 철학을 담았다. 아름다운 자연주의자, 스코트 니어링과 함께 조화로운 삶을 실천한 헬렌 니어링이 쓴 '요리 없는 요리책'. 탐식으로 얼룩진 우리 몸과 정신을 일깨우고, 먹을거리와 먹는 행위에 대한 성찰, 인간 본디 미각을 일깨워준다. 육체와 정신을 건강하게 살려준 조화로운 음식의 참모습을 보여준다. 50년 동안 자급자족하며 자본주의 사회에 몸으로 저항했고, 한 번도 의사를 찾은 일이 없었으며, 죽기 직전까지 건강하고 풍요로운 삶을 영위했다. 혀가 아닌 우리의 몸, 우리 정신 또한 배불리 먹이는 '진짜 음식'을 만나게 한다. 삶에 대한 새로운 미각을 일깨워준다.

《스코트 니어링 자서전》

스코트 니어링 지음, 김라합 옮김, 실천문학사, 516쪽, 2000년

청년 시절부터 노년에 이르기까지 스코트 니어링의 뛰어난 재능과 부지런함, 꺾이지 않는 이상, 청렴함, 여유로운 마음이 고스란히 담겼다. 스코트의 관심 영역과 통찰력은 놀라웠다. 아동 노동 문제에 아무도 심각하게 생각하지 않았던 때《아동 노동 문제의 해결책》을 펴냈고, 여성 선거권이 없던 1912년에 《여성과 사회진보》를 출판해 여성의 사회 참여에 대한 의견을 밝혔다. 1933년에 펴낸《파시즘》에서 파시즘은 '제약 없는 자본주의의 한 형태'라고 단언했다. 1917년 1차 세계대전 때 논문 〈거대한 광기〉에서 전쟁 기계를 움직이는 사회구조를 들여다봤고, 1923년 논문 〈석유, 전쟁의 씨앗〉을 통해 장차 석유가 전쟁을 불러올 것을 내다봤다.

《스코트 니어링 평전》

존 살트마쉬 지음, 김종락 옮김, 보리, 516쪽, 2004년

자본주의 물질문명을 비판하며 자연과 조화로운 삶을 주장했던 문명비판론자 스코트 니어링의 삶과 사상을 평가한 책. 그가 귀농 이전에 땅으로 돌아갈 수밖에 없었던 고뇌의 과정을 보여준다. 사회구원, 초월주의, 실용주의, 자연주의, 유토피아주의, 19세기 사회주의, 20세기 공산주의를 잇고 엮은 그의 사상을 살펴본다. 어머니에게 영향을 받은 어린 시절, 워튼대학 시절 진보 성향, 반전활동으로 교수직 해고, 뉴욕 사회당 후보로 연방의회 선거 출마한 일, 반전운동을 하다 간첩 혐의로 기소된 과정, 모든 공적 관계를 끊고 개인의 자유로 돌아서게 된 과정을 따라간다.

게리
스나이더

Gary Snyder
1930 -

1930년 미국 샌프란시스코에서 태어나 광활한 자연과 북미 원주민 정신세계에 관심을 가지며 자랐다. 대학에서 문학, 인류학, 동양학을 연구했고, 비트문학으로 상징되는 새로운 시운동에 동참했다. 벌목꾼, 산불 감시원, 선원으로 일하며 자연에서 노동과 명상을 실천하고 시를 썼다. 일본에서 10여 년 참선수행에 몰두한 뒤 미국 시에라네바다에 돌아와 정착했다. 1985년부터 데이비스대학에서 영문학을 가르치며, 희귀생물종 보호와 소수민족문화 보존운동에 깊이 관여하고 생태주의 문명 전환을 촉구하고 있다. 시집 《무성》,《이 현재의 순간》, 산문집 《야성의 삶》,《지구, 우주의 한 마을》이 한국어로 번역돼 있다.

조심스레 잠시 지구를 거닐다

글. 서강목

"이 글을 쓰고 있는 지금 온 나라가 뜨겁다. 삼복더위가 기상 계측 뒤 최고 온도로 전국을 데우고 있다. 더위뿐 아니라 지형성 폭우도 과거 기록들을 갈아 치우며 지역마다 수십 년 만에 신기록들을 세운다. 그래서 한반도 기후가 더 이상 온대성이 아니라 아열대성 기후라는 주장이 그럴 듯해 보이기까지 한다. (…) 실제 더위는 아니지만 이에 못지않게 전국을 데우는 일이 있다. 정부의 4대강 사업을 막기 위해 환경단체 활동가들이 몸을 던져 투쟁한 일이다. 몇몇 열성 있는 운동가들은 남한강 이포보와 낙동강 함안보 작업현장에 올라 몸으로 막고 있다. 아마도 환경과 생태문제와 관련해 이보다 더 뜨거운 일도 없을 것이다.".[*각주1]

이 인용문은 2010년에 쓴 글 도입부다. 그해 여름도 전력난을 걱정할 정도로 무더웠고, 지형성 폭우가 극심했다. 게다가 당시 이명박 정권은 4대강 사업을 환경영향평가도 제대로 받지 않은 채 밀어붙이고 있었다. 지금 그 사업 결과에 대해 아무도 책임지지 않고 있다. 올 여름은 그때보다 더 뜨거웠다. 이전에 없던 고비 사막에서 발원한 열적 고기압 때문이라는 설명만 있을 뿐, 지구 기후변화에 대한 진지한 논의는 조금도 공론화되지 않았다. 게다가 당시 박근혜 정권은 경제 활성화라는 미명 아래 녹지뿐 아니라 자연 보존과 관련된 온갖 규제들을 풀어버리고, 안보 논리를 앞세워 '고고도 미사일 방어체제(THAAD)' 배치를 강행하고 있다. 제대로 된 환경영향평가를 건너뛰는 것은 물론, 지역 주민들의 생사를 건 반대 투쟁도 무시한다. 이런 조치 또한 먼 훗날 어떤 결과를 불러올지 아무도 예단할 수 없다.

신생대 충적세로부터 존재해온 인류는 기나긴 지구 역사에서 보면 찰나 같은 시간을 살아온 셈이다. 인류는 짧은 시간 동안 지구 한 장소를 빌려 사는 존재다. 함께 살고 있는 다른 거주자들과 또 미래 세입자들을 위해, 빌려 쓰는 지구를 극히 조심스레 대해야 한다. 오늘 지구에서 일어난 모든 사건들은 어떤 형태로든 미래에 그 흔적을 남기기 때문이다. 게리 스나이더의 일갈처럼.

이 현재의 순간,
오래 살아
먼 옛날
되기.*각주2

게리 스나이더와 생태운동

게리 스나이더는 1930년 5월 8일 샌프란시스코에서 태어났다. 대공황으로 집안이 파산한 뒤 워싱턴주 킹 카운티 한적한 시골로 이사했다. 거기에서 젖소를 키우고 닭을 쳤으며 작은 과수원을 관리했다. 고등학교 시절 마자마스라는 지역 등반모임에 함께했고, 그 뒤부터 산에 오르는 일은 평생 동안 생활 일부가 됐다.

오리건주 리드대학에서 인류학과 문학을 전공하던 시기, 그는 웜 스프링 인디언 보호구역의 민담과 설화를 연구했고, 자연과 어우러져 살아가는 북미 인디언들 삶의 방식에 매료됐다. 또한 교내 저널에 첫 시를 발표하기도 했다. 인디애나대학에서 인류학 공부를 하다 그만두고, 캘리포니아 주립 버클리대학 동양학 대학원에서 중국과 일본 고전 문학과 문화를 전공한다. 그 과정에 당나라 시인 한산(寒山)의 시를 영어로 옮겼다. 한편 여름방학 때마다 근처 크레이터산과 사우더산 전망대에서 산림감시원으로 근무했고, 웜 스프링스 침엽수림에서 벌목꾼으로 일하기도 했다. 또한 불교에 매료돼 불교 사상을 체계 있게 배우기 시작한다. 이 시절 1950년대 미국 비트세대를 대표하는 앨런 긴즈버그, 잭 케루악, 케네스 렉스로스, 루 웰치와 교류했고, 미국 서부 문학회에서 열정을 다해 활동하며 샌프란시스코 르네상스를 주도했다.

1956년 스나이더는 일본으로 건너가 교토 쇼코쿠지(相國社)에서 참선수련을 한다. 그 뒤 상선 기관실 청소부로 일하며 세계 여러 곳을 여행했다. 샌프란시스코로 돌아온 그는 근처 마린 카운티 오두막에서 루 웰치와 자연 속에서 삶을 꾸려가며 시 쓰기에 몰두한다. 1959년 다시 교토로 돌아가 다이토쿠지(大德社)에서 선수행에 정진한다. 그해 시집 《쇄석》을, 이듬해 《신화와 텍스트》를 펴냈다.

그 뒤로도 스나이더는 미국과 일본을 오갔다. 모교 버클리에서 영시를 강의하고 시 쓰기를 이어가며, 기회가 있을 때마다 선수련과 등산여행을 병행했다. 1964년 미국 서북부 지역 시에라 산맥 북부 설빙지역을 등반했고, 1967년에는 다이토쿠지에서 참선에 몰입한다. 이 무렵 스나이더는 자연 속에서 기거하며 우주 질서를 거스르지 않는 삶의 방식을 궁구했다. 1969년에는 미국 전역 환경운동가들과 연대하며 생태운동에 헌신한다. 이때 스나이더는 샌프란시스코 야생생태학회에서 ≪곰 스모키 경전≫을 배포해 인간 문명의 반자연, 반생태 양상에 경종을 울렸다. 미국 전역으로 퍼져나간 이 책은 오랜 전부터 곰의 모습으로 현현해오던 부처의 말씀을 통해 생태계를 보존하고, 인간이 자연과 더불어 조화롭게 상생할 수 있는 삶의 방식을 모색해야 한다고 강조하고 있다.

한편 1950~1960년대는 냉전시기로 나라들이 앞다퉈 군사력을 확장하고 경제 개발을 앞세워 지구 환경 파괴를 가속화하던 시기였다. 동시에 자연파괴와 환경오염의 위험성에 대한 경각심을 불러일으키고, 이를 완화하거나 치유하고자 하는 움직임도 확산됐다. 미국의 알래스카 핵실험을 저지하기 위해 1969년 시작된 그린피스운동, 대기업의 인도 원시림 벌목을 막기 위해 출발한 1970년대 반다나 시바의 칩코운동(나무 껴안기), 1979년 데이브 포먼이 주도한 어스 퍼스트(Earth First!)운동 같은 사례가 있다.

환경운동(Environmentalism)으로 알려진 이런 움직임들은 자연훼손과 환경파괴 탓에 인간사회에 야기되는 해악을 문제 삼으며, 치유와 예방책을 찾으려 노력했다. 초기 생태운동이라고도 할 수 있는 이 운동은 현대 인간문명 탓에 발생한 지구생태계 위기 상황을 인구 증가율 억제, 자연친화 산업과 거주형태 확산, 자연친화 기업경영윤리 확립, 시민 연대와 함께 자연파괴 현상 고발, 유기농산물 생산과 소비 확대, 재활용운동 같은 활동으로 치유하거나 개선할 수 있다고 봤다.

그러나 발 빠른 대응과 실천에 초점이 맞춰진 환경운동은 이론과 철학의 뒷받침이 필요했다. 환경운동이 지속성과 탄력성을 가지려면 이론적 체계가 필요함을 인식했던 것이다. 이런 역할을 담당했던 것이 바로 생태론이다. 1970년대 뒤 빠른 속도로 발전해온 생태론의 핵심 과제는 자연과 인간 사이의 새로운 관계를 모색하며 인간 스스로 변화된 모습을 찾는 일이다.

영성생태론(Spiritual Ecology)은 지구와 지구에 깃든 존재들을 전혀 다른 시각으로 볼 것을 요구한다. 이 이론에 따르면 지구는 살아 있는 유기체이며, 지구상 모든 존재는 그 유기체 속에서 고유한 내면의 가치를 지닌다. 또한 영성생태론자들은 원시종교의 자연신 숭배사상에서 그 세계관의 뿌리를 찾아내기도 한다. 아울러 지구 모든 존재자들을 경이로운 눈으로 보게 한다. 그리고 인간은 그 존재들이 이루는 신성한 연쇄 속 한 고리에 지나지 않는다는 점을 강조한다. 인간들은 "나는 열대우림이야. 나는 캥거루야. 나는 산이야. 나는 이끼야."라고 되뇌며 자연물과 동등해지고, 생태 보전과 개선을 위해 실천적 결의를 다져야 한다.

자연 생태계가 거대한 하나의 연쇄를 이루고 있으며, 지구가 자기 조절 능력을 가진 살아 있는 유기체라는 주장은 가이아론(Gaian theory)의 핵심 내용이다. 영국 과학자 제임스 러블록(James Lovelock)이 1960

년대에 제안한 가설에서부터 출발한 가이아론은 지구를 희랍신화 속 대지의 여신인 가이아(Gaea)라고 부르며, 적정한 자기 조절 능력과 자정력을 지닌 유기체로 본다. 대기권, 수권, 생물권이 서로 긴밀하게 연결된 통합체계인 지구에 일종의 경외감을 갖도록 유도한다.

생물지역론(Bioregionalism)은 지구를 통일된 유기체로 볼 뿐만 아니라, 지구 생태계의 깨진 균형을 회복하기 위한 과학적인 실천 방법론을 제시한다. 인간들은 지금껏 주로 정치, 경제적 이해관계에 근거해 공간과 지역을 분할하고, 그 활용방법까지 결정해왔으며, 결국 지구 생태계를 돌이킬 수 없을 정도로 파괴했다. 그래서 생물지역론은 특정 지역의 분할과 활용 방법을 정할 때 생태적 특성을 최우선 기준으로 삼아야 한다고 주장한다. 인간들은 이제 생태적 특성을 고려한 지리적 분할, 분할된 지역 특성에 맞는 역할 분담, 그런 관계를 온전히 존중하는 인간의 존재 방식을 모색해야 한다.

심층생태론(Deep Ecology)은 환경운동으로 출발한 생태운동이 이론의 깊이를 얻는 데 가장 크게 기여했고, 또 가장 광범위한 지지를 얻고 있다. 1970년대 초반 노르웨이 철학자 아르네 네스(Arne Naess, 1912-2009)의 생각에 뿌리를 두고 있다. 그는 서구의 전통 인간관과 자연관을 송두리째 바꿔야 한다고 말한다. 개인 중심 쾌락 추구와 현세에 이룬 출세와 내세 구원을 목표로 삼는 서구의 자아실현관은 그 자체가 극복 대상이 된다. 그것을 인간들 사이의 일체감, 나아가 인간사회를 넘어선 비인간계와 일체감을 갖는 성숙한 정신과 생명중심의 평등 이념으로 대체해야 한다. 이들 이론들은 한결같이 인간이 지금껏 자연을 대해온 태도를 바꿔야 한다고 강조한다.

한편 인간사회 자체가 지니고 있는 주요 모순에 더 강조점을 둔 이론들도 있다. 그것은 인간사회의 위계구조 일체를 혁파해야 한다는 머레이 북친의 사회생태론, 자본주의 인간 활동 일반이 생태 파괴의 주범이라고 보는 생태마르크스주의, 남성 중심의 인류 역사가 안고 있는 모순에서 생태 파괴의 근본 원인을 찾는 생태여성론을 예로 들 수 있겠다.

게리 스나이더는 이들 이론들 가운데 어느 하나를 특별히 자신의 입장으로 내세우지는 않는다. 하지만 게리 스나이더 시를 살펴보면 앞의 여러 입장들과 상통하는 주제들을 쉽게 찾아볼 수 있다.

게리 스나이더의 생태시들

세계는 무한한
4차원의
바둑 대국 같은 것.
얕은 토양 속의
개미들과 자갈들, 각각의 바위들이 모두 말
시냇물에 씻긴 돌
화강석이니, 불과 압력의 고문으로
아로새겨졌고
수정과 퇴적물이 뜨겁게 연결돼
모든 것이 변한다, 사유 속에서도
사물들에서처럼. (GSR. 404쪽)

첫 시집 제호로도 사용됐고, 일종의 시론처럼 전개된 이 시 〈쇄석〉은 온갖 사물들이 시 속 요소들처럼 자기 고유 자리를 지켜야 한다고 노래한다. 갖가지 암석들이 긴 시간 속의 '불과 압력'으로 변성되듯 사물들의 존재 이유와 존재의 자리가 상생하는 질서와 함께 변한다고 역설한다. 그래서 시와 '세계는 무한한/ 4차원의/ 바둑 대국 같은 것'이다. 반상에 떨어진 바둑알은 생명을 얻으며, 그 순간 기왕의 판세를 전혀 다르게 변화시킨다. 그처럼 시의 여러 요소들도 힘을 합해 다른 차원의 의미를 생성하며 스스로도 변화한다.

현재 인간 문명이 자행해온 환경 파괴는 이 시가 시화하는 엄연한 질서와 사물의 자리를 인간 손으로 허물어뜨린다. 지구온난화와 토양과 대기 오염, 수질 오염, 오존층의 천공, 여러 동식물 종들의 절멸은 이 허물어진 질서가 드러난 형태들이다. 이제 인간들은 인간중심 사고에서 벗어나 생태중심 사유를 갖추고 실천해야 한다. 그래서 이 시는 '세계는 끊임없이 변화하며, 인간들도 그 변화에 호응하기 위해 자신의 지각작용을 바꾸어야만 한다는 인식'을 강조하는[각주3] 시로 읽힌다.

> 초목의 살아 있는 배종을 먹고
> 큰 새들의 알을 먹고 (…)
> 서로 서로의 씨를 먹고
> 아, 서로를 먹는다.
>
> 빵에 있는 연인의 입에 입 맞춘다
> 입술에서 입술로. (GSR 451쪽)

강렬한 성적 이미지를 활용한 이 〈미각의 노래〉는 지구의 모든 존재들이 거대한 에너지 그물 속에 하나로 연결돼 있음을 강조한다. 그 에너지 원천은 우주로까지 뻗어 있다. 이런 에너지의 연쇄 속에서 영양과 활력소를 얻는 인간은, 사랑함으로써 나날이 부활하는 연인들처럼 혹은 사냥 뒤 죽어간 동물의 영들에게 적정 의식을 치르는 북미 인디언들처럼, 생명의 원천에 대해 감사하고 경의를 표해야 한다. 불교의 불살생(ahimsa) 원칙에 대한 시인의 오랜 명상이 이끌어낸 하나의 답으로 해석할 수 있다. 이는 인간이 자연과 세계 속에 존재하는 새로운 방식을 제시하는 것이다. 시인 자신도 이 시를 '내 최초의 진정으로 생태론적인 시'라고 부르며, 자연이나 불살생에 대해 명상하는 정도가 아니라 '자연 속에 존재함'으로써만 얻을 수 있는 지혜와 직결된 시라고 말한다.[각주4]

> 불은 오래된 이야기
> 나는
> 유익한 질서의 감각으로
> 자연의 법칙을
> 존중하며,
> 조절 방화로 내 땅을 돕고 싶다.
> 뜨겁고 깔끔한 방화
> (…)
> 그때는 아마
> 이 땅이 더욱
> 옛날,

인디언 소유였을 때

닭으리. (GSR, 471쪽)

〈조절 방화〉라는 시는 스나이더가 시에라네바다 산발치의 숲속에 살며, 그곳 지역 생태에 조율된 삶을 살아가며 깨우친 지혜를 시화한 작품이다. 애초 거북섬(북미 인디언들이 부르던 북미대륙의 이름) 주민들의 삶의 방식이 알려주듯 생태계를 진정으로 보존하는 일은 단순히 자연을 있는 그대로 방치하는 일이 아니다. "현재 상태에서 야생으로 방치하는 일은 땅을 다시 초기 단계의 덤불로 만들어버릴 산불의 위험을 무릅쓰는 것과 같다."(GSR, 282쪽) 그러므로 조절 방화에 의해 거대한 자연 발생 산불을 사전에 예방해야 한다.

이런 시들이 전달하는 주제들은 분명 앞서 본 여러 생태론들의 주장과 일치하는 내용들이 많다. 〈모든 새벽은 청명하다〉는 환경운동의 당위를 천명하고 있고, 〈미각의 노래〉는 영성생태론이나 가이아론처럼 자연 생태계가 에너지 그물망으로 이어진 거대한 하나의 유기체라는 사실을 노래한다. 그리고 그 연쇄 속에 겸허히 거주하는 인간상을 제시한다. 〈조절 방화〉 또한 북미 인디언의 자연친화적 삶이 알려주는 지혜는 지혜대로 전수받으며, 인간중심적인 정치·경제적 이해관계가 허물어뜨린 생태계의 본 모습을 회복해야 함을 강조한다. 이는 생물지역론이 주장하는 '지역의 통시적, 공시적 연구'와 지역 특성에 맞는 인간의 존재 방식을 궁구하는 일의 중요성과 맞닿아 있다. 스나이더의 절창들 가운데 하나일 〈쇄석〉은 삼라만상이 거대한 존재의 연쇄 속에 있을 뿐만 아니라 시간의 흐름 속에서 그 연쇄의 그물망이 쉼 없이 변화하고 있음을 시화한다. 그리고 인간들은 자연 속 그 변화하는 그물망을 새로이 인식하며 자신의 거소로 겸허히 찾아들어야 함을 강조한다. 이는 시인이 오랜 기간 유지해온 불교의 명상과 수양을 통해 이끌어낸 결론이며, 동시에 평생 추구해온 자연 속의 삶이 발효시킨 깨달음이다. 그것은 '4차원'이라고 표현할 수도 있을, 인간 사회를 벗어난 비인간계와 일체감을 갖는 정신의 성숙한 경지일 것이다. 시에 담긴 이런 목소리는 인간중심, 개인중심적인 서구의 자아실현관을 뛰어넘어 생명중심적인 평등의 원칙을 품어야 한다는 심층생태론의 주장과 멀리 있지 않다. 게리 스나이더는 흔히 '심층생태론의 계관시인'이라고 불린다. 한때 '심층생태론이 정치적으로 더 활발하고, 모험적이며, 과학적'이라고 조심스럽게 표현하기도 했지만,[각주5] 시인 자신은 정작 자신의 시적 사유를 어떤 특정의 생태론에만 동일시하지는 않는다.

1970년 스나이더는 시에라네바다 산맥의 발치에 있는 상 후앙 리지(San Juan Ridge)에 집을 짓고 자연 속의 삶을 시작했다. 그 집은 이 지역에 살던 북미 인디언 윈툰족 언어로 '야생 들장미'를 이르는 '킷킷디즈(Kitkitdizze)'라고 이름 지었다. 그리고 이웃 주민들과 함께 환경보호와 생태보존 활동을 하며 살고 있다. 또한 미국 전역의 생태운동에 참여하고, 세계 곳곳을 방문하며 자연과 더불어 살아가는 새로운 인간 삶의 가능한 양태를 궁구하려 노력하고 있다. 최근 그는 이곳에서 얻은 삶의 체험에 근거해 자신에게 시가 다가오는 모습을 다음처럼 시화한다.

밤중에 둥근 돌들 위로
비틀거리며 다가와, 나의

모닥불 불빛 밖에서
겁먹은 채 머뭇거린다
나는 불빛 가장자리로
마중하러 나간다. (GSR, 557쪽)

〈시는 어떻게 나에게로 오는가〉라는 이 시에는 야생세계에서 들려오는 시의 소리에 조심스레 다가가는 시인의 모습이 잘 드러나 있다. 시의 소리가 '비틀거리며 다가오는' 것은 자연 생태의 안위가 위태하기 때문일 것이다. 그 시의 소리가 '겁먹은 채 머뭇거리는' 것은 우리가 여전히 인간 중심적 삶의 방식에서 벗어나지 못했기 때문이다. 이제 우리는 더 늦기 전에 생태계에서 들려오는 모든 시의 소리에 겸허히 귀 기울여야 한다. 생태계의 모든 '겁먹은' 소리를 경청해 인간의 새로운 존재 방식을 찾고 실천해야 한다. 그리고 그렇게 하는 사람들은 누구나 다 시인이라 할 수 있을 것이다.

* **각주1** 〈실천문학〉 99호 (2010 가을호), 342-343쪽
* **각주2** 〈이 현재의 순간〉, The Gary Snyder Reader: Prose, Poetry, and Translation, 1952-1998 (Counterpoint, 1999), 409쪽. 본문에서는 GSR로 줄이고 쪽수만 밝힌다. 스나이더 시 번역은 모두 필자의 것이다. 스나이더 시의 번역물로는 《무성(無性)》(강옥구 역, 한민사, 1999)과 《이 현재의 순간: 스나이더 시선집》(서강목 역, 들녘, 2005)이 있다.
* **각주3** Patrick Murphy, Understanding Gary Snyder (Columbia: U of South Carolina Press, 1992), 62-3쪽.
* **각주4** Gary Snyder, Back on the Fire: Essays (Washington D. C.: Shoemaker and Hoard, 2007), 68-9쪽.
* **각주5** 게리 스나이더, 《야생의 삶》, 이상화 역, 동쪽나라, 2000. 316쪽 참조.

서강목
한신대학교에서 영문학을 가르치며, 생태비평과 생태시 연구에 집중하고 있다. 게리 스나이더 시 선집 《이 현재의 순간》을 우리말로 옮겼다.

게리 스나이더의 책

《무성》
강옥구 옮김, 한민사, 280쪽, 1999

스나이더의 초기부터 1990년까지의 시선집《No Nature》를 번역한 책이다. 젊은 시절 시인의 마음 풍경과 불교적 명상의 흐름을 잘 보여준다.

《야생의 삶》
이상화 옮김, 동쪽나라, 336쪽, 2000

스나이더의 산문집《The Practice of the Wild》를 번역한 책이다. 북미대륙의 역사, 생태계의 특성과 존재들의 연쇄에 대한 깊은 명상, 인간과 자연 그리고 시에 대한 날카로운 통찰이 책 전편에 걸쳐 넘쳐흐른다.

《이 현재의 순간》
서강목 옮김, 들녘, 267쪽, 2005

동양학과 불교를 배우고 인도사상을 연구하며 평화운동과 환경운동에 투신해온 게리 스나이더의 초기 시부터 최근 작품에 이르기까지 망라한 시집이다. 서양의 어느 시인보다도 우리와 비슷한 체질을 가지고 자연에 대한 외경과 인간 본성에 대한 사랑, 인간과 자연의 상생에 대한 성찰, 불교정신이 전해주는 여백과 자유로움이 느껴지는 시 세계를 만날 수 있다.

《지구, 우주의 한 마을》
이상화 옮김, 창비, 328쪽, 2015

자연 속에서 노동하고 명상하며 평생을 보낸 구도자로, 희귀생물종 보호와 소수민족문화 보존운동에 헌신해온 활동가로 삶과 시를 일치시켜온 게리 스나이더의 인간, 자연, 우주에 대한 깊은 통찰을 담았다. 자연과 생명의 회복을 위해 사십여 년에 걸쳐 써온 강연문과 기고문을 모은 책이다. 우주 속 모든 생명과 더불어 살아가는 진정한 삶을 위해 시가 맡아야 할 몫을 이야기하고, 환경과 생태에 대한 인식의 전환과 일상에서의 실천을 역설한다. 아울러 저마다 몸담은 장소의 역사와 사회문화, 자연환경에 대한 이해가 생태주의의 출발임을 말하고 있다.

린 마굴리스

Lynn Margulis
1938 - 2009

린 마굴리스는 다윈의 '자연선택' 이론 뒤로 가장 아름답고 강력한 공생 발생 개념을 진화사에 포함시킨 20세기 가장 위대한 생물학자다. 매사추세츠대학교 애머스트 캠퍼스 지구과학과 교수로 있었고, 미항공우주국(NASA) 지구생물학과 화학진화 상임위원회 의장을 맡아 지구생물학 관련 실험을 지도했다. 세포생물학과 미생물 진화에 대한 연구, 지구 시스템 과학 발전에 많은 기여를 했으며, 영국 대기과학자 제임스 러브록의 가이아 이론에 크게 공헌했다. 아들 도리언 세이건과 함께 《마이크로 코스모스》를 펴냈고, 《생명이란 무엇인가》, 《공생자 행성》을 비롯해 100종이 넘는 논문과 10권 넘는 책을 펴냈다.

세포가 아니라
생명 자체를 마주한
현대의 코페르니쿠스

글. 우석영

생태계는 국경선과 무관하다

예일대학에서 해마다 발표하는 환경성과지수(EPI: Environmental Performance Index)는 세계 나라들의 환경 관련 활동 수준을 평가하는 잣대다. 2018년 한국이 받은 순위는 전체 180개 나라 가운데 60위였다. 꽤 높은 순위인 듯 보이지만, 항목을 자세히 살펴보면 그렇지도 않다. 대기질 분야는 119위, 생물다양성·서식지 환경 분야는 144위, 기후·에너지 분야는 110위였으니 말이다. 거의 낙제 점수라 할까. 그나마 중금속, 물과 위생, 농업, 어업 분야에서 높은 점수를 받아 총점에서는 낙제를 면한 꼴이다.

기후·에너지 분야는 오늘날 지구환경 지속가능성이라는 세계 공통 목표를 향한 사회공동체의 태도와 실천이 어느 정도인지 말해주는 결정적

지표라는 점에서 주목할 만하다. 기후·에너지 분야 110위란 소위 경제 규모(GDP 기준) 세계 11위라는 나라가 받을 만한 순위는 아닌 것이다. 흥미로운 건, 날마다 '미세먼지 농도'를 이야기하며 대기질 문제에 온갖 촉각을 곤두세우는 바로 그 사람들 가운데 정작 기후·에너지 문제를 제대로 말하는 이는 극소수라는 사실이다.

이런 불균형은 대체 어디서 비롯한 걸까? 자연 보호까지 중요한 의제로 다루기에는 눈앞에 놓인 '나라 발전과 국민 이익'이 너무나 절박하다는 사고방식이 뿌리에 있을 것이다. 하지만 이조차 어느 날 하늘에서 뚝 떨어진 것이 아니라 틀림없이 무슨 곡절이 있는 심리 현상일 것이다.

그러나 우리는 '한국주의'라 할 수 있는 이러한 합리화를 들어도 너무 많이 들었다. 이제는 '세계주의'적 관점을 받아들이고 '한국주의'를 극복해나갈 때도 된 것이다. 달리 말해, 이제는 '나라다운 나라' 말고도 '후손에게 당당한 나라'라는 비전 역시 필요하다.

여기서 '세계주의'는 인류의 대동단결을 말하는 '국제주의(인터내셔널리즘)' 같은 것이 아니다. 그보다는 '한국'이라는 누에고치에서 벗어나는 것을 뜻한다. 가령 어떤 이가 '지리산 자연보호구역 보존운동'에 나선다면, 그는 남도 사람으로서 고장 지키기 운동을 하고 있는 것인가? 한 인간으로서 자기 삶을 아우르고 있는 생태계에 관심을 기울이고 있다고 보면 안 되는가? 호박벌을 연구한다면 그 공부 주체가 한국인이냐 중국인이냐 따위도 별반 중요치 않다. 3월 무렵 서해안에서 볼 수 있는 저어새는 한국 조류 도감의 주장처럼 정말 '한국의 철새'인가? 겨울에는 홍콩, 대만, 베트남 같은 나라에서 살아가는데? 저어새에 대한 관심은 생태계의 흐름이 국경선과는 무관하다는 사실을 확인하게 한다.

사실 사물에 대한 세계주의 시선은 생물이나 생명 현상을 조금이라도 정성을 기울여 관찰하고 탐구하는 이라면 누구나 자연스럽게 갖기 마련이다. 하지만 주의할 것이 있다. 눈에 의존해서는 안 된다는 것이다.

눈에 보이지는 않지만 우리 몸과 그 밖의 자연계를 지배하고 있는 존재가 있으니 말이다. 내 몸과 지구를 지금과 같은 모습으로 만드는 데 핵심 역할을 해온 존재. 그것을 이해하지 못하면 나 자신도 세계도 정확하고 풍요롭게 이해할 수 없으니 말이다.

세포가 아니라 생명 자체에 관심을 두다

'박테리아(세균)'라는 이 어마어마한 생물을 이해하는 여정에서 꼭 만나게 돼 있는 큰 산이 있으니, 바로 린 마굴리스(Lynn Margulis)다. 동료 과학자였던 제임스 러브록(James Loevlock)은 무엇보다 린의 업적은 '세포 생물학 분야'라고 했다. 하지만 이는 충분하지 않다. 린의 관심은 세포가 아니라 '생명' 그 자체였다. 린이 관심을 둔 세포는 '박테리아 세포'였다는 사실 역시 덧붙여야 한다. 유기체와 생명, 그 원리와 역사, 지구와 그 역사라는 주제를 린 마굴리스는 박테리아라는 실로 꿰었다. 그리고 이를 통해 생명과 자연, 인간 몸을 바라보는 인류 시각이 한 단계 더 딛고 올라서게 됐다. 어쩌면 '해체'했다는 말이 더 어울릴 만하다. 생명에 대한 이해는 린 마굴리스가 세상에 내놓은 '공생적 세계관' 앞과 뒤로 구분된다고 말할 수 있을 정도다. 네덜란드 지질학자 피터 웨스트브룩(Peter Westbroek)이 말한 대로 린 마굴리스는 '현대의 코페르니쿠스'였던 것이다.

지금으로부터 약 20억 년 전, 지구의 바다. 세포가 처음 발생한 것이 약 40억 년 전쯤이니 (시점은 학자에 따라 다르다.) 약 20억 년이라는 까마득한 세월 동안 최초 생물들인 세균(bacteria)과 고세균(아키아 archaea)들은 늘어날 대로 늘어났다. 그런데, 어느 날 덩치 큰 세균 한 마리가 고세균 한 마리를 우연히 삼키는 놀라운 일이 일어난다. 지구 역사상 어마어마한 사건이었다. 그런데 삼킨 녀석은 몸에 들어온 녀석을 소화시키는 대신, 같이 살기로 마음먹는다. 안으로 들어온 녀석은 핵이 되고 삼킨 녀석은 핵 밖의 물질이 됐다. 진핵세포가 탄생한 순간이다. 지구 역사에서 최초로 공생 관계를 이룬 것이다. 그리고 그 뒤 세균 서넛이 모여 새로운 생명체를 만들어내는 사건이 잇따라 일어났다.

이것을 이르는 말이 바로 '세포 내 공생(endosymbiosis)'이다. 그리고 이것이야말로 지구 생물 진화사를 결정지은 동력이었다는 것(symbiogenesis)이 린 마굴리스의 생각이었다. 하지만 이 '연속 세포 내 공생 이론(SET: serial endosymbiosis theory)'을 언급한 린의 논문 〈유사분열하는 세포의 기원에 대해(On the Origin of Mitosing Cells)〉는 무려 열다섯 차례나 퇴짜를 맞은 뒤 '이론 생물학 저널'에 실려 간신히 세상을 보게 된다. 이때가 1967년, 린 마굴리스는 고작 29세였다.

생명이란 박테리아다

생명이란 무엇인가? 훗날 린 마굴리스는 도리언 세이건과 함께 펴낸 《생명이란 무엇인가》라는 역작에서 이렇게 답변한다.

"생명이란 박테리아다. 지구에서 이용 가능한 곳은 모조리 개화된 생산자, 분주한 변혁가, 극한의 개척가들인 박테리아로 채워졌다."(《생명이란 무엇인가》 145쪽)

지구 대기권의 산소 함유량을 대폭 증대시킨 생명의 역군, 시아노박테리아(Cyanobacteria, 남조류)도 그 가운데 하나다. 약 21~27억 년(시점은 언제나 논란이다.) 사이에 바다에서 발생한 것으로 짐작하는 이들은 처음으로 광합성 활동을 했던 박테리아다. 이들의 급격한 번식으로 지구 대기권 산소량이 빠르게 늘게 되면서 생물에 이로운 지구 환경이 만들어지기 시작한다. 훗날 이들은 바다 식물의 몸으로 들어갔다. 그리고 우리 주변 풀과 나무의 잎에서 관찰할 수 있는 '엽록체'로 변신한다. 시아노박테리아와 엽록체 사이의 상관성을 20세기에 밝혀낸 것도 린 마굴리스였다.

지구는 그렇다 치고, 우리의 몸은 어떠한가? 사람 몸속 세포 수는 약 30조, 박테리아 수는 약 39조 개라고 한다. 물론 이것도 학자마다 견해가 다르다. 그런데, 우리 몸의 기관을 이루는 세포들은 모두 20억 년 전 탄생한 최초 원시 진핵세포(박테리아 공생체)의 진화체들이다. 특히 세포 내 발전소 격인, 그래서 그것 없이는 우리가 아예 제대로 활동할 수 없는 미토콘드리아도 박테리아의 진화체다. 더욱이 대장 박테리아는 전체 생산량 90퍼센트에 이르는 신경전달물질을 생산하며 지금 이 순간에도 우리 뇌 활동을, 즉 우리 의식과 생각, 감정을 조절하고 있다. 대체 우리는 누구란 말인가?

'인간이란 무엇인가'라는 질문에 대한 린 마굴리스의 답변은 우리를 혼란스럽게 하지만 동시에 우리 자신에 대한 이해의 지평을 넓혀준다.

"움직이고, 접합하고, 유전자를 교환하고, 우위를 점하면서 원생대 동안 긴밀히 연합한 박테리아는 무수히 많은 키메라(Chimera)를 만들어냈고, 그 가운데 극히 일부만이 바로 우리들 인간이다."《생명이란 무엇인가》182쪽) 키메라는 그리스 신화 속 동물로, 하나 이상의 동물 신체 부위가 결합된 하이브리드 동물이다. 린 마굴리스가 보기엔 모든 유기체가 키메라이며, 인간이 유기체인 이상 인간도 예외일 리 없다.

린 마굴리스의 또 다른 기여는, 박테리아가 살아 있는 지구(가이아, Gaia)의 바탕이자 뿌리(인프라)라는 사실을 지적한 것이다. 1970년대 초반, 린은 지구의 생물적 기초는 박테리아라고 주장하며, 지구가 기후와 화학작용을 자율 조절하는 생물권들의 시스템이라는 급진 이론(가이아 이론, 지구 시스템 과학 이론) 진영에 합류한다. 그녀가 이렇게 주장할 수 있었던 근거는 "물질대사의 천재들인" 박테리아가 몸 밖으로 배출하는 기체들에 있었다. 앞서 산소를 배출하는 시아노박테리아를 살펴봤지만, 산소 말고도 이산화탄소, 질소, 암모니아 같은 서른 가지 넘는 기체들을 박테리아가 생산하고 있다는 사실을 밝혀낸 것이다.

박테리아가 대기 환경 조성에 참여한다는 사실, 이것이 갖는 의미는 막중하다. 이것이 사실이라면 유기체가 외부 환경에 단순히 자연 '선택'되고 적응하는 것이 아니라 외부 환경과 긴밀한 협력 관계를 유지하며 살아간다는 뜻이기 때문이다. 다시 말해 유기체와 환경 사이에 일방향이 아니라 다방향 관계가 성립한다는 이야기다. 더욱이 린 마굴리스는 박테리아와 외부 환경 사이 다방향 상관관계가 지구(생물권)의 자율 조절 체계를 가져왔다고 봤다.

린 마굴리스는 누구인가?

눈에 보이지 않는 미소한 생물에서 지구 전체 역사와 과정을 통찰했던 생물학계의 거인 린 마굴리스. 그녀는 대체 어떤 인물인가? 요약이란 언제나 위험한 일이지만, 한마디로 린 마굴리스는 공부꾼이자 과학 투사, 동시에 일급 과학 이론가이자 저술가였다.

린은 1929년부터 1945년까지 지속된 대공황 시기에 태어나고 자랐다. 고향은 미국 시카고 남부 지역이었고, 네 자매 가운데 첫째였다. 아들이자 동료 저자였던 도리언 세이건(Doran Sagan, 린과 칼 세이건 사이의 아들)에 따르면, 어린 시절 경험했던 지독한 가난으로 그녀는 평생토록 검소한 생활을 유지했다고 한다.

시카고대학에 입학했을 때 고작 15살이었다. 운명은 그녀를 공부의 길로 이끌었다. 19세에 학사 학위를, 22세에 석사 학위를 받았다. 학교를 옮겨 위스콘신대학에서 유전학과 동물학 분야 석사 학위를 취득했고, 그 뒤 UC 버클리대학에서 '유글레나 속 편모충'에 관한 연구로 박사 학위를 받았는데, 이때가 27세였다. 그러니까 공부만큼은 고속도로를 탄 것이다. 그리고 2년 뒤 앞서 말한 저 '15전 16기 논문 사건'이 발생한다.

결혼마저 일러서 칼 세이건과 살림집을 차렸을 때 겨우 19세였다. 하지만 가정생활은 순탄치 않았다. 칼 세이건과는 결혼 7년 뒤 이혼하고, 재혼한 토마스 마굴리스와도 결혼 13년 만에 결별했다. 보스톤대학과 메사추세츠대학에 머물며 연구하고 가르치는 생업만은 일평생 계속 했으니, 학자로서는 행복한 삶을 일군 셈이라 할까.

그러나 우리 관심을 끄는 건 연구실과 실험실 밖에서 발언했던, 과학 투사로 전투에 나선 린 마굴리스다. 그녀가 맞섰던 적진은 다윈주의 우파 격인 '신(新)다윈주의자' 그룹이었다. 대표 인사가 다름 아닌 생물학계 스타 리처드 도킨스(Richard Dawkins)였다. '신다윈주의자' 그룹은 인종주의자였고 우생학 옹호론자였던 로널드 피셔(Ronald A. Fisher)가 기초를 놓은 진영이다.

진화사에서 '자연 선택' 문제를 둘러싼 이들의 대결은 예견된 것이었다. 신다윈주의자들 입장은 오직 자기 생존, 자기 복제(후세대 생산)에 '적합한' 유기체나 그룹이 자연 환경에 의해 선택된다는 것이다. 그리고 이 과정에서 이기적 유전자가 진화를 결정짓는 힘을 발휘한다는 주장이다. 하지만 린이 보기에 이것은 전혀 사실이 아니었다. 자연 환경이 생존에 적합한 유기체를 선택하는 것이 아니라 되레 박테리아 같은 유기체의 활동이 자연 환경에 지질학적 변형을 가져오는 힘으로 작용해 자연 선택 과정에 영향을 미쳤다. 더군다나 린이 보기에 박테리아는 의식을 갖춘 존재, 선택하는 존재, 공생에 능한 존재였다. 또한 지구의 모든 유기체는 공생체이자 공생 과정이었다. 유기체와 무기체는 긴밀히 얽혀 있었고, 따라서 자연 선택의 단위는 결코 단일 요소가 결정짓는 단일 단위일 수 없었다.

린 마굴리스는 이론도 그렇지만 문장도 일품이다. 철학적 식견이 지휘봉을 잡고 탄탄한 과학 연구 결과들을 지휘하고 있기 때문이다. 그 결과 우리는 린의 저술에서 철학적 관점과 과학 이해를 아우르는, 나아가 시적 울림이 있는, 다른 곳에서는 찾기 어려운 명문장을 만나게 된다.

삶은 지구라는 서식지에서 생명 현상과 생물들 속에서 뒤얽히고 둘러싸인 채, 그 자신이 하나의 생명 현상으로서 역사를 일궈내는 작업이다. 누구에게나 그렇다. 그리하여 그것은 동시대 인간 집단과 후손들에게만이 아니라 다른 생물, 생태계, 생태 과정에 좋고 나쁜 일정한 영향을 끼칠 수밖에 없다. 린 마굴리스가 말한 그대로 '정체성이란 곧 과정'이지만, 그 과정은 영향을 끼치는 과정이므로. 그렇다면 자신의 존재와 삶, 그 지구 역사, 인류사상의 의미를 제대로 음미하려는 자는 반드시 '이곳이 어디이며 생명이란 무엇인지'를 이해해야만 할 것이다. 그것을 이해하려는 탐험에 나선 우리에게 린 마굴리스는, 명쾌한 정보와 아름다운 문장으로 우리 뇌세포 속 저장물을 신속히 갈아치우며 시야를 훤히 밝혀준다는 점에서, 광량 풍부한 등불이다.

역사 안목 없는 세계주의도 허망한 것이지만, 세계주의 시각이 빠진 역사 지식 역시 무망한 것. 지금 우리에게는 역사 안목만큼이나 세계주의 시각이 긴요하다. 그리고 이 여정에서 가장 훌륭한 동반자 가운데 한 명은 분명 린 마굴리스일 것이다. 그러나 린과 함께 이 새 여정에 들어서는 일은, 충격과 감동에 젖어들고, 새로운 관점과 질문에 사로잡히는, 즉 늪이나 바다에 푹 빠지는 일 같은 것이다. 가령 이런 문장의 심해 한가운데로.

"생명이란 무엇인가? 신이자 음악, 탄소이자 에너지인 생명은 성장하고, 융합하고, 소멸하는 존재들이 소용돌이치는 결합체다. 또한 생명은 우주가 인간의 형태로 자신에게 던지는 질문이다."《생명이란 무엇인가》 79쪽, 번역 수정)

우석영

생명·자연 철학 연구자다. 자립 연구원의 연구위원으로 활동하고 있다. 쓴 책으로 《철학이 있는 도시》, 《수목인간》, 《낱말의 우주》, 《숲의 즐거움》이 있으며 반다나 시바의 《이 세계의 식탁을 차리는 이는 누구인가》를 번역했다.

* **각주** 가이아(Gaia) – 제임스 러브록(James Loevlock)은 지구와 지구에 살고 있는 생물, 대기권, 대양, 토양까지를 포함하는 신성하고 지성을 가진, 살아 있는 지구를 가리켜 '가이아'라고 했다.

린 마굴리스의 책

《마이크로 코스모스》

린 마굴리스, 도리언 세이건 지음, 홍욱희 옮김, 김영사, 411쪽, 2011년

40억 년에 걸친 미생물의 진화사. 생물진화사 논의를 다윈의 진화론보다 40억 년 전까지 앞당겨 자연철학사 흐름을 바꿨다. 인간 중심으로 엮은 진화사의 판도를 인류보다 더 오래 전부터 존재했던 생물, '미생물'에서 찾으면서 자연의 위대함을 증명한다. 세포의 출현과 협력 과정을 자세히 소개하면서 세상의 탄생은 인류로부터 비롯된 것이 아니며, 인류는 그 구성원 가운데 하나일 뿐이라고 말한다. "생명이란 특정 식물, 동물이 아니라 지구와 높이 20킬로미터 이내의 대기권 전체다!"

《공생자 행성》

이한음 옮김, 사이언스북스, 239쪽, 2014년

지구의 다양한 공생관계와 그것으로 진화해가는 생물들 모습을 담았다. 지구 초기 생물들 탄생을 통해 공생 사례를 논의하고 번식 방식과 새로운 생명의 출현이 모두 공생 진화 덕분임을 밝힌다. 또한 행성의 생명과 진화, 그것을 바라보는 관점이 어떻게 변화하는지도 함께 소개한다. 생명의 시작은 '공생'이었고, 지구 모든 생물은 '공생'이라는 고리로 연결돼 있다. 인간 같은 동물과 식물의

몸 역시 수많은 세포들이 공생한 결과물이다. 거대한
지구도 수많은 생물들이 공생이라는 고리로 결합돼
있는 또 하나의 생명체라는 것을 알게 된다. 생명이 처음
탄생하던 태초의 순간으로 우리를 안내한다.

《린 마굴리스》
도리언 세이건 엮음, 이한음 옮김, 책읽는수요일,
320쪽, 2015

린 마굴리스의 아들 도리언 세이건을 비롯해 생전에
교류했던 이들이 그녀를 추모한 글을 묶었다.
마굴리스가 자신들에게 어떤 의미였는지, 학자로서 린
마굴리스가 걸어온 여정이 어떤 영향을 미쳤는지, 많은
이들에게 영감과 활기를 불어넣은 삶을 이야기한다.
'진화는 경쟁이 아닌 공생을 통해 이뤄진다'는 생각으로
과학의 물길을 바꿨고, 다윈의 자연선택론 뒤로 가장
아름답고 강력한 진화의 개념을 완성했으며, 우리는
어디에서 왔으며 누구인지를 질문하면서 인간이 지구의
주인이라는 낡은 세계관을 넘어선 린 마굴리스를 만날 수
있다.

《생명이란 무엇인가》
린 마굴리스, 도리언 세이건 지음, 김영 옮김, 리수,
352쪽, 2016년

진화론의 절대 이론이었던 다윈의 '적자생존론'을 뒤엎고
공생명을 기반으로 한 생명론을 증명한다. 지구에서
가장 작은 세균인 마이코플라스마와 가장 큰 유기체인
생명권 사이를 넘나들며, 생명에 관한 선입관과 편견을
깨뜨렸다. 생명은 끝없이 확장하지만 그 영역은 늘
새롭고 고달픈 곳이라 종들이 서로 협력해 생명의
지평을 넓혀왔다고 말한다. 아울러 생명 역사의 주도권은
박테리아에게 있으며, 지금의 생명체들은 개별 생명체가
아니라 박테리아와 공생명체라고 말한다. 지구의 생명은
다른 종과 공생관계를 맺으며 무수히 많은 종으로
진화해왔다고 밝힌다.

오래된
미래에
답하다

헬레나
노르베리
호지

Helena Norberg-Hodge
1947 -

'헬레나 노르베리 호지' 하면 표지 그림조차 익숙한 《오래된 미래》라는 책이 먼저 떠오른다. 1988년 첫 출간 뒤 1991년에 영문판이 나오면서 라다크를 서방에 알리는 계기가 됐다. 우리나라에서도 생태적 삶을 위한 필독서로 많은 사람들이 읽었다. 언어학자이자 생태환경론자인 헬레나가 공동체의 삶과 변화를 냉철한 이성과 통찰력의 눈으로 보고 기록한 이 책은 50개국 넘는 언어로 번역돼 영화와 함께 출간됐다. 영화 제작자였던 헬레나는 세계화가 야기한 문제에 대한 해법으로 지역화운동을 알리기 위해 출판물과 함께 다큐멘터리 영화를 만들었다. 2010년에는 다큐멘터리 〈행복의 경제학〉을 제작해 경제 세계화의 폐해를 알리고 지역화의 필요성을 이야기했다. 2014년에는 지역화를 위한 국제연맹(IAL)과 국제생태문화학회(ISEC)를 설립했고, 생태잡지 〈에콜로지스트(Ecologist)〉 편집위원장을 맡았다. 세계화에 관한 국제 포럼(IFG)과 세계생태마을네트워크(GEN)를 공동 창립했다.

세계화에
맞서는
지역주의자

글. 강신호

라다크, 젊은 선각자의 눈에 띈 미지의 땅

　헬레나는 뉴욕에서 태어나 스웨덴 스톡홀름에서 자랐다. 철학과 심리학, 그리고 예술을 공부한 그녀는 세상을 보는 넓은 눈을 갖고 있었다. 25살에 이미 여섯 개 외국어에 능통했을 정도로 언어감각이 뛰어났다. 1975년에 헬레나는 북인도 라다크를 방문하려는 독일 영상 팀에 합류하게 된다. 다큐멘터리 제작 작업에 도움이 되는 복잡한 언어를 찾아내는 것이 임무였다. 라다크로 출발하기 전 헬레나는 세계 곳곳의 실정을 잘 알고 있다고 생각했다. 하지만 세상 어느 누구 못지않은 행복한 삶을 살고 있는 라다크인들을 발견하고 놀라게 된다. 그 뒤 3년 동안 드나들면서 라다크어 습득에 주력했고, 그 결과 유창하게 라다크어를 말할 수 있는 첫 서방인이 된다. 이 여행은 그녀의 삶을 완전히 바꿔놓았다.

1977년 미국으로 돌아온 헬레나는 메사추세츠 공과대학교(MIT)에서 노암 촘스키와 함께 언어학을 공부했다. 이듬해인 1978년에 미래의 남편인 존 페이지와 함께 라다크에 다시 방문했다. 그 무렵은 인도 정부가 외부 세상에 라다크를 개방한 뒤였다. 개발이란 명목으로 도로를 놓기 시작했고, 외국 관광객 출입을 허용했다. 바깥세상의 문화와 경제 압력은 급속하고도 커다란 혼란을 가져왔다. 라다크는 전통 가치 파괴 현장이 됐다. 자존과 자립을 바탕으로 살아온 라다크 사람들은 혼란을 겪기 시작했다. 바깥세상과 비교해 열등감과 소외감에 빠지면서 자신들의 처지를 불행한 것으로 보게 됐다. 개발을 앞세운 국제화라는 거대 음모가 전통을 이어온 고유한 지역 공동체 문화를 무력화시켰다. 라다크 사람들은 사회문화구조를 뒤흔드는 폭력에 고스란히 노출됐다. 이 무렵 헬레나는 슈마허가 쓴 《작은 것이 아름답다》를 읽으면서 새로운 영감을 얻게 된다. 굳이 서방세계 개발 방식을 따를 필요도 없고, 지역 전통을 파괴해서는 안 된다는 확신이 생겼다. 이때부터 헬레나는 라다크 지역 문화와 경제력을 재건하기 위한 활동을 시작했다.

라다크 프로젝트, 재생에너지와 적정기술

1978년 헬레나와 존 페이지는 라다크 프로젝트(Ladakh Project)를 설립했다. 라다크 현지 사람들뿐만 아니라 서방의 활동가들이 합류한 국제 조직이었다. 라다크 프로젝트는 서방의 현대화된 지역에서 활발한 생태적 발전에서 얻은 정보와 경험을 라다크에 도입했다. 이를테면 미국이나 스웨덴 같은 곳에서 벌어지고 있는 지속가능한 삶의 방식들을 소개했다. 파괴하는 개발의 방식 대신 라다크의 전통 가치와 인간 규모의 경제에 기반을 둔 활동을 제안했다. 그 결과 라다크인들은 이러한 외국 사례들과 자신들 전통 방식의 경험을 고르게 비교할 수 있게 됐다. 1983년에 헬레나는 '라다크생태적개발그룹(LEDeG)'을 정식으로 등록했다. 이 단체의 목표는 라다크의 생태적이고 지속가능한 개발을 촉진하기 위해 주로 재생에너지, 특히 태양에너지 활용에 초점을 뒀다.

라다크 프로젝트와 함께 라다크 지역사회에 영향을 미치는 환경과 경제 그리고 문화적 문제 해결에 관심을 기울였다. 적정기술을 보급하고 재생에너지 활용에 적극 나섰다. 헬레나는 지역 주민들과 함께 솔라 패시브 그린하우스를 짓고, 오염을 일으키지 않는 에너지 사용을 실천하는 지역 생태조직을 도왔다. 이미 많은 마을에서 태양열 조리기와 태양열 온수 히터와 같은 태양열 기술을 시연했다. 1984년에는 생태적개발그룹 본부 건물인 생태적개발센터(Center for Ecological Development)가 라다크의 수도 레에 건립됐다. 라다크 프로젝트는 1991년에 생태와 문화를 위한 국제협회(ISEC)로 발전한다. 이 프로젝트는 서구식 발전모델에 생태적 공동체 기반의 생활양식을 접목하고자 했다. 2014년부터 '로컬 퓨처스(Local Futures)'로 불리게 되는 이 조직은, 문화와 생물다양성 보존과 지구차원의 지역 경제 강화를 위해 노력하는 비영리 조직이다.

어떻게 세계화에서 벗어날 것인가

헬레나는 농촌 여성의 지위를 높이고 지역의 문화와 농업 수준을 높인다는 두 가지 목표를 세웠다. 이를 위해 1991년에 현지 여성들이 주축을 이뤄 '라다크 여성동맹(Women's Alliance of Ladakh)'을 결성하도록 도왔다. 라다크 안 100개가 넘는 마을에서 자원해 회원이 5천 명 넘는 큰 조직으로 성장했다. 지금도 비정치 영역에서 중요한 역할을 담당하고 있다. 헬레나가 라다크에서 깨달은 것은, 실제로 얼굴을 마주하는 공동체 조직을 강화하는 것이 현대 소비자 문화에 대한 가장 중요한 저항이라는 사실이었다. 헬레나는 소비자 문화가 어린이들에게 희소성 소비재를 놓고 더 많은 경쟁에 빠트리고 사람들을 더 멀어지게 한다고 믿었다. 이러한 운동은 라다크에서 큰 관심과 반응을 얻었다. 라다크 여성들 자신이 누구인지, 부끄러워하거나 뒤처졌다고 생각할 필요가 없다는 것을 보여줬다. 물론 젊은 세대 가운데에는 이러한 운동이 라다크 발전에 발목을 잡을 것이라고 생각하는 이도 있었다. 하지만 시간이 지나면서 이들마저도 바뀌었다. 헬레나는 올바른 정보를 전달해 스스로 활동에 나서게 하는 일이 중요하다는 것을 알고 있었다.

    헬레나는 세계주의에 맞서는 '지역주의자'다. 라다크를 살리는 일에서 시작한 지역주의운동이 이제는 세계화 경제의 영향력에 맞서 싸우는 일로 확대됐다. 라다크 변화 과정에서 겪은 혼란과 파괴력을 보면서 세계 도처에서 진행되고 있을 똑같은 현상에 눈을 돌린 것이다. 2010년에 제작한 다큐멘터리 영화 〈행복의 경제학〉에서 헬레나는 세계화를 이렇게 정의하고 있다. "세계화의 중심에는 경제 중심 프로세스가 있다. 이것은 규제 철폐에 관한 것으로, 대규모 은행과 사업이 세계의 지역 시장에 들어갈 수 있도록 자유를 주는 것이다. 곧 사람이 아니라 이익에 초점을 맞춘 것이다." 그 때문에 세계화 경제를 좌우하는 것은 곧 대자본과 권력을 쥔 정부조직이라고 이야기한다. 국가와 국가 사이 자유무역 협정을 맺게 되면 정부는 대기업과 대규모 외국 자본을 위해 규제를 완화해야 하고 자국기업과의 경쟁을 막을 수 없게 된다. 더구나 기업과 금융 기관은 어느 한 지역에 정착하기보다, 임금이 낮고 세금이나 환경 규제가 덜 한 곳이면 어디로든 이동하려 한다. 이러한 속성은 지역 경제를 약화시키고 경제적 불안정성을 증가시켜, 공동체를 심각하게 침식하고 사회적 유대를 약화시키는 혼란을 가져온다.

헬레나는 〈행복의 경제학〉을 통해, 오늘날 세계화는 이미 정복과 식민지 시대였던 중세시대에 시작된 흐름의 현재 단계라고 지적한다. 15세기 후반부터 강력한 유럽 국가들이 세계 영토를 점령하고 식민지를 확장했다. 그 뒤 수세기 동안 식민지 세력은 엄청난 규모의 사회 계획을 실시해 다양한 문화의 정치, 경제, 사회제도를 자국의 목적에 맞게 조정했다. 지역 기반 경제, 농업 체계와 전통지식 체계가 훼손되거나 빠르게 해체됐다. 이전에 공유지로 쓰던 땅은 구획으로 구분되고 사유화됐다. 이런 정복, 식민지주의와 대규모 개발은 모두 새로운 시장을 억지로 열어, 세계의 지역 자립을 무너뜨리며 단일 세계 경제에 의존하게 만들었다. 그들은 문화다양성을 침식하면서 점점 더 자기다움을 잃어버린 소비자 단일 문화로 대체했다. 헬레나의 세계화에 대한 문제의식은 이런 역사와 과정을 배경으로 하고 있다.

세계화로 인해 지역사회와 개인 복지체계가 입게 되는 피해를 헬레나는 단호히 지적한다. 지역사회 안에 존재하던 유대 관계가 가장 먼저 손상을 입게 될 거라는 점이다. 다음 단계로 개인이 지니던 소속감을 잃어버리고 정체성을 나누는 일이 어려워진다는 것이다. 세계화는 무엇보다 대규모의 경제를 지향한다. 그러다 보니 얼굴과 얼굴을 마주하는 인간 규모 연결망이 등한시되는 대신 인격이 없는 상업관계로 대체되고 만다. 사람들은 더 이상 자신의 필요를 충족하기 위해 서로 의존하지 않게 될 것이고, 공동체 속 고립, 개인주의, 불안, 일자리 경쟁, 질투, 불신과 공포가 팽배해질 거라고 지적한다.

세계화는 자원낭비와 기후변화를 초래한다

〈행복의 경제학〉은 경제 세계화가 가장 중요한 지구 환경 문제 가운데 하나인 기후변화를 가속화한다고 지적한다. 되돌릴 수 없는 임계점을 넘기 전에 기후를 안정화하려면 지구 온실가스(GHG) 배출량을 엄청나게 줄여야 한다. 그럼에도 오히려 자유무역 정책 아래 정부가 지불한 보조금으로 기업 부담은 줄어들고, 환경 규제는 완화돼 저렴한 화석 연료를 마구 태운다. 저임금 노동을 착취하려는 기업의 욕구 탓에 값싸고 취약한 중소기업을 활용한 하청 생산 정책이 만연하게 된다. 이로 인해 세계 무역이 증가하고 공급 경로가 길어졌지만, 소비자와 생산자 사이 거리는 더 멀어지게 됐다. 결국 이는 불필요한 화석 연료의 연소와 이에 따른 온실가스 배출을 크게 늘렸다. 운송을 위한 온실가스 배출량은 기후변화에 가장 빠르게 기여하고 있다. 가장 오염이 심한 도로 운송과 항공은 탄소 배출량도 엄청나며 가파르게 늘고 있다.

아울러 헬레나는 세계화 경제지표 가운데 바탕이 되는 '국내총생산, 지디피(GDP)'의 허상을 눈여겨봐야 한다고 말한다. 우리가 경제 성장을 평가할 때 흔히 쓰는 표준 척도 가운데 하나가 지디피다. 정치인들이 흔히들 경제성장의 치적을 이야기할 때 내세우는 지표 또한 지디피다. 하지만 헬레나는 이것이 정확한 지표가 될 수 없다고 강조한다. 우선 지디피 산정 때 사회나 환경 관련 비용은 전혀 반영이 되지 않는다. 지디피는 단지 시장 활동, 현금 교환과 이동만으로 산정한다. 게다가 이익과 비용 가운데 바람직한 것과 바람직하지 않은 것을 구분하지 않는다.

이를테면, 암, 범죄, 자동차 사고, 이혼에서 원유 누출까지 모두 지디피를 증가시킨다. 오로지 현금 이동을 포함하는 경제 활동만을 고려하기 때문이다. 가령 아이를 유아원에 보내면 현금이 지불되므로 지디피가 늘어난다. 하지만 가정에서 가족 누군가가 돌본다면 지디피에는 아무런 변화가 일어나지 않는다. 나무를 베어 펄프를 만들면 증가하지만, 수풀로 보존하는 것은 아무런 증감이 없다. 보일러 연료를 마구 태워서 집 안 온도를 높이면 지디피가 늘지만, 온도 조절기를 낮춰 연료를 덜 쓰면 반대로 낮아진다. 결국 어느 것이 사회적으로 건강하고 불필요한 비용을 줄이는 길인가는 전혀 고려되지 않은 채 가난한 사람들로 평가받게 만든다. 세계화 경제에서는 지디피 증가가 곧 잘 사는 것으로 보는 대신, 사회적으로 지속가능하거나 가족과 공동체의 기능이 잘 돌아가는 것은 오히려 가난한 것이 된다는 역설을 헬레나는 지적한다.

결국 지금 만연하고 있는 세계화가 가장 심각한 세계적 문제의 근본 원인이다. 헬레나는 대안으로서 '지역으로 가는 것'이 우리가 할 수 있는 가장 효과 있는 유일한 방법이란 점을 강조한다. 지역화는 무엇보다 탈집중화의 과정이다. 헬레나는 지역화에 대해 '기업 자본주의에 대한 체계 있고 광범위한 대안'이라고 정의한다. 지역화를 위해 우선 경제 활동의 규모를 줄이는 것이 필요하다. 그렇다고 해서 국제 무역을 없애거나 일종의 절대 자립을 추구하자는 것은 아니다. 더 가까운 곳에서 소비자가 필요로 하는 것들을 생산해 불필요한 비용을 줄이는 지속가능한 경제를 창출하자는 것이다. 지역화라고 해서 모든 공동체들이 자립을 해야 한다는 것은 더더욱 아니다. 단순하게 생산자와 소비자 사이 거리를 되도록 짧게 하는 것이다. 지역화라고 해서 모두 농촌으로 돌아가자는 것도 아니다. 청년들이 일자리를 찾아 급속히 도시로 내몰리는 음모와 같은 거대한 압박을 찾아 멈춰야 한다는 것이다. 반경 50킬로미터 안에서 생산할 수 있는 기본 식량인 밀, 쌀 또는 우유 같은 것이 수천 킬로미터를 이동해 당신의 마을에서 판매된다면, 과연 바람직한 현상인가 묻고 있는 것이다. 헬레나는 지역화가 유일한 해법이라고 말한다.

로컬 비즈니스, 로컬 푸드, 로컬 에너지

"대규모가 아니어서 문제가 될 이유는 없다." 헬레나는 힘줘 말한다. 지역 규모의 산업을 도모하는 것만으로도, 세계화로는 얻을 수 없던 여러 수준의 이익을 얻게 될 것이다. 오히려 농촌 경제가 활발해져 도시화의 흐름을 막을 수 있다. 농부들은 국제시장보다는 지역과 지역 시장을 위해 성장할 수 있을 것이다. 그로 인해 지역 조건과 현지 취향에 맞게 품종을 선택할 수 있어 농업 다양성을 되찾을 수 있다. 생산 공정은 규모 면에서 훨씬 작아져 환경에 미치는 부담도 적어진다. 불필요한 수송은 최소화될 것이므로 온실가스와 오염원을 줄이기 위해 투입해야 할 생태적 비용 또한 줄어들 것이다.

누구나 필요로 하는 기본 작물들을 지역 안에서 집중 생산하는 로컬 푸드, 지역 먹거리 경제를 다시 살린다는 것은 생산된 먹거리의 이동 경로를 줄이는 효과로 연결된다. 로컬 푸드를 통해 건강한 먹거리가 보장되면 자연히 농부의 수입이 늘어나 지역 경제도 살아나게 된다. 지역 공동체들도 활기가 생길 것이고 토양의 생물다양성과 주변 환경의 건강성도 회복된다.

이는 에너지 생산과 소비 측면에서도 마찬가지다. 그동안 값싼 화석연료에 기댔던 에너지 이용방식을 더 이상 지속할 수는 없다. 지구온난화는 더 이상 가설이 아니기 때문이다. 만일 끝없는 경제 성장 일변도의 세계화가 아니라면, 지역화 경제에서는 재생에너지원만으로도 필요한 전기 수요를 충당할 수 있다. 헬레나는 또한 영화 〈행복의 경제학〉을 통해 이렇게 주장한다. "만일 현 체계에 내재된 터무니없는 낭비를 없애면, 에너지 소요량의 많은 부분을 지역 재생에너지원과 분산정원 체계에서 확보할 수 있을 것이다."

지역화, 글로벌하게

최근까지도 세계화의 흐름은 막을 수 없을 듯이 급속히 퍼지고 있다. 글로벌 소비자 단일문화가 더욱 확대되는 것은 시간 문제라고 표현됐다. 하지만 소비주의 경제가 공동체와 생태계에 애초 맞지 않다 보니 이에 동의하지 않는 단체의 저항도 커지고 있다. 기후변화 탓에 지구환경의 지속가능성이 불확실하다는 위기의식은, 지역화 시나리오를 통해 새로운 탈출구로 행렬이 이어지게 하고 있다. 좀 더 건강한 공동체들의 움직임과 작은 규모를 지향하는 단체들이 광범위한 저항을 일으키고 있는 것이다. 세계 곳곳 수백만 사람들이, 더 이상 무역과 투자를 위한 규제 완화가 있어서는 안 된다고 목소리를 높이고 있다. 정치와 기업의 유착 대신 경제 민주주의를 요구하고 있으며, 경제와 산업의 통제권을 지역과 국가 수준으로 되돌려놓고자 한다.

　헬레나 노르베리 호지는 여전히 자신의 지향과 신념을 전파하고자 지구를 종횡하며 여행한다. 영감을 얻고 대안을 배우려는 여러 나라의 정부 관료와 학자, 시민활동가 들을 만나기 위해 끊임없이 움직인다. 정기 또는 비정기 컨퍼런스나 강연을 위해서 4대륙을 오가며, 자신이 봐온 세계화의 폐해를 고발하는 한편, 대안을 제시하는 일에 열정을 다한다.

　우리나라에도 2009년에 방문한 뒤, 2015년부터 해마다 전주시와 '행복의 경제학 국제 컨퍼런스'를 공동 주최하고 있다. 또한 유기농업, 로컬 푸드, 커뮤니티 권리, 커뮤니티 에너지, 퍼머컬처, 글로벌 생태마을 네트워크, 전환운동과 전환마을 네트워크 같은 참여 단체들과도 정기 만남을 통해 지역화운동의 결속을 공고히 하고 있다. 자신의 세계관을 새롭게 바꿔준 역작 《오래된 미래》는 2016년에 세 번째 한국어 개정판으로 나왔다. 아직도 헬레나의 책을 읽어야 할 공동체와 사람들이 많다는 뜻이다.

코로나19 시대, 코로나19 이후의 시대

　코로나19의 대유행으로 인한 글로벌 위기를 두고 헬레나는 오늘날 오류를 잠깐 멈추고 과거를 돌아볼 수 있는 기회라고 말한다. 지금까지 지배했던 패러다임들, 세계화와 경제 성장이라는 브레이크 없는 기관차를 멈추고, 자연 환경과 생태계, 공동체와 인간의 삶을 돌아볼 수 있는 시간이라고 한다. 그동안 자신을 비롯한 풀뿌리 시민사회와 지역주의 운동가들이 제기해온 많은 문제점들에 대해 각 나라 정부나 기업들은 대안을 모색하기는커녕 귀조차 기울이지 않았다. 거대 기업들이 온실가스를 마구 배출하고, 식량의 이동거리를 갈수록 늘려오는 행태는 여전히 늘고만 있다. 비관적이기만 하던 이런 상황이 코로나 바이러스로 인해 잠시 멈춘 것은 인류에겐 필요한 휴지기라고 말한다. 코로나를 겪는 동안 많은 대중매체들에서 지역 경제, 지역주의에 대한 관심이 증폭된 것도 이러한 현상이 반영된 것이다. 지금은 세계화가 주도해온 기술-경제 의존 문명체계에 대해 다시 생각해야 하는 시점이다. 이런 반성과 성찰은 비단 경제 조직뿐만 아니라 문화와 사고영역에서도 확대돼 나타나고 있다. 지구생태계 파괴와 환경 위기로 인한 미래 삶에 대한 우려가 갈수록 심각해지는 현실 속에서, 성장 위주의 세계화 경제가 그 원인으로 지목되는 것은 매우 당연한 일이다. 여기에 여성 인권 문제, 인종차별에 대한 각성, 전통과 관습에 대한 존중처럼 기존의 불평등과 불균형에 대한 자각 의식이 높아지는 현상 또한 불가피하다고 표현한다.

헬레나는 자주 '큰 그림 행동주의(Big Picture Activism)'를 언급한다. 문제가 되는 것을 이론으로만 파헤치고 강조하는 것은 효과를 기대하기 어렵다. 개별 문제를 부각시키려고 애쓰는 것이 아니라, 그 배경과 주체들 사이 연관성, 상호작용 효과 같이 전체를 아우르는 그림을 보여주는 것이 먼저다. 개별 요소보다는 전체 구성요소들 사이 조화와 분배, 균형의 조건을 정의해놓고 나면, 나중에 문제가 생기더라도 훨씬 빨리 파악하고 해결책을 마련할 수 있다. 게다가 예상되는 저항과 부작용을 줄이면서 효과 있는 대안에 접근할 수 있게 된다. 이렇게 찾아낸 대안과 해법이 적용되고 있는 실제 사례들을 다양한 매체와 연결망을 통해 더 널리 알리고 보여줘야 한다. 바로 이것이 헬레나의 '큰 그림 행동주의'의 핵심이다. 곰곰이 생각해보면 큰 그림을 그리려면 현실을 꿰뚫어보는 눈이 있어야 한다. 이러한 통찰력은 학문과 이론만을 통해서는 길러질 수가 없다. 수십 년 동안 이어온 삶과 연계된 투쟁과 실천 속에서야 제대로 된 큰 그림이 그려질 수 있고, 헬레나이기에 또한 가능하다. 이를 실행으로 옮겨내는 것은 헬레나와 동시대를 살고 있는 바로 우리들의 몫임이 분명하다.

우리나라에서 코로나19 사태가 터지기 전인 2019년 9월 말, 나는 서울을 방문한 헬레나를 어느 컨퍼런스 행사장에서 만난 적이 있다. 포럼에서 토론하고 논리를 펼치는 헬레나의 말투에는 여전히 힘이 있고, 메시지 또한 일관되고 명확했다. 모든 행사가 끝나고 참석자들이 하나둘씩 흩어지는 가운데, 홀로 내 앞을 지나가는 헬레나의 표정이 자못 심각한 듯해서 무슨 일인지 물었다. 그녀는 주먹을 쥐어 보이며, "지역주의를 알리기 위해 더욱 많이 움직여야겠다는 생각을 하던 참이었다."고 했다. 결코 적지 않은 나이인 그녀에게서 세계주의라는 거대한 태산과도 같은 장벽을 맞서온 그간의 세월도 쉽지 않았을 터인데 힘들어하거나 피로한 기색을 전혀 찾아볼 수 없었다. 오히려 더욱 의욕이 넘치고 결의에 찬 표정을 지어 보였다. 그 표정에서 지역화로 가는 길이 멀지 않다고 느낀다. 내가 할 수 있는 일이 무엇일까 돌아보기도 했다. 이것이 바로 헬레나의 힘이다. 말없는 미소와 눈빛을 통해 건네받은 신뢰이자 희망이기도 하다.

"계속 규모를 확장하는 세계 경제의 속성은 우리 행동의 결과를 불

분명하게 한다. 실제로, 우리의 팔이 자꾸만 길어져서 우리 손이 하는 일을 더 이상 볼 수 없게 되는 것과 같다." (다큐멘터리 〈행복의 경제학〉)

"지역 수준에서 사람들 사이의 관계를 증진시키면 그 관계는 점점 깊어지고 결국 자연과의 관계도 더욱 밀접해진다. 이것이 행복의 경제학이다." 테드(TED) 강연(2011.06)

강신호
한때 첨단 산업분야에 열정적으로 몸담고 있던 전문가였지만 첨단기술 의존적인 삶이 결코 인류를 근본적으로 행복하게 하지 않는다는 사실을 깨닫고 스스로 첨단의 길을 내려왔다. 전공 지식을 살려서 에너지 전환과 자원순환 사례를 개발하고 있다. 또한 인문학적인 성찰이 빠진 과학기술을 지양하며 적정기술에 담긴 슈마허의 철학을 배우며 실천하고자 한다. 2017년에는 연구원들을 이끌고 라다크에 들어가 몸소 라다크인들의 전통 삶을 체험한 바도 있으며 그 뒤 로컬 퓨처스 회원이 됐다. 2019 서울적정기술한마당 행사를 주도하면서 로컬 퓨처스의 핵심 연구원을 초빙해 국내 지역공동체들을 소개한 바 있다. 《이러다 지구에 플라스틱만 남겠어》를 집필했고, 《적정기술 농기계 매뉴얼》과 《삶의 기술》 시리즈를 함께 썼으며, 기후위기 대응과 생태적 삶과 관련한 다양한 매체에 글들을 기고하고 있다.

헬레나 노르베리 호지의 책

《오래된 미래》
양희승 옮김, 중앙북스, 364쪽, 2015

빈약한 자원과 혹독한 기후 조건에서도
생태적 지혜를 발휘해 1천 년 넘게 평화롭고 건강한
공동체를 유지해왔던 라다크 마을은 서구식 개발
탓에 환경이 파괴되고 사회가 분열되기 시작했다.
헬레나는 사회적, 생태적 재앙에 직면한 우리 미래에
대한 분명한 희망은 '개발 이전 라다크의 삶의
방식'이라고 말한다. 서구 물질문명과 산업화는
인간에게 탐욕을 '창조'하는 출발점이었고,
현대화를 앞세워 지역 다양성과 독립성을
단일문화와 경제체제로 대체해버렸다.
라다크는 우리 자신들을 돌아볼 여유를 가지라고
말한다. 현실의 절망을 깨고 나아갈 가장 아름다운
희망은 과거 우리 삶의 방식 속에 이미 있다고
강조한다.

《행복의 경제학》
김영욱, 홍승아 옮김, 중앙북스, 320쪽, 2012

경쟁과 양극화를 넘어 더불어 사는 사회로
이끄는, 지속가능한 새로운 미래를 향한 경제학.
세계화가 어떻게 우리를 불행하게 만들고 문화를
파괴해왔는지, '세계화'를 둘러싼 불편한 진실들을
파헤친다. 에너지 자원의 부족, 생태발자국 증가,
빈부격차 심화, 삶의 질 하락, 주권 국가의 경제적
침해 같이 다양한 역사적 사건과 자료를 바탕으로
이야기한다. 이 책은 신자유주의 시각에 입각한
세계화 모델은 끝내 실패할 것이라고 예견한다.
국민이 누려야 할 최소한 삶의 질마저 외면하게
한 대규모 중앙 집중 체계와 세계화에서 탈출하는
것만이 해결책이라고 말한다. '느린 걸음으로
지역을 깊고 친밀하게 이해하고, 주민 스스로
계획하고 실천하는' 공동체와 연결망이 새로운
미래를 여는 길이라는 것이다.

《진보의 미래》
헬레나 노르베리 호지, 반다나 시바 지음, 홍수원 옮김, 두레,
343쪽, 2006

사상가와 환경운동가 21명이 라다크에 모여 지구가 처한
환경, 사회적 위기의 원인을 헤아리는 학술회의 글을
엮었다. 1960년대 등장한 '지구촌'이란 개념을 '세계화'로
대체하면서 자연환경과 생태는 물론 전통문화, 지역성,
인간성마저 잃게 됐다. 이 책은 선진국의 발전 논리와
개발에 철저하게 대항해야 한다고 말한다. 인류에게 꼭
필요한 관점은 다양성이며, 파멸로 치닫는 오늘의 문명이
풀어야 하는 대안은 단순 명확하다. 북반구든 남반구든
개발의 진행 방향을 틀어야 한다는 것이다.

《허울뿐인 세계화》
이민아 옮김, 따님, 214쪽, 2000

지식과 기술이 사회 공공성 대신 다국적 기업의 이윤을
위한 소유물이 되고, 개인과 사회가 종속되는 세계화를
고발한다. 자본이 몸집을 불리며 속도감 있게 굴리는
세계화 탓에 풀뿌리 공동체, 시민사회는 물론이고 자연도
견뎌내지 못하고 있다. 자본과 기업은 넘지 말아야 하는
선을 이미 크게 넘어섰고, 지금이라도 그 한계를 정해야
한다. 그 권리와 책임이 시민과 지역 공동체에 있다는
것을 분명하게 인식해야 한다고 지적한다. '커지는
것이 진화하는 것'이라는 믿음을 버리고 소규모 지역
자주 경제를 바탕으로 소비자협동조합과 의료생협,
지역신용금고 제도, 지역화폐, 지역생산공동체,
대안농업과 유기농공동체를 함께 만들고, 더 나아가
자본에 맞서 싸우는 정부 대표들을 선출하고,
주권국가들과 풀뿌리공동체들의 세계 연대를 제안한다.

《모든 것은 땅으로부터》
정영목 옮김, 시공사, 256쪽, 2003

라다크 프로젝트를 이끈 세 운동가가 땅의 부활과
환경운동의 새로운 비전을 제시한다. '모든 것은
땅으로부터 나온다'는 오래된 진리를 확인하며, 독극물이

농축되는 산업농업, 공장화된 사육장을 비롯한 먹을거리의 기본을 되짚어본다. 지금 우리가 생산하는 방식은 땅과 인간 모두를 파괴한 성장 일변도 20세기 문명관은 21세기에 전혀 유효하지 않으며, 지난 세기 '발전과 진보' 이념의 결과가 만들어낸 병든 공동체와 망가진 땅 위에서 자연, 환경, 인간이 함께 생존할 수 있는 새로운 길을 모색한다.

《로컬의 미래》
최요한 옮김, 남해의봄날, 181쪽, 2018
라다크 방문 이래 40년 동안 세계주의에 맞서온 저자의 지혜와 경험담을 풀어 놓은 책. 여전히 세계주의의 그늘 아래에서 지역주의에 반신반의하는 사람들에게 사례와 주제별로 문제점과 대안을 질문을 주고받듯 명쾌하게 제시하고 있다. 저자가 제시하는 희망찬 사례와 방법들을 읽다보면 저절로 새로운 미래가 열리는 듯한 감동을 얻게 된다. 단지 이론뿐이 아니라 실제 경험에서 나온 것이기 때문이다.

니콜라이 바빌로프

Nikolay Vavilov
1887 - 1943

바빌로프는 1887년 모스크바에서 태어나 1910년에 모스크바 농업대학을 졸업했다. 20세기 초, 기근을 막기 위해 115번 넘게 5대륙 탐사에 나섰다. 1926~1927년에 지중해 연안과 아프리카 아비시니아 고원 지역, 1929년에 중국, 한국과 일본, 1930년에 미국, 멕시코, 과테말라, 온두라스, 1932 1933년에는 캐나다, 미국, 쿠바, 멕시코, 에콰도르, 페루, 볼리비아, 칠레, 브라질, 아르헨티나, 우루과이를 방문했다. 현지 농부들과 소통하기 위해 영어, 프랑스어, 독일어, 라틴어는 물론 에티오피아 암하라어와 페르시아어까지 무려 15개 언어를 습득했다. 세계 곳곳에서 만난 나무, 풀, 씨앗에서 인류의 희망을 발견했다. 하지만 1930년 대기근 때 스탈린은 바빌로프를 정치 희생양으로 삼았다. 그는 사형을 선고받고 수용소에 갇혀 영양 결핍으로 1943년 생을 마감했다.

종다양성을 지킨
20세기 최고의
식량학자

글. 안철환

굶주리며 씨앗을 지키다

'농부아사 침궐종자(農夫餓死 枕厥種子)'라는 말이 있다. 농부는 굶어 죽을지언정 종자는 먹지 않고 머리에 베고 죽는다는 뜻이다. 참으로 성인의 경지다. 이런 일이 바빌로프가 만든 종자연구소에서 실제 있었다.

2차 세계대전 때 나치 독일이 소련 상트페테르부르크(구 레닌그라드)를 침공해 3년 가까이 봉쇄한 적이 있었다. 도시에 직접 쳐들어가 시가전을 벌이면 독일군도 적지 않게 피해를 볼 수 있기 때문에 외부에서 모든 입구와 출구를 차단해 물자 공급을 봉쇄하고서 아예 지도에서 상트페테르부르크라는 도시를 없애려는 작전이었다. 식량과 에너지, 의약품 같은 모든 물자 공급이 차단되자 도시는 참혹한 위기에 빠졌다. 먹을 것이 떨어지자 인육을 먹는 일도 벌어졌다는 말이 돌 정도였고, 벽 도배지의 말라버린 풀을 뜯어내 스프를 끓여 먹거나 구두와 허리띠를 삶아 먹기도 했다.

독일군이 쳐들어온다고 하자 소련 스탈린 정부는 상트페테르부르크의 에르미타주 박물관에 소장된 고가 미술품들이 도난당할 것을 우려해 안전한 장소로 옮겨 감춰두기에 바빴다. 에르미타주 박물관은 영국 대영 박물관과 프랑스 루브르 박물관과 함께 세계 3대 박물관으로 꼽히고, 유럽 미술 작품들을 가장 많이 소장하고 있는 것으로 유명하다. 하지만 정작 히틀러는 미술품보다 상트페테르부르크에 있는 바빌로프의 식품산업연구소, 곧 종자연구소에 보관돼 있던 세계 곳곳의 종자들을 손에 넣는 데 더 관심이 있었다고 한다. 스탈린 정부가 전혀 관심이 없다 보니 종자연구소에 보관된 종자들은 연구소 직원 스스로가 목숨 걸고 지켜야 했다. 도시에 먹을 것이 동이 났으니 아사 직전 시민들에게 종자연구소에 보관된 종자들은 당연히 목숨을 연명할 식량이었다. 그러나 연구소 직원들은 그 종자들을 안전한 장소에 옮겨 보관해놓고 굶주린 시민들과 마찬가지로 종자들을 먹지 않고 굶어 죽어갔다.

목숨을 걸고 '침궐종자' 정신으로 지켜낸 바빌로프 종자연구소의 종자들은 지금 러시아를 식량대국으로 만든 원천이 됐다.

종다양성과 바빌로프

나는 우리나라 토종씨앗보전운동의 선구자이신 안완식 박사 서재에서 처음 바빌로프를 알게 됐다. 책과 씨앗 자료들로 가득한 서가 맨 위에 낡은 흑백 사진 두 개가 걸려 있었다. 하나는 다수확 밀 종자를 육종해서 세계 식량 증산에 기여해 노벨평화상을 받은 노먼 볼로그라는 식량학자였고 다른 하나가 바로 바빌로프 사진이었다. 노먼 볼로그는 유학 시절 직접 사사한 스승이고 바빌로프는 마음속에 스승으로 모셔 사숙한 분이었다.

    바빌로프는 레닌 시대 소련 정부로부터 지원을 받아 세계 곳곳을 누비며 종자를 수집한 종자학자이자 식량학자다. 우리나라에도 다녀간 것으로 알려진 바빌로프는 요즘같이 편리한 교통수단이 없던 시절에 안 간 곳이 없을 정도로 세계를 돌며 종자 수십만 종을 수집했다. 우리나라 토종운동을 이끌던 안완식 박사의 종자 수집 방법은 바빌로프 종자 수집 방법에 근거한 것이다. 요즘 식으로 말하면 전수조사 같은 것이다. 단순하면서도 종자의 분포와 흐름을 꼼꼼할 정도로 완벽하게 파악할 수 있는 방법이다. 박사님과 함께 종자 수집을 몇 번 다녀보니 문리가 약간 트이는 것 같은 느낌이 들었다. 충북 괴산의 농촌 구석구석을 돌며 강낭콩만 20여 가지 넘게 모은 적이 있었다. 낱개로 볼 때는 그 차이가 잘 드러나지 않았지만 모두 모아놓고 비교해보니 차이가 한눈에 들어왔다. 샘플 몇 개 선별하는 식으로 몇 군데만 도는 것으로는 발견할 수 없는 성과였다. 또 한 번은 산골 구석을 돌며 어느 계곡을 돌아 나오는데 낭떠러지 길가 쪽에서 희한한 풀이 눈에 들어왔다. 생긴 것은 조 같은데 조라기에는 작고, 강아지풀 같은데 그보다는 컸다. 박사님은 조가 야생인 강아지풀로 돌아가는 중이라 하신다. 참으로 재밌는 발견이었다. 야생과 재배식물을 연결하는 일종의 중간종이라 하겠다. 이른바 바빌로프의 '재배식물 기원의 다양성중심지' 이론을 확인할 수 있었던 현장이었다. 농작물의 기원지를 야생종과 중간종, 재배종의 다양성에서 찾는 이론이다. 우리나라가 조의 원산지는 아니어도 주변에서 흔하게 볼 수 있는 강아지풀뿐 아니라 강아지풀로 돌아가는 중간종도 존재할 만큼 다양성이 풍부하다는 것을 눈으로 볼 수 있었던 경험이었다.

　이런 바빌로프 다양성중심지 이론은 기존 4대강 유역 문명 기원설을 뒤집는 새로운 이론이기도 했다. 문명의 기원은 농경에서 시작된 것인데 그 농경이 4대강 같은 들녘이 아니라 계곡이 있는 산악 지역에서 시작됐다는 얘기다. 말하자면 농경의 기원, 곧 작물의 기원은 다양성이 풍부한 곳에서 발원한 것으로 본다. 들녘보다는 산악 지역이 더 다양성이 풍부하기 때문이다. 들녘은 다양성보다는 주로 단작이 이뤄진 곳이라 할 수 있다. 산악지역은 계곡과 언덕, 고원, 저지대와 고지대 같이 다양한 공간으로 이뤄진 자연환경이고, 그에 따라 야생종, 재배종, 중간종 들이 다양하게 존재했을 것이다. 반면 강 주변 들녘에선 넓은 대지의 조건에서 단작이 수월하게 진행되었을 것이다.

　따라서 농작물은 다양성이 풍부한 산악지역에서 기원했다고 보는 것이 자연스럽다. 문명이 들녘에서 기원했다는 것은 사실 종자에 초점이 있는 것이 아니다. 들녘에서 기원한 문명은 농작물이 아니라 국가라고 보는 게 오히려 맞을 것이다. 국가는 정신노동자와 육체노동자를 분리해내는 일을 한다. 정신노동이 있어야 종교와 관료체제를 만들 수 있고, 농사 같은 육체노동을 하지 않는 사람들이 있어야 직업군인을 조직할 수 있고, 농사 말고도 부역노동할 사람이 있어야 피라미드 같은 문명을 일굴 수가 있기 때문이다. 이를 통해 곧바로 국가의 기원으로 등치시킬 수는 없다는 것을 알 수 있다. 작물의 기원은 바빌로프 말처럼 다양성이 풍부한 산악지역이었을 것이다. 하지만 산악지역은 공간 특성 탓에 단작 농사를 짓기에는 분명 한계가 있다. 잉여 식량을 축적할 수 없는 공간이다. 잉여식량은 정신노동, 부역노동을 조직하는 데 반드시 필요하기 때문에 산악지역은 작물의 기원일 수는 있어도 국가의 기원일 수는 없었을 것이다.

문명을 국가와 등치하면 4대강 유역 기원설은 한 치도 틀림없는 정확한 이론이 된다. 하지만 농경이 문명의 시작이라고 본다면 산악에서 기원했다고 봐야 한다. 단작에 의존한 강과 들녘 문명은 위기에 약할 수밖에 없다. 지금도 가난한 남미 페루의 감자 기원지에서는 여전히 농가마다 감자를 20~30가지 심어 먹고 있다고 한다. 왜 힘들게 여러 가지를 재배하냐 하겠지만, 그래야 재해로 위기가 닥쳐도 감자 종자를 이어갈 수 있는 것이다. 단작만 했다가 큰 위기에 내몰린 대표 사례가 아일랜드 감자 대역병 사건이다. 애초 감자는 역병에 약한 작물이다. 한 종류만 심었다가 역병이 창궐해 감자가 다 죽어버렸다. 당시 아사자가 100만여 명에 이르렀다. 많은 사람이 먹을 것을 찾아 미국으로 탈출하는 일이 벌어졌다.

획득형질인가 유전학인가-리센코와 바빌로프

바빌로프를 키워준 것도 소련이었지만 바빌로프를 죽인 것도 소련이다. 키워준 이는 레닌이었고 죽인 사람은 스탈린이었는데, 말년 바빌로프의 불운에는 리센코라는 사람이 있었다. 스탈린 시대 소련은 식량 문제가 심각했다. 당장 식량 자급에 기여할 종자를 개발하는 일이 종자학자들에게 큰 압박으로 다가왔다. 그런 상황에서 국가 예산으로 세계 곳곳을 돌며 종자나 수집하고 다니는 바빌로프는 한량한 부르주아 학자로 몰리기 시작했다. 바빌로프에게 죽음의 그림자를 더욱 가까이 드리운 사람이 리센코라는 이상한 종자학자였다.

리센코는 멘델의 유전학보다는 용불용설로 알려진 라마르크 입장에 근거해 후천 획득형질이 유전될 수 있다는 새로운 이론을 제창했다. 당장 다수확 식량 종자를 개발할 수 있다고 주장해 스탈린의 지지를 이끌어냈다. 짧은 기간에 다수확 종자를 개발한다는 주장에 비해 바빌로프의 종자 수집 활동은 예산 낭비로 보인 것이다. 하지만 유전학 입장에서 보면 '후천 획득형질'은 환경에 의한 개체변이(방황변이) 현상이며 유전될 수 없다고 밝혀졌다. 같은 유전자를 갖고 태어난 쌍둥이라도 환경에 의해 개체들의 형질은 얼마든지 달라질 수 있지만 개체들의 달라진 변이형질이 유전자를 다르게 만들 수는 없다. 따라서 획득형질이 유전된다는 것은 황당한 주장일 수밖에 없었다.

그런데 리센코 입장은 계급사회를 부정하는 사회주의 사상에 더 부합하는 것으로 평가됐다. 타고나지 않았다 해도 노력에 의해 노동자도 얼마든지 지배계급이 될 수 있고 그 또한 지속해서 유전될 수 있다고 해석된 것이다. 리센코의 주장이 더 설득력을 얻은 것이 바로 춘화처리를 한 가을밀의 봄 파종법 개발이었다. 밀은 어느 정도 겨울을 지나며 저온 상태에 일정기간 노출돼야 꽃을 피우고 이삭을 맺을 수가 있다. 이를 '춘화현상'이라 하고 사람 손으로 인공 저온 상태에 노출시키는 것을 춘화처리라 한다. 그런데 러시아 툰드라지대는 겨울이 너무 추워 가을에 파종했다간 다 얼어 죽고 만다. 봄에 파종할 수밖에 없는데 문제는 춘화처리를 안 한 밀은 몸체만 키우고 꽃과 이삭을 피우지 않는다는 것이다. 이 문제를 해결하기 위해 리센코가 봄에 밀을 파종하기 전에 종자를 적절한 저온 상태에 노출시켜 파종했는데 정상으로 꽃을 피우고 이삭을 맺어 수확을 할 수 있게 되었다. 여기까지는 좋았다. 문제는 춘화처리한 종자가 유전될 수 있다는 황당한 주장이었다. 말하자면 가을밀이 봄밀로 유전자가 바뀔 수 있다는 얘기다.

문제는 이런 입장이 정치권력을 얻으면서 시작됐다. 자기 주장과 다른 학자들을 적대시해 내쫓고 숙청하고 감옥에 가두고 심지어 누명까지 씌워 죽이기까지 했다. 바빌로프를 간첩으로까지 몰아 총살형 선고를 내렸다. 결국 평생 식량 문제 해결을 위해 종자 연구에 매진한 바빌로프는 안타깝게도 영양 결핍으로 감옥에서 죽고 말았다.

다시 종다양성

결국 리센코에 의존한 소련의 식량 정책은 실패하고 말았다. 소련의 몰락도 이와 무관하지 않았다. 그리고 오늘날 러시아가 밀 대국이 된 것은 바빌로프 계열의 유전학의 성과로 평가되고 있다. 사형 선고를 내린 법정에서 "법정은 나에게 유죄를 내렸지만 역사는 나에게 무죄를 내릴 것이다."라고 한 바빌로프의 말이 증명된 것이다.

리센코의 억지 종자이론은 어떻게 보면 히틀러의 '우성생식학'과 닮은 꼴이다. 좋은 종자는 좋은 종자끼리 맺어져야 우성 종자가 이어진다는 우성생식학 이론이나 획득형질, 개체변이가 유전될 수 있다는 이론이나 종다양성을 강조한 바빌로프의 유전학과 모두 배치되는 것이다. 더 무서운 공통점은 두 이론이 독재라는 정치권력과 결탁하면서 다양한 학문의 발전을 가로막았다는 사실이다. 학문과 주장은 얼마든지 다를 수 있다. 완벽한 학문과 이론이 어디 있겠는가? 그런데 나와 다르고 내 입장에서 보면 틀리다고 해서 배척하고 적대시하면 황당한 이론보다도 더 심각한 문제를 낳는다. 바빌로프 유전학에서 보면 리센코의 이론은 엉터리 이론이지만 바빌로프는 리센코 얘기에 귀 기울이고 그의 주장을 존중했다고 한다. 종다양성을 주장한 학자다운 품격이었다.

식량 문제 해결을 종자의 힘으로 해결한 재밌는 사례가 또 있다. 조선 말, 일제 강점기 초기에 북만주, 연해주로 피난 간 조선민족들의 벼농사 얘기다. 기근과 일제 수탈을 피해 올라갔지만 그곳은 너무 춥고 가물어 벼농사가 불가능한 지대였다. 밭은 대부분 만주족들이 차지하고 있으니 붙여먹을 한 뙈기 땅도 찾을 수가 없었다. 그런 그들의 눈에 들어온 것은 아무르 강가에 드넓게 펼쳐진 늪지대였다. 그 땅은 농사를 지을 수 없어서 주인도 없이 버려진 땅이었는데 조선족들에겐 그게 논으로 보인 것이다. 비가 귀한 가문 지역에 늪은 천혜의 논이었다. 우리 식으로 하면 수렁논이 바로 저걸 두고 말한 것이었을 테다. 문제는 추위였다. 일찍 서리가 내려 벼의 생육기간을 충족해주지 못한 것인데, 그들에겐 '올벼'라는 씨앗이 있었다. 올벼는 생육기간 120일이면 수확해 먹을 수 있어서 초봄 늦서리 뒤 120일 만에 가을 첫서리가 내리는 그쪽 환경에 빼고 더할 것도 없이 알맞았다.

옛날엔 집집마다 올벼를 꼭 키워 먹었다. 그뿐만 아니라 어느 집이든 벼를 한 가지만 심지 않았다. 한번은 충남 당진에서 토종 벼를 재배하는 어르신을 찾아뵌 적이 있다. 왜 번거롭게 여러 가지를 심냐 여쭤보니 그래야 흉년을 피할 수 있다고 하신다. 말하자면 가뭄에 강한 것, 쓰러짐에 강한 것, 냉해에 강한 것, 병해충에 강한 종자를 함께 심으면 대박은 나지 않아도 쪽박은 차지 않는다는 것이다. 그런데 꼭 올벼는 빠뜨리지 않았다는데 그 이유는 추석 때 조상께 바치기 위해서란다.

북만주 추운 지역에서 겨우 딱 들어맞은 올벼가 그곳에서 풍성한 결실을 맺었다고 한다. 희한하게도 그곳엔 여름 해가 밤 11시에 진다. 여름 일조량이 차고 넘치는 상황이었다. 최소 밤 10시까지는 활발하게 광합성을 할 수 있는 조건이다. 특별한 기술로 환경 문제를 극복한 게 아니라 다양한 종자를 가지고 있다가 그 환경에 맞는 종자를 선별해 식량 문제를 해결한 것이다. 이렇게 북만주에서 벼농사를 활발하게 짓던 조선 사람들이 스탈린에 의해 강제로 중앙아시아 초원지대로 내쫓겨서는 거기에서 또 벼농사를 일으킨 것 또한 종자의 힘이었다.

　이른바 녹색 혁명으로 식량 문제를 해결한 현대 과학영농의 승리에는 유전학이 성취한 육종기술이 바탕에 있다. 말하자면 다수확 품종 개발을 말하는데 우리나라로 치면 통일벼 뒤로 무수히 개발되고 보급돼온 다수확 장려품종들이다. 그런데 이 장려품종들은 종다양성이란 입장에서는 문제가 있었다. 일단 가임성이 떨어져 채종이 안 되는 문제도 크지만, 단작으로 이어진다는 게 더 큰 문제다. 수확성이 떨어지는 다양한 재래품종들은 사라지고 오로지 다수확 장려종자만을 단작으로 심으니 위기가 왔을 때 종자가 사라질 위험이 있는 것이다.

　현대 과학영농이 유전학에 근거해 다수확품종 개발에 성공했지만, 다양성을 강조하는 유전학 입장에서 보면 걱정스러운 상황이다. 그렇다고 늘어나기만 하는 도시 인구, 줄어들기만 하는 농촌 인구를 고려해보면 식량 생산이 더욱 절실하니 다수확 장려품종을 거부할 수도 없는 노릇이다. 이런 상황에서 더 불안감을 키워주는 게 바로 '지엠오' 종자나 바이오 기술과 첨단과학기술이다. 더더욱 종자의 다양성은 불필요해지고 단작과 불임잡종 기술, 농민의 손보다는 기업의 첨단기술만이 대접을 받으니 또다시 위기가 축적되는 것 같아 불안감을 떨칠 수가 없다. 그런 기술은 더욱 종다양성을 불필요하게 하고 단작을 강요하기 때문이다.

더 역설인 것은 그런 기술을 리센코나 우성생식학처럼 독재 권력이 뒷받침하는 게 아니라 민주정부와 시장이 뒷받침하고 있어 힘이 더 강력하다는 점이다. 독재 권력처럼 저항세력이 형성되기 힘든 탓이다.

식량 문제 해결을 위해 유전학 교잡기술이 개입해 장려품종을 개발하는 것은 부득이한 면이 있었다. 이를테면 개발의 반대급부로 생긴 토종 종자의 멸종도 토종보존운동으로 막아보려는 노력으로 감당해보려 했다. 하지만 지엠오 종자나 에이아이(AI) 기술에 따르는 단작화는 어찌 감당하겠는가?

종다양성을 강조한 바빌로프의 말에 다시 귀 기울여야 한다. 아울러 '종자는 은행이 아니라 농지에서 실제로 재배돼야 유전자 다양성 의미가 살아 있다'는 것을 강조한 안완식 박사의 말이 소중한 시절이다.

"바빌로프의 세계는 사라져가고 있고 그가 알고 있던 유전자 다양성의 원천은 메말라가고 있다. 바빌로프가 수많은 원정에서 묘사한 바 있는 다양한 변이 양상들은 수십 년 이내에 더는 볼 수 없게 될 것이며, 재배식물들의 오랜 진화가 남긴 살아 있는 흔적들도 영원히 지워져버릴지 모른다." (잭 할런/식물탐험가, 육종학자) -《바빌로프》에서

"종자 다양성이야말로 파괴적인 여러 변화 앞에서 자신들의 공동체를 보호할 수단이라는 사실을 깨달은 세계의 농부들은 이제 '농민의 권리'를 주장하며 조상과 동료 농부, 자신들이 개발한 수많은 식량자원에 접근할 권리를 지키고자 한다. 식량민주주의와 농민의 권리라는 두 가지 이상이 균형을 이뤄야 세계의 다양한 민족이 식량안보를 충분히 누릴 수 있을 것이다. 바빌로프의 이야기는 우리에게 이러한 균형을 이루라고 당부한다." 《지상의 모든 음

식은 어디에서 오는가》에필로그)

"바빌로프연구소는 약 20만 개의 다양한 씨앗을 보유하고 있었다. 이 가운데 대부분이 먹을 수 있었지만, 그 누구도 단 한 알의 씨앗도 건드린 적이 없다. 바빌로프연구소를 지키던 연구원 아홉 명은 자기들에게 보관하라고 맡겨진 귀한 씨앗을 먹느니 차라리 굶어 죽는 편이 낫다고 생각했다." 《식물을 미치도록 사랑한 남자들》 1장 니콜라이 바빌로프 편)

안철환

온순환협동조합 이사장을 맡고 있다. 경기도 안산에서 바람들이농장을 일구면서 전통농업연구소를 이끌고 있다. 요즘은 우리 토종종자와 전통농업 살리기에 열중하고 있다. 펴낸 책은《24절기와 농부의 달력》,《시골똥 서울똥》,《내 손으로 가꾸는 유기농 텃밭》(공저),《호미 한자루 농법》이 있고,《생태도시 아바나의 탄생》을 우리말로 옮겼다.

니콜라이 바빌로프의 책

《지상의 모든 음식은 어디에서 오는가》
게리 폴 나브한 지음, 강경이 옮김, 아카이브, 311쪽, 2010

생태학자이자 민속식물학자인 게리 나브한이 20세기 초반 재배식물 기원지를 찾아 세계 곳곳을 누볐던 니콜라이 바빌로프의 여정을 따라가며 씨앗과 농업의 과거와 현재, 미래의 이야기를 들려준다. 바빌로프의 발자국을 따라가며 그의 발길이 닿았던 곳의 농업이 어떻게 변화했는지, 획일화된 근대화와 도시화, 농업의 산업화, 자유무역정책, 기후변화가 농업생물다양성을 어떻게 위협하고 있는지를 보여준다. 더불어 세계 곳곳의 농부, 학자와 이야기를 나누며 그들이 변화하는 농업환경에 어떻게 대처하고 있는지도 알려준다. 땅과 인간과 정치가 어떻게 서로 연결되었는지, 작물

다양성과 전통 농업지식이 인류의 풍요로운 미래를
위해 얼마나 소중한 유산인지를 깨닫게 해준다.

《바빌로프-20세기 최고의 식량학자》
피터 프링글 지음, 서순승 옮김, 휴머니스트, 535쪽, 2011

19세기 말 재정러시아 때 태어나 기아에 시달리는
러시아 인민들의 고통을 덜고자 세계를 돌아다니며
다양한 종자를 모으며 연구했던 전문과학자
니콜라이 바빌로프. 그의 삶 궤적을 따라가며 이념과
과학, 정치와 학자의 관계를 긴장감 있게 서술한다.
'굶주림으로 고통받는 세계 사람들을 구하려면
농업이 어떤 방향으로 나아가야 하는가?'라는
질문에 대한 답을 찾고자 세계 곳곳을 다녔다.
작물의 유전 다양성에 인류의 미래가 달려 있음을
인식한 최초의 과학자였다. 유전 다양성을 하나둘
잃어가고 기후변화로 몸살을 앓는 시대에 우리가
무엇을 고민하고 준비해야 하는지를 전해준다.

《식물을 미치도록 사랑한 남자들》
스테파노 만쿠소 지음, 김현주 옮김, 푸른지식, 248쪽, 2016

목숨을 바쳐 새로운 길을 개척한 식물학자 12명의
삶과 업적을 대중적인 언어로 풀어낸다. 괴테, 루소,
다 빈치 같이 이미 잘 알려진 인물들이 식물학에
어떻게 공헌했는지를 새롭게 조명할 뿐만 아니라,
니콜라이 바빌로프처럼 위대한 업적을 남긴
학자까지 폭넓게 다룬다. 식물의 감각과 진화, 유전
특성을 식물학 지식을 쉽게 풀어냈다. 농학자,
유전학자, 철학자, 예술가 같은 다양한 분야의
학자들이 총출동한다. 언뜻 연관성이 없어 보이는
이들의 공통점은 식물의 매력에 빠져 식물학의
발전에 크게 공헌했다는 것이다.

웬델 베리

Wendell Berry
1934 -

미국 켄터키주 헨리 카운티에서
대대로 농사짓던 가정에서 태어났다.
어려서부터 전통 방식의 농사를 배우며
자랐고, 대학에 진학하며 고향을
떠나 도시에서 10여 년 넘게 작가와
대학교수로 활동하다 1965년 서른두
살에 귀향해 겸업 농부가 되었다.
켄터키대학에서 문학 교수를 하며
농사를 짓다가 1977년 44세 나이에
교수직을 버리고 지금까지 거의
40여 년 동안 '작가로서 농사를 짓고,
농부로서 글을 쓰며' 살아왔다.

농본주의자,
소농의 옹호자

글. 장길섭

　　나는 충남 홍성에서 살고 있는 평범한 농부다. 시골에서 태어나 어린 시절을 보낸 뒤 대학에 진학하면서부터 약 10여 년 동안 도시 생활을 경험하고, 서른세 살 때 다시 농촌으로 돌아와 농사를 지으며 살아온 지 만 27년이 되었다. 농촌에서 나고 자랐지만 어린 시절에는 농촌, 농업, 농민이 우리 삶과 어떤 관련이 있는지 알 수 없었고, 고등교육이란 것을 받고 사회에 나갈 때까지도 농업, 농촌, 농민이 우리 삶과 어떤 관계가 있는지 한 번도 생각해본 적이 없었다. 30대 초반까지 그저 먹고살 길을 찾으며 사회라는 것을 조금씩 알아가려고 노력하고 있는 형편이었다.

　　1991년 〈녹색평론〉 창간호를 편집하면서 나는 처음으로 농업, 농촌, 농민 문제를 인식하게 되었다. 창간호에 실린 김종철 선생의 창간사 '생명의 문화를 위하여'와 시애틀 추장의 연설, 그리고 웬델 베리의 에세이 '나는 왜 컴퓨터를 안 살 것인가', '여성주의, 육체, 기계'는 내게 커다란 충격을 준 글들이었다. 녹색평론 창간호에 실린 글들은 내가 그때까지 경험해왔던 세계를 새롭게 볼 수 있도록 이끌어줬다. 이 글들이 계기가 돼 한 번도 꿈꿔보지 않았던 농사를 생각하게 되었고 마침내 1993년에 귀농했다.

초보 농부가 농촌에서 농사를 지으며 살아간다는 것은 보통 어려운 일이 아니었다. 그래서 뭔가 의지할 언덕이 필요했는데, 내게는 〈녹색평론〉과 웬델 베리의 글들이 농부로 살아갈 이유와 위로를 주는 든든한 언덕이었다. 웬델 베리의 사상은 내게 세계를 보는 하나의 뚜렷한 관점을 제공했고, 그의 삶은 내가 따라야 할 모범이었다. 웬델 베리는 거의 40년 동안 '작가로서 농사를 짓고, 농부로서 글을 쓰며' 살아왔다. 그가 쓴 소설과 시, 사회와 문화에 관한 에세이들은 자신이 뿌리박고 사는 장소와 농부로서의 삶의 경험에 깊이 뿌리내리고 있어 농사꾼으로 살아가는 나와 같은 사람에게는 깊은 공감과 유대감과 일치감을 느끼게 한다.

웬델 베리의 문명비판적인 글들은 대부분 농업 문제, 특히 소농을 옹호하는 관점에서 쓰였다. 농업이 급격히 농산업으로 바뀐 미국은 소농이 대규모로 몰락했다. 농민 3,200만 명이 이농, 탈농해 농업 인구가 전체 인구의 2퍼센트 아래로 줄어 1991년에 겨우 460만 명이 되었다. 이는 우리가 맞이한 세계가 '탈농의 세계'라는 것을 보여준다. "탈농(脫農)의 세계란 동시에 탈민주주의, 탈종교, 탈자연의 세계일 수밖에 없다. 다시 말해 그것은 탈인간의 세계 − 즉, 우리가 휴머니티라는 말로써 의미해온 가장 좋은 것에 정반대되는 세계인 것이다." (공동체의 보존과 지역경제, 〈녹색평론〉 제30호) 이것은 미국에 국한된 이야기가 아니다. 산업화된 세계에서는 어디서나 똑같다. 우리나라도 현재 농업 인구가 전체 인구의 5퍼센트, 약 280만 명이다. 농업, 농촌, 농민이 몰락하고 소멸하고 있는 것이다.

웬델 베리는 우리 시대 혼란과 위기의 진짜 원인은 지역에 뿌리박은 소농경제의 몰락, 다시 말해 산업경제-착취경제가 지구 전체에 번성한 탓이라고 한다. 그는 "우리 시대를 올바로 이해하고 이 시대의 곤경과 우리가 해야 할 일을 제대로 깨닫기 위해서는 역사를 바라보는 관점을 '착취'와 '양육'이라는 프레임으로 바꿔 우리 자신을 돌아볼 필요가 있다."고 제안한다.

"나는 전형적인 착취자로 노천광산업자를 떠올린다. 양육자의 모델로는 전통적인 또는 이상적인 농부의 모습을 그려본다. 착취자는 전문가, 즉 스페셜리스트인 데 비해 양육자는 그렇지 않다. 착취자의 기준은 효율성이고, 양육자의 기준은 돌봄이다. 착취자의 목표는 돈, 다시 말해 이윤인데, 양육자의 목표는 건강이다. 땅의 건강, 자신의 건강, 가족과 지역사회와 나라의 건강이 양육자의 목표다. 착취자가 한 뙈기 땅에 요구하는 것은 얼마나 많은 소출을 얼마나 빨리 얻어낼 수 있느냐 하는 것인 데 반해, 양육자는 훨씬 더 복잡하고 어려운 질문을 던진다. 한 뙈기 땅이 감당할 수 있는 용량은 어느 정도일까 하는 것이 양육자의 질문이다. 땅을 훼손시키지 않는 가운데 땅에서 얼마만큼을 얻을 수 있을까? 신뢰할 수 있는 범위 내에서 영속적으로 땅은 무엇을 생산해낼 수 있을까? 착취자는 되도록 적게 일하고 많은 돈을 벌고 싶어 한다. 거기에 비해 양육자는 일을 통해 품위를 유지할 수 있는 생계를 벌고 싶어 하는 것은 분명하지만, 동시에 되도록 좋은 노동을 하고 싶어 한다. (…) 착취자는 일반적으로 제도적 기관이나 조직의 이익에 복무한다. 그에 비해 양육자는 땅, 가정, 지역사회, 장소를 돌보는 일에 기여하고자 한다. 착취자는 숫자, 계량, '외형적 사실'의 관점에서 생각하고, 양육자는 성품, 조건, 특질, 본질의 관점에서 생각한다."

−《소농, 문명의 뿌리》

지구적 착취경제, 자본주의 산업경제는 농업과 농촌을 파괴하고 지금 우리가 보고 있는 세계를 만들었다. 오염과 고갈, 불평등의 심화, 기후위기, 전쟁, 지속 불가능한 세계가 오늘 우리가 살고 있는 사회 모습이다. 우리 사회를 지속가능한 세계로 되돌리려면 결국 '양육의 경제'인 집약적 노동, 지역 단위의 에너지와 식량의 자급, 돌봄, 오래된 공동체에 기초해 농업을 중시하는 순환적 소농경제사회로 전환해야 한다는 것이 웬델 베리의 한결같은 생각이다. 농업 문제를 중심에 두고 고민하지 않는 한 어떠한 사회운동, 환경운동도 우리가 직면한 위기를 극복할 수 없을 것이다. 생태위기, 환경위기, 경제위기, 문화의 위기는 다름 아닌 '농업의 위기'이기 때문이다.

우리나라 농업은 기후와 생태계의 특성상 벼농사를 중심으로 하면서 다양한 밭작물을 재배하는 소농이 가장 적합한데도 정부는 일관되게 대규모 자본을 투자해야 하는 규모화, 화학화, 기계화, 단작화, 시설화를 통해 경쟁력을 키우라고 농민들을 몰아세웠다. 그러면서 동시에 공산품 수출을 위해 농산물 시장을 개방한 결과 값싼 외국 농산물이 범람해 소농은 규모를 키우거나 탈농을 하거나 둘 가운데 하나를 선택하도록 강요당했다. 소농의 몰락은 농촌 공동체와 지역경제의 파괴를 불러왔고, 농민 계층의 대규모 이농은 도시를 비정상으로 비대하게 만들어 온갖 사회문제를 야기하고 있다. 농토는 농약과 제초제, 화학비료, 비닐 쓰레기로 오염됐다.

유전자변형, 방사능, 화학물질, 광우병 같은 문제로 오염된 외국 농수산물의 대량 수입은 소농의 소멸만 초래한 것이 아니라 전체 인구 95퍼센트에 이르는 비농민인 일반 국민의 건강을 위협하고 식량의 안정된 생산

기반을 돌이킬 수 없이 파괴해버렸다. 우리 농업도 미국 농업처럼 양육의 농업이 아니라 착취 농업이 되고 만 것이다.

우리 시대는 모든 인간을 '착취자'가 되도록 강제한다. 우리는 단순한 소비자로 살아간다 하더라도 자연스레 착취 경제에 연루돼 이 체제의 희생자이면서 동시에 이 세계를 파괴하는 착취자가 된다. 하지만 가장 야만스러운 착취자는 최고급 고등교육을 받은 소위 전문가들이다.

고등교육은 착취자―떠돌이 전문가 야만인들을 양산하는 제도로 굳어진 기구다. 웬델 베리는 이렇게 말한다. "대학은 대부분 상당한 액수의 공적 비용으로, 지역의 딸들과 아들들을 받아들여서 교육시킨 다음 고향으로 되돌아가게 해 자기네 공동체에 봉사하고 공동체를 강화하도록 하지 않고 오히려 가장 우수한 두뇌와 재능을 뿌리 뽑아서 그들을 고향에서 멀어지게 하고 이런 저런 방면의 전문가로 수탈적인 출세를 도모하도록 유도하고 있다. 그리하여 그들은 다시 사람들뿐만 아니라 바로 자기 자신들의 공동체와 고향에 대해서도 약탈자 위치에 서게 된 것이다."〈고등교육과 고향 지키기, 《녹색평론선집2》〉

우리나라에서는 4대강 개발사업이나 핵발전을 막무가내로 밀어붙이는 세력들인 정부관료, 정치인, 기업인, 대학교수들이 출세를 도모하고 특권을 유지하려는 떠돌이 전문가 야만인들의 전형인 것이다. 이들은 자유무역, 세계화를 광신하는 전도사들이기도 하다. 전문가들은 한 가지 일만을 하도록 훈련된 사람들이다. 복잡한 사회관계 속에서 자기 전문 분야를 벗어난 영역에서는 극도로 무지하고 무능한 사람이기 쉽다. 그런데 이들이 우리 운명을 좌지우지하고 있는 것이 현실이다. 이들은 우리 삶과 노동의 목표가 무엇이며, 또 무엇이 돼야 하는지 알지 못하고 알려고도 하지 않는다.

"옛날부터 인류는 자기 소명을 인식하고 그것을 성실하게 따르며 행복한 마음으로 일하는 삶을 모범이나 이상으로 여겼던 것 같다. 그것은 결혼하고 가정을 이루며 가족을 부양하는 삶, 이웃과 넉넉하게 어우러지는 삶, 자기 지역의 자연에서 얻은 것들을 먹고 마시며 즐기는 삶, 이웃과 이웃의 아이들이 자신의 역할을 대신하는 모습을 바라보며 늙어가지만 나이가 들어서도 여전히 쓸모 있는 존재로 남는 삶, 그리고 마침내 사랑하는 사람들에게 둘러싸여 좋은 또는 신성한 죽음을 맞이하는 삶을 말한다."-《지식의 역습》

이러한 좋은 삶, 좋은 죽음은 착취하는 세계 경제가 아니라 양육적 지역 경제, 공동체 경제, 소농 경제 속에서만 가능하다. "우리는 오랫동안 시골로부터 자원과 돈과 재능과 사람을 끌어갔던 - 그러고서는 흔히 오염과 빈곤과 황폐함만을 되돌려줬던 - 흡관(吸管)의 흐름을 역전시키는 것을 배우지 않으면 안 된다. 우리는 우리의 능력에 맞게 건강한 지역 경제의 발전을 재정적으로 지원할 새로운 길을 모색해야 한다. 우리는 젊은이들의 일과 재능과 이해관계를 그들의 고향이 필요로 한다는 것을 경제적으로 - 결국, 이것보다 효과 있는 제안은 없으므로 - 제시할 방법을 찾아야 한다."(공동체의 보존과 지역 경제, 〈녹색평론〉제30호)는 사실을 생각해야 한다.

내가 살고 있는 홍동면은 농가수가 대략 1,129가구로 인구가 약 4천여 명인 곳이다. 농가당 평균 경지 면적이 약 4천 평으로 대다수가 소농이다. 1961년 5.16 군사 쿠데타가 일어난 한국사회는 산업화, 근대화, 도시화에 박차를 가하기 시작했다. 하지만 이미 그 흐름을 거슬러 고향과 농업을 지킬 농민을 기르기 위해 이찬갑, 주옥로 선생은 1958년 풀무학교를 설립했다. 너도나도 농촌을 등지고 도시로 떠날 때 풀무학교 졸업생들은 학교에서 배운 대로 고향에 남아 협동조합을 만들고 유기농업운동을 시작했다. 반세기가 지난 오늘날 홍동에는 크고 작은, 다양한 형태의 협동체들이 있고 어린이집부터 전문대학과정, 도서관까지 있어 지역 안에서 교육을 자급할 수 있게 됐다.

유기농업을 광범위하게 실천하고 로컬푸드 매장, 목공소, 중간지원 조직인 마을 활력소, 교육 네트워크, 여성 농업인 센터, 교육 농장, 장애인 농장, 녹색당처럼 마을 사람들이 스스로 만든 단체와 농기계 수리센터, 카페, 이발소, 미장원, 식당, 철물점 같은 작은 가게들을 통해 소상인들이 생계를 꾸려간다. 다른 농촌 지역처럼 인구가 급속히 줄지 않고, 돈이 지역 안에서 돌고, 젊은 사람들이 많은 편이다. 동네가 살아 있고 일자리가 꾸준히 만들어진다는 점에서 지역경제가 어느 정도 살아 있는 셈이다. 작은 농촌 지역에서 소규모 유기농업을 뿌리에 둔 다양한 직업을 가진 사람들이 단순하고 소박하게 어울려 돕고 살 때 지속가능한 사회가 이뤄지지 않을까 생각한다. 무엇보다 중요한 것은, 젊은 청년들이 농촌에서 보람 있는 일을 할 수 있도록, 살아 있는 동네를 만드는 것이다.

지속불가능한 자본주의 근대문명에 대한 근본 대안은 소농 중심의 순환적인 지역 경제로 전환하는 것이다. "농본주의가 세상을 살린다."

웬델 베리는 아미쉬 농부들처럼 말을 이용해 쟁기질을 하며 농사짓고, 자녀들과 함께 이웃과 어울려 살며, 손자 손녀와 더불어 평생 고향에 머물러 살면서 기품 있게 늙어가고 있다. 이 참혹한 세계를 외면하지 않고 정면으로 응시하면서, 농본주의자로서, 사회비평가로서, 작가로서, 농부로서, 신앙인으로서, 쉬지 않고 열정적으로 발언하며, 한 장소에 뿌리박고 사는 커다란 느티나무처럼 많은 사람들에게 좋은 삶의 본보기를 보여주며 우리 곁에 있다. 우리는 웬델 베리처럼, 불안에 떨며 떠돌아다니는 삶을 그만두고, 이제는 정말 한 장소에 깊이 뿌리내리고 집(homeland)에 머물러 사는 법을 배워야 하지 않을까?

> 세상은 몇 마일의 여행으로 발견될 수 없다.
> 아무리 멀리까지 가더라도.
> 그러나 정신의 여행으로는,
> 고되고, 겸손하며, 즐거운
> 일 인치의 여정으로도,
> 우리 발은 땅바닥에 닿게 되고,
> 집에 있는 법을 배우게 된다.
> – 웬델 베리 '정신의 여행' 전문

장길섭
충남 홍성 농민이다. 녹색평론 초대 편집장을 지냈다.

웬델 베리의 책

《나에게 컴퓨터는 필요 없다》
정승진 옮김, 양문, 240쪽, 2002년

산업사회의 부작용을 고발하는 책. 컴퓨터 작동을 위해 필요한 전력은 자연 질서를 거스르는 방식으로만 얻는다. '컴퓨터'는 현대 문명을 대표하는 하나의 상징. 컴퓨터와 전력 사용을 거부하고 타자기로 글을 쓰는 웬델 베리는 거대 기술과 개발 위주 발전을 비판하고, '소규모 기술'과 다양성에 기반을 둔 '개별적 특수성'을 강조한다. 특히 실천을 강조하는 이 책에서 웬델 베리는 '앎의 문제'와 '책임감'을 연결 짓는다.

《생활의 조건》
정경옥 옮김, 산해, 244쪽, 2004년

1980년대 미국인과 미국 사회를 비판하는 내용을 담았다. 대학은 취업기관으로 전락하고 국가는 빚을 지면서까지 폭력을 위한 국방정책을 시행한다. 세계화는 극소수 사람들에게만 이익을 가져다 줄 뿐이다. 온갖 파괴와 혼란이 '개발'과 '발전'이라는 이름으로 진행됨을 지적하며 '자연을 대신할 만한 가치란 이 세상에 존재하지 않는다'는 사실을 일깨워준다. 오직 자연만이 경제, 사회, 생태적 이점을 가져다줄 수 있다.

《지식의 역습》
안진이 옮김, 청림출판, 248쪽, 2011년

인류의 지적 능력에 대한 믿음을 비판한다. 거대 권력과 결합해 심각한 파괴를 낳는 인간의 오만, 편협하고 불완전한 지식의 위험성을 경고한다. 농업 혁신을 연구하는 실험실 학자들은 실제로 농사를 짓는 사람이 아니고, 전문가들의 미래 예측은 번번이 빗나간다. 인간이 다른 인간과 세계에게 저지르는 폭력을 전하며 물질주의에 빠진 탐욕스런 '기업의 정신'에 대항해 지식의 한계와 효능을 제대로 알고 신중한 태도를 취하는 '무지의 길'을 제안한다.

《온 삶을 먹다》
이한중 옮김, 낮은산, 320쪽, 2011년

먹을거리, 농사, 땅을 주제로 한 수필과 소설을 엮은 책. 산업사회에서 잃어버린, '우리가 사는 장소와 세계를 보존 관계로 이어주며 생명을 지속시키는' 삶의 태도인 '살림'을 농업 속에서 성찰했다. 생명의 그물망을 유지하는 건실한 농업에 대한 생각과 베리가 만난 농부들, 먹는 즐거움에 대한 이야기를 전한다. 먹을거리와 그 원천이 누군가의 통제를 받으면 결코 자유로울 수 없음을, '책임 있게 먹어야 하는 이유는 자유롭게 살기 위해서'임을 강조한다.

《소농, 문명의 뿌리》
이승렬 옮김, 한티재, 464쪽, 2016년

오늘날 농업과 농업 정책에 대한 웬델 베리의 논평집. 땅을 제대로 돌보지 못하는 산업농은 가파른 토양 침식을 불러왔고 지나친 물 공급으로 수자원을 낭비했으며, 농약으로 인한 독성 물질 오염 문제를 만들었다. 스스로 소농이기도 한 웬델 베리는 기업화된 농산업에 밀려난 소농의 존재가 지나간 과거의 것이 아님을 이야기한다. 다른 피조물들을 존중하고 돌보는 것에 무감해진 지금 사회에서, 농적 가치를 실현할 역사 주체는 소농임을 전한다.

후쿠오카 마사노부

福岡正信
1913 - 2008

자연농법의 창시자이자 현대의 노자, 사막에 나무를 심는 사람, 농사꾼 성자로 알려져 있다. 1988년 인도 타고르국제대학 학장 라지브 간디 전 수상으로부터 최고 명예 학위를 받았고, 같은 해 아시아 노벨상이라 불리는 필리핀 막사이사이상을 수상했다. 펴낸 책은《짚 한 오라기의 혁명》, 《무Ⅰ-신의 혁명》,《무Ⅱ-무(無)의 철학》,《무Ⅲ-자연농법》,《자연으로 돌아가다》,《'자연'을 살다》가 있다.

궁지에 몰린 인류, 자연농법이 답이다

글. 최성현

현대의 노자

인도, 소련, 중국, 라다크와 같은 나라에서 오래 생활하며 안목이 넓어진, 20년 넘게 오체투지를 해오고 있는 것으로도 유명한 승려인 노구치 호죠의 《좌선 단식》이란 책을 읽었다. 그 책에는 놀랍게도 '농사꾼 성자'라는 소제목 아래 후쿠오카 마사노부 이야기가 나왔다.

"자연농법의 창시자로 알려진 후쿠오카 마사노부의 책 《짚 한 오라기의 혁명》은 세계 17개 나라 언어로 번역됐다. 그 당시 내가 머물던 인도에서도 번역됐는데, 그곳에서는 농학서가 아니라 철학서로 읽혔다. 후쿠오카는 당시 인도에서 라즈니쉬나 사이바바보다 더 유명한 성자로 알려져 있었다."

라즈니쉬! 그는 한국에서도 유명했다. 그의 책이 여러 권 우리말로 옮겨졌고, 많은 사람들이 그를 만나러 인도에 갔다. 한국만이 아니었다. 세계 젊은이들이 그에게 열광했다. 그랬던 라즈니쉬보다 더 유명했다니! 더구나 성자 대접을 받았다니!

"후쿠오카는 유엔과 미국의회에서 강연한 특별한 농부다. 인도에서는 국민영예상, 필리핀의 막사이사이상을 수상했다. 노벨상 최종 후보에 오르기도 했다. 미국이나 유럽 대학에서는 대단히 인기가 많아 서양인 가운데는 그를 아는 사람이 많다. 그러나 본인은 일개 농부로 살며 무(無)가 되는 것, 무에서 배우는 농법에 철저해 사람들은 그를 '현대의 노자'라 불렀다."

그랬다. 그는 농부이자 '무의 철학자'였다. 그는 자신의 철학을 '무의 철학'이라 했고, 자연농법 또한 '4무 농법'이라고도 한다.

현대농업, 자연의 길에서 벗어나다

후쿠오카는 1913년 일본 에히메 현의 한 시골 마을에서 태어났고, 그의 나이 아흔다섯이던 2008년 8월 16일에 세상을 떠났다. 그는 5년제인 기후고등농업학교 농학과를 마치고, 요코하마 세관 식물검사과에서 일했다. 그로부터 3년 뒤였다. 그의 나이 스물다섯이었던 1938년 5월 15일에 그의 인생을 바꾼 사건이 일어났다.

"그 체험이 내 인생을 바꿔버렸습니다. 그때 결론이 나와버린 것입니다. 그것이 뭔가 하면, 인간이란 무엇 하나 바로 알고 있는 게 없다, 인간이 만든 모든 물건에는 어느 하나 가치 있는 것이 없다, 인간이 이룬 모든 것은 다 무익하고 쓸데없다는 것이었습니다."

그는 그 다음 날 세관에 사표를 냈다. 그 뒤 여러 달 동안 이곳저곳을 여행했다. 그리고 고향으로 돌아왔다. 하지만 그곳에 오래 머물 수 없었다. 제2차 세계대전이 벌어졌기 때문이다. 그는 전쟁터에 나가는 대신 농업시험장으로 갔다. 몇 년 뒤 전쟁이 끝났고, 그의 나이 서른다섯 살 때 고향으로 돌아올 수 있었다. 그 뒤 그는 죽을 때까지 농부로 살았다.

후쿠오카에 따르면 오늘날 농업은 지혜의 길이다. 지혜는 지혜지만 동굴 속의 지혜다. 트랙터, 콤바인, 동력 살포기, 수확기 같은 대형 농기계에 수많은 종류의 농약과 화학비료, 비닐하우스나 농기계 창고 같은 농업 시설이 모두 지혜의 결과물이다. 거기서 끝이 아니다. 해마다 새로운 농기자재가 나오고, 농부들은 그것을 향해 뛰어다닌다. 하지만 후쿠오카가 보기에 그 길은 가면 갈수록 힘이 드는, 멸망의 구덩이로 빠져드는 길이었다. 그렇다고 농부가 더 한가해졌나 하면 그것도 아니었다. 옛날 농부들이 쉬던 겨울에도 오늘날 농부들은 쉬지 않는다. 그들은 신정과 구정에나 겨우 쉴 뿐이다.

자연 파괴 또한 무시할 수 없다. 농지에 뿌린 많은 양의 비료와 농약이 모든 하천과 강을 더럽히고 있다. 강만이 아니라 땅과 하늘도 더러워지고 있다. 지구에는 사막이 늘어가고, 기후 이변에 따른 자연재해도 해가 갈수록 더 많아지고 있는데, 이것도 자연으로부터 자꾸 멀어지는 현대 농업과 무관하지 않다. 대규모 단작 농업, 공장형 축산과 같은 현대 농업은 그 과정에서 많은 양의 탄소를 배출해 기후 위기를 불러오는 데 한몫을 해왔고, 생태계를 파괴하고 자연계 면역 장벽을 훼손하며 에볼라, 사스, 코로나19와 같은 전염병이 창궐할 수 있는 환경을 만드는 데도 일조해왔다. 그런데도 인류의 농업은 유전자를 조작하고, 태양도 비도 필요 없는 전자동 공장식 재배와 같은, 자연에서 자꾸 벗어나는 길로 끝없이 쉼 없이 나아가고 있다.

4무 농법, 자연농법

후쿠오카는 그 반대 길을 걸었다. 현대 농업이 '이것저것을 찾아다니는', 점점 더 많은 것이 있어야만 갈 수 있는 길이라면, 그의 길은 '모든 것을 버리는' 길이었다. 무경운, 무비료, 무농약, 무제초의 '4무 농법'이 그것이다.

농사는 지구 어디서나 땅을 갈며 시작한다. 경운이 기본이다. 지구 위 모든 인류가 그렇게 살고 있다. 하지만 후쿠오카는 갈아서는 안 된다고, 사람이 갈지 않아도 된다고 봤다. 갈지 않아도 대지는 절로 해마다 비옥해져간다고 봤다. 식물 뿌리를 비롯해 지렁이 같은 작은 동물과 미생물이 갈기 때문이다. 땅 갈이는 그들에게 맡기면 되고, 그것이 가장 좋다고 후쿠오카는 봤다. 그것을 그는 '생물에 의한 땅 갈이'라 했다.

그럼 농약은 어떤가? 본래 자연은 위대한 조화 속에 있다. 그 상태에서는 농약을 쓰지 않으면 안 될 정도로 심한 병이나 해로운 벌레는 안 생긴다. 사람이 자연을 파괴할 때 예를 들면 그릇된 경작법의 결과로 병과 해로운 벌레는 생긴다.

비료는 어떤가? 땅을 갈면 땅이 해마다 척박해진다. 물과 바람으로 많은 양의 비옥한 토양이 유실되기 때문이다. 그런 조건에서는 비료나 퇴비가 필요하다. 하지만 본래 자연은 그곳에 사는 동식물들 삶의 순환 속에서 나날이 땅이 비옥해진다. 김매기도 마찬가지다. 그는 풀을 없애야 할 존재가 아니라 꼭 필요한, 함께 살아야 할 존재로 보고 풀의 문제는 풀로 푼다는 이초제초 같은 길을 소개했다.

경운과 비료, 농약과 제초는 농사의 네 기둥이다. 후쿠오카는 그 네 기둥을 버린 채 아무것도 하지 않아도 되는, 그저 씨앗을 뿌리고 거둘 뿐인 농사의 길을 열었고, 그것을 '자연농법'이라 불렀다. 그 내용을 그는 《짚 한 오라기의 혁명》과 《자연농법》에 담았는데, 《자연농법》 후기에서 그는 이런 말을 하고 있다.

"나는 젊어서부터 말하자면 일체무용론자였다. 인간의 지혜를 부정하는 나의 무지와 무위의 철학을 나는 자연농법의 길에서 실천해보고 싶었다. 그것은 인간의 지혜는 무용하다는 자연농법과 온갖 지혜를 모아 놓은 과학농법을 비교해보고자 하는 일이 아니었다. 결론은 벌써 나와 있었기 때문이다.

무위의, 곧 아무것도 하지 않는 자연농법으로도 벼와 보리 재배가 충분히 가능하다고 나는 확신하고 있었다. 그러므로 나는 그저 씨를 뿌리기만 하면 됐던 것이다. 그래도 무위자연의 벼와 보리농사가 되면 그것을 보고 사람들이 인류의 지혜와 과학을 돌아보지 않겠나 하는 기대를 나는 홀로 하고 있었다.

하지만 세상 사람들은 과학과 전문지식에 너무나 굳어져 있어 그런 간단하고 명료한 답조차 이해하지 못하리라는 걸 나는 몰랐다. 놀랍게도 사람들은 여러 해 땅을 갈지 않고, 비료와 농약을 쓰지 않는 자연농법으로 훌륭하게 자란 벼와 보리를 보고도 그다지 놀라지 않았던 것이다."

부끄럽지 않은 밥상

그 말은 그렇기도 하고 그렇지 않기도 하다. 전체에 견주면 적은 수이기는 하지만 후쿠오카의 길에 동의한 사람도 적지 않다. '기적의 사과'로 유명한 기무라 아키노리 또한 후쿠오카 마사노부를 만나며 무농약 사과 농사에 뛰어들 수 있었다.

자연농법을 누구나 할 수 있는 방식으로 정착시킨 뒤 '아카메 자연농학교'라는 배움터를 만들어 30년 넘게 자연농법을 보급하면서 일본 전국에 50개소가 넘는 자립 자연농 농가를 일군 가와구치 요시카즈도 그렇다. 그는 비료와 농약으로 상한 몸을 치료하는 과정에서 후쿠오카 마사노부를 만났고, 그 덕분에 자연농의 길로 들어설 수 있었다.

대규모 벼농사의 길을 연 이와사와 노부오도 그렇다. 그는 후쿠오카의 무경운이 답이라는 데 동의했고, 그 위에서 새 길을 찾았다. 전업 농가도 자연농법으로 벼농사를 할 수 있도록 그는 무경운 이앙기를 개발했다. 김매기와 비료 문제는 담수, 곧 물 깊이 대기를 통해 해결했다. 겨울철에도 물을 대어놓으면 수많은 수생 동물들이, 특히 실지렁이가 많이 생긴다. 겨울을 나면 실지렁이 똥이 논바닥에 3~4센티미터씩 쌓인다. 그 분변토 덕에 비료 없이도 벼가 잘 자란다. 또 물을 깊이 대면 풀이 안 나거나 적게 난다. 바닥에 쌓인 분변토도 잡초 발생을 막는다.

그밖에도 여러 나라에서 많은 사람들이 후쿠오카가 연 길을 걷고 있다. 후쿠오카가 자연농법의 창시자이자 1세대라면 세 사람은 2세대다. 지금은 2세대를 비롯해 3세대들이 세계 곳곳에서 활동하고 있다.

사막에 씨를 뿌리는 사람

농업은 1만 2천 년 전에 시작됐다고 한다. 그 전에는 인류도 다른 동물들처럼 지구가 주는 것을 먹고 살았다. 절로 나고 자라는 나무와 풀의 열매와 잎을 따고 뜯어 먹었다. 동물 또한 기르지 않았다. 그때 지구는 인류에게 먹을 것을 주는 어머니였다. 그렇게 여겼다. 인류의 밥과 건강, 생명이 모두 지구 어머니에게서 왔기 때문이다. 그러므로 그 시절에는 당연히 인류와 지구는 둘이 아니었다. 모두 그렇게 알고 있었다.

농업이 시작되며 지구는 어머니에서 물질로 전락했다. 어머니야 어찌 되든 지구로부터 더 많은 생산, 더 많은 돈만을 바라는 데까지 현대 인류는 타락했다. 이런 상황을 당연하게 여기지 않는 사람을, 무언가 잘못됐다고 회의하는 사람을 오히려 이해할 수 없다고 보는 이상한 세상이 됐다. 그러는 동안 지구에는 사막이 점점 더 늘어나고 있다. 지구는 오래전부터 신음하고 있다.

후쿠오카는 생의 마지막을 미국, 인도, 이탈리아, 그리스, 소말리아 같은 나라를 다니며 '사막에 씨를 뿌리는 사람'으로 살았다. 사막! 누가 만들었나? 사람이, 인류의 문명이 만들었다. 문명은 사람의 지혜에서 왔다. 후쿠오카는 이렇게 말하고 있다.

"대체로 과학자는 하늘에서 비가 내리지 않기 때문에 사막이 생겼다고 생각하는 것 같다. 나의 결론을 철학적으로 말하자면 비는 아래에서 내린다. 비가 오지 않기 때문에 사막이 되고, 초목이 자라지 못하는 게 아니라 풀과 나무가 사라졌기 때문에 비가 내리지 않는다는 것이다. 사막은 인간이 만들었다. 인간이 모여 살며 나무를 베어 쓰러뜨려 건물을 짓고 사원을 지었기 때문이다. 농경지를 만들고, 착취하는 방식으로 농사를 지어왔기 때문이다."

자, 그럼 어떻게 해야 하나? 후쿠오카는 이렇게 말한다.

"무지, 무위의 자연으로 돌아가는 길밖에 없다. 땅을 갈지 않고, 비료와 농약을 일절 쓰지 않고, 풀도 뽑지 않고, 그런데도 경이롭게 열매를 맺은 이 한 포기의 벼가 가르쳐준 무의 철학으로, 자연농법으로."

최성현
강원도의 한 산골 마을에서 자연농법으로 자급자족 규모의 논밭 농사를 지으며 살고 있다. 자연농법의 철학과 실제를 배우는 '지구학교'를 열고 있다. 《짚 한 오라기의 혁명》, 《자연농법》, 《자연농 교실》, 《돈이 필요 없는 나라》, 《인문학을 좋아하는 사람들을 위한 반야심경》과 같은 책을 우리말로 옮겼고, 《산에서 살다》, 《좁쌀 한 알》, 《오래 봐야 보이는 것들》, 《힘들 때 펴보라던 편지》를 썼다.

후쿠오카 마사노부의 책

《짚 한 오라기의 혁명》
최성현 옮김, 녹색평론사, 270쪽, 2011년

인간의 자기 파괴 행태가 극한에 치닫고 있는 지금, 후쿠오카 마사노부는 자연이란 무엇인지, 자연의 일부인 인간이 스스로 무엇을 해야 하고 하지 말아야 하는지 헤아리지 못하면 파국을 맞게 될 것이라고 경고한다. 세상 모든 것이 무(無)로 돌아가야 한다고 말하는 마사노부는 노자나 소로의 사상과 맥을 같이하고 있다. 모든 것을 돈으로만 환산하는 자본주의에 맞서 아무것도 하지 않는 자연농법을 통해 인간들의 지혜와 욕망이 얼마나 무의미한지를 보여줬다. 자연을 온전히 신뢰하며 자연과 하나가 되는 삶이야말로 인간 완성으로 가는 유일한 길이라는 것을 일깨우고 있다.

량수밍

梁漱溟
1893 - 1988

북경에서 태어나 신식 소학교와
중학교를 졸업하고, 잠시
〈민국보(民國報)〉 기자 생활을 했다.
불교에 심취해 불경을 공부한 뒤
'구원결의론(究元決疑論)'(1916)을
〈동방잡지〉에 연재했다. 북경대학
교장 채원배의 관심을 끌어 26세에
북경대학에서 인도철학을 강의하며
유학을 재해석했다. 32세에는
교육과 향촌건설운동에 투신했다.
정치 영역에서는 제3세력을 형성해
국민당과 공산당의 화해를 도모했다.
1949년 중화인민공화국이 수립된
뒤부터는 중국공산당 노선에 반대해
심한 비판을 받았다. 그 뒤 학문과
정치 영역에서 숙청 상태에 놓였고,
문화혁명 때는 극심한 탄압을
받았으나 굴하지 않았다. 개혁개방
뒤 학문 영역에서 복권돼 활동했다.
《동서 문화와 철학》,《향촌건설이론》,
《중국문화요의》,《인심과 인생》을
펴냈다. 1989~1993년에 《양수명
전집》이 나왔다.

다양성의 뿌리에서 피어나는 동아시아 생태주의운동

글. 김재형

새로운 중국의 시작과 량수밍

《20세기 중국 지식의 탄생》이란 책이 있다. 이 책은 중국의 중요한 근대 지식인 열두 명에 대한 짧은 평전을 담고 있다. 두 사람씩 짝지어 라이벌 관계로 비교하는 저술 방식을 택했다. 중국 근대는 삼국지에 버금가는 격동의 시기였고, 수많은 지식인들이 자신의 생각을 앞다퉈 펼쳐나갔다. 캉유웨이(姜有爲)와 옌푸(嚴復), 량치차오(梁啓超)와 쑨원(孫文), 루쉰(魯迅)과 후스(胡適), 천두슈(陳獨秀)와 리다자오(李大釗), 저우언라이(周恩來)와 덩샤오핑(鄧小平). 중국 근대와 현대를 일군 별처럼 찬란한 사람들이다. 량수밍(梁漱溟)은 여기에 등장하는 열두 명 가운데 한 사람이다. 량수밍의 라이벌은 누구였을까? 놀랍게도 마오쩌둥(毛澤東)이다.

세계에서 마오쩌둥을 모르는 사람이 누가 있을까? 그런데, 마오쩌둥과 내전에서 대립한 장제스는 알지만 마오쩌둥과 사상에서 날카롭게 대립한 량수밍은 처음 들어본 사람이 많을 것이다. 그가 마오쩌둥과 사상적으로 대립한 지점은 '동아시아 가치'였다. 그 가운데 특히 '농촌이 도시를 위해 희생되고 있다'는 비판이었다.

마오쩌둥은 국공내전에 성공하고 사회주의 신중국을 개국한 뒤 당시 여러 정치 세력 지도자들을 모아 정치협상회의를 열었다. 마오는 이 자리에서 도시 개발을 위해 희생되고 있는 농촌을 대변한 량수밍의 비판을 받아들이지 않았다. 마오는 미국과 소련의 세계 지배로부터 중국을 지키고 싶어했고, 중국 사회의 빠른 성장을 위한 산업화가 필요하다고 생각했다. 마오가 당시 지식인을 동원해 《량수밍 비판》이란 책을 두 권이나 낼 정도로 그의 사상은 견제를 받았다. 수많은 지식인들이 고통을 겪었던 문화혁명 기간의 고통은 말할 것도 없다. 하지만 문화혁명이 끝난 뒤 가장 먼저 사상 복권이 된 사람은 량수밍이었다. 중국 지식사회에서 량수밍은 거대한 바람과도 같았다.

필자는 여러 해 동안 중국 생태주의를 공부하고 있다. 책을 읽는 것뿐만 아니라 중국 생태주의 현장을 하나하나 찾아가고 있다. 놀랍게도 어느 곳을 가든지 그들은 량수밍 제자들이고, 량수밍 사진을 걸어두고 량수밍 책을 읽고 있었다. 그가 중국 사회에 미친 영향을 보여주고 있다. 량수밍은 우리나라에는 아직 번역되지 않은 《향촌건설이론(鄕村建設理論)》이란 책을 펴냈다. 현재 한국에는 량수밍을 중국 최고의 지식인으로 끌어올린 대표 저작 《동서 문화와 철학》과 《중국 문화 요의》가 번역돼 있다.

량수밍이 살았던 시대는 중국 지식 사회에서 근대 의식의 세 번째 도전이 시작되던 때였다. 첫 번째는 1840년 아편 전쟁이다. 아편 전쟁의 충격은 중국뿐 아니라 동아시아 전체를 뒤흔들었다. 서양 기술과 동양의 정신이 부딪친 첫 사건인데 중국 사회는 이 전쟁을 겪으며 서양 기술에 대한 자각이 일어난다. 하지만 여전히 정신은 동양이 우위라고 생각했다. 서양의 기술만 받아들이면 위기를 극복할 수 있다고 생각했다.

두 번째 충격은 청일 전쟁이다. 중국은 질 수 없는 전쟁에서 졌다고 생각하고, 이때부터 기술을 넘어 정신 영역을 다시 점검하기 시작했다. 첫 시작은 제도를 바꾸는 일이었다. 일본이 받아들인 '입헌공화제'는 지식인들의 새로운 중심 화두가 된다. 이 화두를 정치 영역에서 성공시킨 사람이 쑨원이다. 그는 신해혁명을 통해 청나라를 무너뜨리고 '중화민국'을 건설한다. 하지만 오래지 않아 위안스카이에 의해 다시 청나라 체제로 돌아가려는 반동이 시작되고, 중국 사회는 군벌이 난립하는 혼란 속으로 빠지게 된다. 두 번째 도전은 문화였다. 기술과 제도를 넘어선 '서양 문화 자체'를 이해해야 한다는 운동이 시작된다. 천두슈가 이끄는 '신청년(新靑年)' 잡지운동은 중국 사회에 새 길을 비추는 횃불 같았다.

량수밍은 이 거대한 문화 논쟁 속에 뛰어들었다. 천두슈의 '적극적 문화 수용론'에 대응해 '문화 보수주의(cultural conservativism)'라는 입장을 취했다. 《동서 문화와 철학》은 이 논쟁의 성과다. 이 책은 그가 산동 지난(제남)과 베이징대학에서 했던 같은 제목의 강연을 기초로 묶었고 몇 번의 개정판을 거듭하며 정교해졌다.

량수밍의 문화다양성

동아시아 생태주의는 량수밍의 '문화 보수주의', 다시 말해 '모든 문화는 보편성과 함께 특수성이 있고, 이 특수성에 접목되지 않으면 융합되지 않는다'는 생각을 중요한 출발점 가운데 하나로 삼는다. 요즘 언어로 '문화다양성(文化多樣性)'이라고 읽을 수 있다. 서양 문화에 대한 강한 집착과 서양 이론을 하나라도 더 익히려던 시기에 동아시아 문화의 의미를 읽고 동아시아 문명의 나아갈 지점을 제안한 량수밍은 당시 동아시아인 가운데 두드러졌다.

량수밍은 문화 보수주의의 입장에서 유학을 재해석했고, 송나라 때 '성리학'이라는 이름으로 재해석된 유학이 아니라 그들을 뛰어넘어 공자의 삶 자체를 주목했다. 량수밍은 공자(孔子)의 과학적 사유법을 묵자(墨子)와 비교해 이해한다. 묵자는 허례허식을 배격하고 노동을 소중하게 생각했다. 실제 생활에 이익이 있는 일이 아니면 가능한 줄이며 소박하고 검소하게 살아온 그의 삶은 감정에 휩싸인 기쁨을 용납하지 않았다. 묵자는 음악조차도 필요 없다고 생각할 정도였다. 공자와 묵자는 춘추전국시대를 이끌어간 두 가지 거대한 사상적 흐름인데, 량수밍은 묵자의 생각이 서양의 물질 중심 사고와 흐름을 같이한다고 봤다.

"공자는 중국을 대표하고 묵자는 서양에 적합하다. 우리는 생활 속에서 항상 목적과 수단을 구분한다. 가령 추위와 더위를 피하고 남녀를 구분하는 것은 목적이고, 방을 만드는 것은 수단이다. 원래 우리 생활은 하나의 전체이며 어느 곳에서나 항상 의미 있는 것이다. 일단 나누면 방을 만드는 생활이 순전히 방에 거주하는 생활에 부속돼 그 자체는 의미 없는 것이 된다. … 공자는 보통 사람이 아니므로 견해가 이와 전혀 달랐고, 더욱이 사람들에게 그렇게 하지 말라고 가르쳤다. 묵자는 오히려 보통 사람과 같아서 그 견해가 이에서 벗어나지 않았고, 더욱이 근본을 변화시켜 그 방향으로 더 나아갔다."《동서 문화와 철학》 221쪽)

"묵자는 일마다 '무엇 때문에'라고 물어 모든 일에서 그 용도를 추구함으로써 이지(理智)의 이해타산이 극에 달했다. 쓸모없는 일이므로 장례를 간단하게 치러야 한다고 주장하고, 해로운 점이 있으므로 초상 기간을 줄여야 한다고 하고, 음악이 무엇인지 모르기 때문에 음악도 필요하지 않다고 주장했다. 이 철저한 이지(理智)는 직각(直覺)과 정취를 완전히 말살하려 한다. 사실 우리는 생활 곳곳에서 직각의 지배를 받으며 실제로 '무엇 때문에'라고 묻지 않는다. 한번 웃고 한번 우는데 모두 '무엇 때문에'가 있고 하나의 용도가 있단 말인가?"《동서 문화와 철학》, 222쪽)

중국의 지식 세계는 늘 공자가 중심이 됐지만, 실제 삶의 의미를 읽는 실학은 늘 한쪽에서 같이 흘러왔다. 공자는 묵자와는 다른 생각을 가진다. 공자 사상의 중요한 지점 가운데 하나는 '즐거움(樂)'이다. 공자는 인간이 어떤 조건에서 즐거움을 누리며 살 수 있는지를 생각한다. 좋은 관계가 필요하고, 음악과 문화가 중요하며, 희로애락의 감정이 지나치지 않게 소중하게 다루는 중용이 인간 삶의 본모습이라고 생각했다. 논어는 공부하고 친구를 만나고 자기 내면이 성장하는 기쁨을 노래하며 시작한다.

"공자는 줄곧 직각(直覺)에 맡기고 고무에 의존하지 않으면서도 쉼 없이 활동한다. 그 활동이 원래 외물에 끌리지 않았으므로 이해득실과 성패를 막론하고 한시도 게으르지 않다. 이른바 안 되는 줄 알면서도 노력하는 것이다.(知其不可而爲之者) 이지(理智)로 계산하는 사람은 안 되는 줄 알면 노력하지 않는다. 안 되는 줄 알면서도 노력하는 것은 직각이 그렇게 시키는 것이다. 이때 활동하지 못할까 염려하지 않고 오히려 감정에 이끌려 적절함을 잃을까 염려한다." 《동서 문화와 철학》, 231쪽)

량수밍은 중국의 문화에 깔린 기쁨과 즐거움을 나누는 삶이 인간 본연의 자세이고, 물질 중심의 서구 문화는 되레 중국의 문화로 발전해가게 된다고 생각했다. 이 지점이 량수밍의 위대함이다. 다들 서구를 배우려고 할 때 량수밍은 서구가 오히려 동아시아를 배우게 될 것이라고 말한 것이다. 량수밍의 예언은 오래되지 않아 현실이 됐다. 서구는 물질 중심 생각을 다루지 못해 여러 번 대규모 전쟁을 일으켰고, 반복해 공황에 빠지고 있다. 1970년대부터는 길을 찾지 못한 서구 지식인들이 대거 동아시아에 귀의하기 시작했다.

향촌에서 길을 찾다

량수밍은 23살에 베이징대학 철학 교수가 된다. 차이위안페이(蔡元培)라는 중국 근대교육운동의 아버지라고 할 수 있는 뛰어난 지식인이 당시 중국 최고의 지식인들을 나이 불문하고 베이징대학에 불러 모았기 때문이다. 량수밍 학력이 중학 졸업인 걸 생각하면 당시 중국 지식 사회가 새로워지기 위해 얼마나 과감한 결단을 했는지 알 수 있다. 하지만 그는 7년 동안 대학 교수 생활을 마치고 그가 생각한 유교 이상 사회의 꿈, 삶의 기쁨과 즐거움을 나누는 사회를 직접 실천하기 위해 산동성 한 시골마을로 떠난다. 그는 대학에서 공부를 통해 인격을 성장시킬 수 없다는 것을 알았다. 맑은 정신을 가지고 학생들을 가르쳐야 할 자신이 오히려 명예욕이 커지는 모순을 겪기도 했다.

그는 산동성에서 학교를 설립하고, '향촌건설연구원'을 만들어 실천에 바탕을 둔 이론을 정립해나갔다. 이 경험을 《향촌건설이론》이란 책으로 펴냈다.

결과만 보면 그의 이상주의는 실패했지만, 오히려 농민들과 함께 했던 노력 때문에 정치적 영향력은 더 커졌다. 마오쩌둥과 대립할 수 있었던 건 그가 당시 중국 농민을 대변할 수 있는 정치력을 가지고 있었기 때문이다. 중국 인민들은 누구도 대항할 수 없었던 마오쩌둥 앞에서 중국 농민의 이익을 보호하기 위해 맞선 량수밍을 존경했고, 그의 문화 철학과 향촌건설이론을 귀담아 들었다.

지금 중국에서는 새로운 시민운동과 생태운동이 곳곳에서 일어나고 있다. 한국의 1980년대 민주화 이후 사회 전체가 각성하던 때와 비슷한 분위기다. 이런 새로운 운동 가운데 가장 앞서나가는 힘은 '신향촌건설운동'이다. 한국의 귀농운동과 농민운동이 결합된 흐름과 비슷하다.

이 운동을 이끄는 원톄쥔(溫鐵軍) 선생을 우리나라에 초대해 여러 생태운동 현장을 같이 돌아보는 강의 여행을 했다. 원톄쥔 선생의 공식 직함은 충칭 서남대 량수밍향촌건설센터 대표다. 선생의 책 《백년의 급진》은 중국을 이해하려는 사람들에게는 교과서 같은 책이다. 《백년의 급진》은 량수밍의 철학을 농업 경제의 관점에서 읽었다고 봐도 크게 틀리지 않는다.

"삼농(三農, 농업·농촌·농민)에서 답을 찾자. 중대한 전환이나 변화가 발생할 때마다 우리는 서양에서 해답을 찾고 도시에서 해답을 구했는데 이는 모두 문제를 해결하는 방법이 아니었다. 초야에서 해답을 찾고 농촌에서 해답을 구하는 것이야말로 어쩌면 국가가 전기를 마련하는 중요한 기반일 수 있다. 서양이든 동양이든 이데올로기가 어떻게 대립되든 어떤 체제를 유지하든 '결국 올라가기만 할 뿐 내려오지는 못하는' 곤경에 직면하게 된다는 것이다. 즉 이미 '오르막길로만 움직인' 경제구조를 바꾸기는 매우 어렵다. 그 어떤 영역에서 수익도 그에 상응하는 등가의 비용을 수반하지 않는 경우는 없다. 오바마-김정일 딜레마는 결코 이데올로기로 인한 문제가 아니고, 또한 정치 체제로 인한 문제도 아니다. 그것은 현대화를 추구하는 어떤 경제체라도 막대한 현대화 비용을 외부나 또는 아래로 전가할 수밖에 없기 때문에 발생하는 것이다." 《백년의 급진》, 170-171쪽)

중국 생태주의운동은 이제 세계 생태주의운동에 미치는 영향이 점점 더 커지고 있다. 중국에서는 연일 세계적인 생태주의 이론가와 실천가들의 강연과 워크숍이 넘쳐난다. 무엇보다 중국 공산당의 국가 목표에는 '생태사회'라는 개념이 들어 있다. 농촌 마을마다 '생태촌 건설'이라는 토론을 하고 있다. 이 토론을 이끌어가는 핵심 주제를 제공한 사람이 바로 량수밍이다.

량수밍을 설명하는 여러 가지 수식어가 있다. '현대 신유학의 개척자', '황제 마오쩌둥의 스승', '최후의 유자(儒者)'. 나는 '최후의 유자'라는 수식어가 좋다. 그는 유학 지식인의 정수를 보여준다. 늘 공부하는 사람이었지만 같은 시대를 살았던 천두슈, 후스, 량치차오 같은 천재들과 비교하면 그렇게 뛰어난 논리를 가지고 있지 못했고, 정치적 영향력을 행사하지도 못했다. 그의 경쟁자들이 쓴 책과 평전이 한국에 번역돼 읽히는 걸 생각하면 그는 이름조차도 알려지지 않았다. 그러나 이렇게 자기를 알리려고 하지 않았던 마음, 순리를 따르고자 했던 마음이 동아시아 생태주의 정신의 내용인지도 모른다. 그는 삶과 공부가 분리되지 않는 지행합일의 양명학자다.

량수밍은 대학에서 불교학 강의를 할 정도로 불교 이론에 밝았고, 중국 공산당의 사회주의 국가 건설 과정에 참여하며 논쟁을 이끌 수 있을 정도로 사회주의를 재해석할 수 있는 과학적 인식을 가졌다. 그런 종교와 철학, 역사와 사회 인식을 기반으로 유학을 재해석했고 그 삶을 실천하고자 했다. 코로나19가 지나간 뒤 기후변화 시대를 살아가기 위해 세계는 다양한 실험을 하게 된다. 대부분 가보지 않은 길을 가야 한다. 량수밍의 신유학 이론과 실천은 중국의 새로운 청년들에게 영감을 불러오는 데 성공했다. 중국은 량수밍을 중요한 자산으로 여기고 다음 시대를 살아갈 것이다.

한국과 중국과 일본의 생태주의운동이 서로 소통하고 배우고 가르치도록 돕는 일이 내 삶의 과제라고 생각한다. 량수밍은 우리가 함께 공부하고 받아들일 소중한 스승이다. 우리는 우리 안에 수천 년 된 생태주의의 소중한 가치가 살아 숨 쉬는 것을 모른다. 동아시아 사상에서 중요한 위치를 차지하는 《주역(周易)》도 깊게 공부할 필요가 있다. 량수밍은 그의 책에서 《주역》을 자유롭게 인용하며 논리를 전개한다. 나는 오랫동안 20세기 생태주의 철학을 공부하고 실천했다. 내 안에는 소로, 슈마허, 사티쉬 쿠마르, 스코트 니어링이 살아 숨 쉰다. 그런 나도 동아시아 지식인과 논리를 자유롭게 인용하기까지는 시간이 많이 걸렸다. 우린 동아시아인이지만 동아시아에 대해 아는 게 너무 적다. 량수밍은 서구가 동아시아를 배우게 될 거라고 생각했다. 우리는 서구인들이 배울 만한 동아시아 가치를 정말 내면에 가지고 있을까? 돌아보게 된다.

김재형

서른 살에 귀농해 농민으로, 대안교육 교사로, 죽곡농민열린도서관을 기획한 마을 운동 기획자로 살았다. 50살이 되던 때 '동아시아인문운동가'라는 삶의 방향을 정하고 동아시아 고전에 기반을 둔 인문운동을 한국, 중국, 일본을 여행하며 펼치고 있다. 한국의 거점인 전남 곡성에서 이화서원을 열어 공부모임을 하고 있고, 중국 상하이 총밍섬에서 여와자연학교를 기획했다. 항저우 삼생곡 생태공동체의 대안대학인 '삼생곡 생태서원'의 동아시아 철학 교수다. 삼생곡 생태마을은 중국에서 대표 생태 공동체로 성장해가고 있고 동아시아 소통의 거점이다.《시로 읽는 주역》을 썼고, 해월 최시형의 가르침을 동아시아인의 눈으로 읽은《동학의 천지마음》을 펴냈다. 한중일 세 언어로 된《아름다운 세 언어, 동아시아 도덕경》을 썼다.

량수밍의 책

중국문화요의《中國文化要義》
강중기 옮김, 산지니, 548쪽, 2020년

중국 근대사상가 총서를 기획하면서 첫 번째로 번역한 책이다. 량수밍이 '과거의 중국을 인식해 새로운 중국을 건설하자'라는 구호 아래 중국 문제를 해결하기 위해 저술했다. 그는 유럽인의 시각을 가진 마르크스의 역사 발전 5단계론을 거부하고 전통 중국 문화는 인류사의 보편적인 세계성과 함께, 독자적인 특수성(민족성)을 지니고 있다고 생각했다. 중국 사회에 계급은 존재하지 않았고 대신에 직업의 분화가 있었다는 관점이 대표적이다. 그는 과거의 중국에 대한 인식이 중국 공산당과 달라서 중국을 건설하는 방법도 달랐기 때문에 마오쩌둥과 대립할 수밖에 없었다.

《동서 문화와 철학》
강중기 옮김, 솔, 480쪽, 2005년

량수밍이 1921년 8월 산동 제남에서 했던 강연을
바탕으로, 1920년 북경대학 강연을 참고해 엮은 책이다.
동서문화에 대해 체계 있게 비교 연구를 했고, 전통
유학을 새롭게 해석했다. 량수밍은 동서문화의 차이를
두고 속도의 문제가 아닌 노선 자체가 뿌리부터 다르다고
말한다. 더 나아가 중국 전통에서 성장한 세대의
서양문화에 대한 인식과 대처방안을 보여준다.

《양수명의 동서 문화와 철학》
강중기, 서울대 철학사상연구소, 2006

량수밍은 중국문화가 서양문화와 달라 욕구보다는
자신의 생각을 바꿔 주어진 상황과 조화를 도모하는
길을 걸었다고 말한다. 때문에 물질생활 면은 발달하지
않았으나 '자연과 하나가 돼 즐겁게 노니는 태도'를
가졌다고 봤다. 량수밍은 기계가 근대 세계의 악마이며
근대 자본주의가 불황과 실업의 공포 때문에 노동자가
생존의 위협을 받는 불합리한 경제체제라는 점을
지적한다. 중국문화는 서양문화보다 진보한 문화이며
서양문화보다 우월하다고 말한다. 하지만 문화 발전은
이전 단계를 완전히 무로 돌리고 다음 단계로 나아가는
것이 아니라, 이전 단계의 성과를 끌어안고 문제를
해결하면서 앞으로 나아가는 변증법 과정이기 때문에
서양문화가 중국문화에 비해 성취가 많은 부분도 있고
해결해야 할 문제점도 있다고 봤다.

피에르
라비

Pierre Rabhi
1938 -

피에르 라비를 부르는 말은 다양하다. 생명 농업의 선구자, 농업과 생태학을 연결한 농부, 땅을 지키는 철학자, 미래의 씨앗을 뿌리는 농부, 모든 권위에서 벗어나 자유롭게 활동하는 환경운동가. 1939년 알제리 남부 케낫사 오아시스에서 대장장이 아들로 태어난 그는 프랑스인 부부에게 입양돼 현대 프랑스 교육을 받으며 자랐다. 청년 시절 파리 한 기업에서 노동자로 일하다가 현대 도시는 '땅을 벗어난 문명'임을 깨달았다. 흙에 기대어 스스로 자급자족하는 삶을 살기 위해 아내와 프랑스 남부 아르데슈 시골 마을에 정착한다. 시골 마을에까지 침투한 산업화 방식에 좌절하기도 했지만, 끊임없이 땅과 더불어 살아가는 농사법을 연구하고 적용하며 생태 농업을 이어왔다. 세계 곳곳에서 강연하고 글을 쓰면서 속도와 개발 중심 현대 문명에 제동을 걸고자 노력하고 있다.

자연의
벗으로 온 삶을
추구하는 농부

글. 전희식

한 사람에 대해 바르게 이해하기는 그리 간단치 않다. 친구에게서 들은 얘기가 떠오른다. "좋은 시집을 읽었으면 절대 그 시인을 만나지는 마라." 좋은 시를 쓰는 시인이라고 해서 꼭 좋은 사람은 아니라는 것이다. 그 사람의 작품이 바로 그 사람은 아니라는 뜻이고 이를 혼동하고서 시집 같은 시인을 만날 거라고 여긴다면 어김없이 실망할 것이라는 말이다.

선거철마다 우리는 귀찮은 민원인 신분에서 갑자기 하늘같은 주권자 신분이 되는데 이때 하는 얘기가 있다. 정승처럼 모시겠다는 후보자들의 말에 취하지 말고 정책과 정견을 보라고. 그러나 정책과 정견으로 어찌 그 사람을 판단하겠는가. 선거철에 후보자들이 하는 말이나 행동, 주장이나 약속은 믿을 게 못된다. 그보다는 어떻게 살아온 사람인가를 보는 게 좋을 것이다.

이처럼 한 사람을 이해하고 소개하는 것은 조심스럽다. 농부 철학자로 알려진 피에르 라비도 그렇다. 이 글은 피에르 라비의 책과 그에 대한 여러 소회들을 읽고 썼다. 그가 어떻게 살아왔고 어떤 삶을 살고 있는가를 중심에 두고 썼지만, 같은 걸 보고도 느낌과 새김은 사람마다 다 다르다. 이 점을 놓치지 않고 읽기 바란다. 내 눈과 내 머리, 내 경험이라는 거름종이를 거친 것이다.

황량한 사막을 가꾸는 정원사

'사막의 정원사'는 피에르 라비가 쓴 소설이다. 원제는 '사막의 정원사 무싸'인데 주인공 무싸는 피에르 라비의 아버지가 본보기다. 피에르 라비에 대해 구할 수 있는 모든 자료들을 탐독하면서 가장 인상 깊은 점이 이것이다.

자신의 존재를 있게 한 생물학적 근원인 아버지. 그리고 나고 자란 고향. 이 두 가지에 대한 피에르 라비의 기억과 새김은 그가 어떤 사람인가를 알아가는 데 있어 중요한 단서를 제공한다고 여겨졌다. 그를 이해하는 나만의 접근법이다.

정원사는 공공건물의 녹지를 다듬고 가꾸는 사람이다. 꽃밭이나 저택의 뜰을 돌보는 사람이 사막 가운데에 서 있다는 걸 상상해 보자. 씨앗과 연장과 물뿌리개를 들고. 피에르 라비는 이런 모습으로 내게 다가왔다. 월급과 전문가라는 지위를 마다하고 사막 가운데로 걸어 들어가는 정원사.

그는 아프리카 알제리 남부의 케낫사에서 태어났다. 알제리는 잘 알려져 있듯이 130여 년 동안 프랑스의 식민지였으며 〈사막의 라이온〉이나 〈알제리 전투〉라는 영화로 유명한 나라다. 알제리민족해방전선(FNL)

의 무장독립투쟁의 대의에도 불구하고 프랑스군 사이에서 무고한 민간인 학살과 만행이 벌어졌다. 이를 고발하는 플로렝 에밀리오 시리가 감독한 〈친밀한 적〉은 해방과 안보를 추구하는 전쟁의 모순을 극명하게 보여준다. 피에르 라비는 이런 시대 배경에서 태어나고 자랐다.

그가 태어난 곳은 사하라 사막 한가운데 있는 작은 오아시스다. 이런 출생지는 그의 일생을 좌우하는 바탕이 된 듯하다. 오아시스는 무엇인가. 기적의 공간이다. 인간의 의지와 인내로 대대손손 정성으로 만든 녹지다. 남한보다 23배나 큰 나라인 알제리 인구의 90퍼센트는 북부 지중해 연안에 산다.

사막의 능선 여기저기서 불쑥 나타났다가 어디인지 알 수 없는 곳으로 떠나가던 대상들의 행렬. 아스라한 지평선에서 가물거리는 아지랑이와 신기루들. 그는 고향을 수평의 공간으로만 기억하지 않고 수직 공간으로도 기억한다. 독특한 창의력이다. 유목민으로 표상되는 끈질긴 생명력. 사막이라는 혹독한 풍경 한가운데서 조화로운 공동체를 창조한 농부들에게 그는 큰 영향을 받은 듯하다.

아버지에 대한 기억도 같은 맥락으로 이해할 수 있다. "나는 아버지가 자랑스럽습니다. 그의 아들이라는 것에 큰 자부심을 갖고 있습니다. 대장장이였던 아버지는 강한 근육과 강철보다 단단한 의지를 지닌 사람이었습니다."는 고백을 통해서다. 그는 아버지에게서 쇠와 나무 같은 재료들에 대한 호기심을 키웠고 전 생애에 걸쳐서 유용하게 쓸 수 있는 물건 만드는 솜씨를 익혔다.

여기서 중요한 것을 우리는 놓칠 수 없다. 피에르 라비가 아버지를 그렇게 회상한다는 점이다. 황량한 고향 마을, 사하라 사막을 그렇게 새기고 있다는 점이다. 자식이 유심히 아버지와 어머니를 돌이켜본다면 더없는 스승으로 본보기 삼을 수 있다. 자신의 출신 조건과 고향, 성장 과정, 역경 모두가 삶의 훌륭한 스승이 되는 표상이며 재료들이다.

피에르 라비는 창조적으로 기억하고 받아들이는 사람으로 보인다. '사막의 정원사'라는 말이 어울리는 사람이라는 것이다. 프랑스 양부모 집에서 살다가 쫓겨나다시피 한 일, 공장 생활을 하다 청산하는 과정, 이 모든 경험이 그에게는 새로운 창조의 단계이고 디딤돌이 된 듯하다. 이런 연장선에서 봐야 그가 한 말을 이해할 수 있게 된다.

"나무는 행성에 난 털과 같습니다. 활짝 깨인 감각을 갖고 관찰해보면 나무들이 하늘을 향한 열망을 가지고 있음을 알 것입니다. 태양의 에너지를 받기 위한 행동입니다." -《농부 철학자 피에르 라비》

그는 나무 안엔 마술을 부리는 살아 있는 존재가 들어 있다고도 했다. 나무는 대지를 보호하며 대지와 하늘을 연결시키는 일을 할 뿐만 아니라 사람을 키운다는 것이다. 사람이 나무를 키우는 게 아니고 나무가 사람을 키운다? 그가 말하는 하늘은 태양이기도 하고 천국이기도 하고 신성이기도 하다. 이런 나의 이해가 피에르 라비에 다가가는 길목이 되길 바란다.

생산제일주의와 한 가정 1헥타르

고향과 부모를 어떻게 기억하는가는 자신의 뿌리에 대한 수용과 극복, 전진과 희망을 보여준다고 할 수 있다. 존재의 시원과 바탕에 대한 이야기이기 때문이다. 여기서 한걸음 더 가자면 흙에 대한 농부의 마음에 가닿는다. 모든 존재의 근원은 흙이다. 흙에 물과 불과 바람이 더해져 만물만생의 조화가 일어난다. 피에르 라비의 삶은 대지와 농부에 뿌리를 두고 있다. 그가 주장하는 '한 가정 1헥타르'에 압축돼 있다. 자세히 들여다보자.

그는 생산제일주의가 사람의 사람됨을 파괴한다고 보고 있다. 사실 이제는 거의 중독돼 있다 보니 이에 대한 자각마저 마비된 상태라 할 수 있다. 생산제일주의는 소비제일주의 위에 설치된 매우 부조화스러운 시설물이라고 하겠다. 사람은 소비가 아니라 창조를 통해서 자아를 완성한다. 시장을 전제로 하는 생산과는 다른 '창조' 말이다.

소비는 더 많은 욕구와 더 많은 좌절을 동시에 만들어낸다. 스스로 팽창을 거듭하다가 폭발할 때까지 변종을 만들어내는 괴물이라 할 수 있다. 시장과 생산. 이것은 공장제 공업에 해당되는 것이었으나 농사에까지 침투해왔다. 그래서 피에르 라비는 '변질된 대지의 관리자들'이라는 말을 만들었다. 생산제일주의에 포섭된 농부를 가리키는 말이다. 피에르 라비가 파리 생활을 접고 아내인 미셸과 프랑스 남동부 지역에 있는 작은 농촌 마을인 아르데슈에 온 것이 그의 나이 25세 남짓이었다.

농촌만큼은 그러지 않을 거라 여기고 왔건만 어엿한 집안의 가장이 된 옛 동료들은 손을 쓸 수 없을 정도로 생산제일주의에 심취해 보였다. 그들의 관심은 주로 화학농업에 대한 업적과 칭송, 농토에서 얻어낼 엄청난 양의 먹을거리, 게다가 화학비료의 효과와 살충제의 효험이었다. 농부들이 전쟁터의 병사들처럼 이런 이야기꽃을 피우고 있었던 것이다. 힘의 상징이자 환상으로 얼룩진 트랙터가 농장을 누비며 찬사를 받고 있었다. 더 높은 생산고를 올리기 위한 광적인 열기로 휩싸여 있었다고 한다. 우리나라 농촌을 보면서 위기를 느끼는 심정을 그는 반세기 전 프랑스 시골에서 체감한 것이다.

온 세상이 돈과 생산과 발전에 눈이 멀어 물질적 풍요와 편리만 추구하는데 농촌이라고 예외일 수 없었다. 농약과 농기계와 다수확과 소득 증대에 눈이 멀어 수천 년에 걸쳐 이 지구 생태계의 젖줄인 어머니 대지를 관리해오던 전통 농부들은 다 퇴장하고 대지의 진정한 관리자 역할은 막을 내렸다.

당시 프랑스 농업협동조합은 전통 방식으로 가축을 기르고 다양한 작물을 재배하던 전통 농가들은 배척하고 단일종의 대규모 농장에게 쉽게 돈을 빌려줬다. 심지어 대출도 우대해줬다. 농부들은 점점 더 강력한 농기계를 앞다퉈 구입했고 농업은 기업이 돼갔다. 오늘날 우리의 농협, 농촌 현실과 판박이다. 이런 풍경은 어쩌면 세계화가 시작되는 시점의 프랑스 농촌 모습으로 보인다. 극빈층 농민들끼리도 돈을 두고 다투고 이 땅의 빈곤 문제는 욕구를 부추기는 메커니즘에 따라 오히려 더욱 악화돼가는 세계화 말이다.

여기서 피에르 라비의 '한 가정 1헥타르'가 등장한다. 이제 되도록 다각화된 생산을 하는 인간적인 규모의 농장 구조로 돌아가지 않으면 안 된다는 것이다. 절제된 삶과 자연에 대한 존중을 기반으로 어머니 대지와 조화로운 관계를 맺는 일은 농부 자신의 생존을 보장해줄 뿐만 아니라 존엄성까지 확보해준다고 그는 확신했다.

왕국을 다스리는 자유로운 군주의 모습으로 작은 농장을 다스리는 신세대 농부가 출현하기를 그는 꿈꿨다. 경기 변동 때문에 주기적으로 오는 금융 위기가 진정한 부의 개념이 무엇인지 분명히 규명해줄 것으로 믿는다고도 했다.

"농사를 짓는 것은 작물을 키우는 것에 머물지 않고 삶의 기술을 연마하는 것이다. 우리 자신이 밭과 자연, 그리고 계절에 연결돼 있음을 느끼는 것이다."는 그의 말에 잘 녹아 있다.

어린 시절 오아시스의 기억과 아버지에 대한 각별한 추억이 도시 생활을 접고 농촌으로 가게 한 동기가 되었듯이 그의 세계 인식은 "겨우 식량을 사고 차비와 방세를 내기에도 빠듯한 월급을 받으려고 뼈 빠지게 내 모든 시간을 할애해 일하는 것이 합당한가."라고 되묻는다. '한 가정 1헥타르'는 새로운 문명의 방향, 대지와 사람과 하늘이 밀착된 존재 양식을 담고 있다. 피에르 라비 방식의 자급자족 삶으로 회귀하자는 선언이다.

농업이 산업화되면 농부들은 자급자족할 수가 없다. 자급을 못하면 어떻게 되는가? 시장에 얽매이게 된다. 시장은 누가 주도하는가? 대자본과 정부다. 농부가 절대 시장을 쥐락펴락하지 못한다. 그래서 농부들은 어느 나라 농부랄 것도 없이 트랙터를 몰고 도로를 점거하고 소나 돼지를 도심에 끌고 와서 시위를 한다. 농산물을 정부 관청 앞에 흩뿌리며 항의한다. 벼가 잘 익어가는 논에 불을 지르기도 한다.

3천 평 남짓 되는 면적의 '한 가정 1헥타르'에는 대형 농기계가 없으므로 농가 부채도 없다. 몸 노동으로 자연과 직접 만나니 건강하다. 접속만 하는 게 아니라 직접 접촉하는 삶이다. 작은 밭을 가꾸고 맑은 공기와 소박한 삶을 살면 더 이상 도로 정체와 거리의 불쾌한 냄새가 사라진다. 동물의 배설물 없이 식물로만 만드는 퇴비는 부드럽고 차분하고 말 잘 듣는 땅을 만들어준다. 현대 문명의 환상에서 깨어나는 농부들이 점점 더 늘어나고 그동안 모두의 눈을 흐리게 만든 현대 문명의 주술들도 힘을 잃고 멀어져간다. 이것이 '한 가정 1헥타르'가 추구하는 바다.

피에르 라비 눈에 현대인은 이중 망명 상태에 있는 것으로 보인다. 제대로 된 의미의 사회집단에도 속하지 못하고 그 어떤 지역에도 뿌리를 내리지 못한 채 부유하는 존재들이다. 이동성은 오로지 고용 상태를 유지하기 위한 필수 사항이 돼버렸다. 따라서 문명은 인류에게 해방을 가져다 준 것이 아니라 자발적 종속을 안겨줬다. 삶의 즐거움, 우리 모두가 추구하는 수수께끼 같은 신의 섭리와 조화로움을 잃었다. '한 가정 1헥타르'는 이를 회복하자는 것이다.

나도 밭을 갈고 씨를 뿌린 다음에 먹는다

법정스님이 하신 말씀이다. 실제 피에르 라비는 자신의 믿음을 실험했고 열정 넘치는 많은 젊은이들을 '한 가정 1헥타르'로 이끌었다. 생태계를 전복시키지 않고도 충분히 한 가정을 부양 할 수 있음을 증명했다.

《농부 철학자 피에르 라비》에서 가장 인상 깊은 대목은 피에르 라비가 꼬박 일주일 동안을 아무런 외부 방해 없이 심지어 전화도 받지 않고 통째로 카르티에 부부에게 시간을 내줬다는 사실이다. 방문자에게 선뜻 일주일을 통째로 내줄 수 있는 사람은 어떤 삶을 사는 사람인가? 스스로 한 나라의 군주가 돼 선한 다스림과 신적인 복종을 함께하는 자유로운 군주만이 가능한 일이다. '한 가정 1헥타르'를 나는 이렇게 이해했다. 온전한 삶의 주인! 그러니 언제든지 일주일을 통째로 내줄 수 있지 않겠는가.

법정스님의 법문집인 《일기일회(一期一會)》를 보면 '문명은 우리 몸에 서서히 번지는 독'이라고 했다. 《법정스님의 내가 사랑한 책들》에서 피에르 라비의 책을 두 번째로 실은 이유를 알 것도 같다.

    피에르 라비는 이렇게 말하기도 했다. "이따금 제가 식인종 같다는 생각이 들 때가 있습니다. 제가 편안한 환경에서 부족함 없이 지내고 있을 때 '누군가 그 안락함을 위해 자원을 나누어줌으로써 그가 값을 치르겠구나.'라는 생각이 들거든요. 나의 이 넘치는 편안함이란 그들의 삶을 먹고 자란 것이 아닐까 하는 그런 생각이 드는 것이지요." -《농부 철학자 피에르 라비》

    씨앗을 직접 뿌리지 않고서 손에 쥐게 되는 열매에 대한 피에르 라비의 성찰이고 겸손이다. 이 대목에서는 턱낮한 스님의 밥상 앞에서의 게송이 떠오른다. 음식을 먹을 때는 '이 음식 속에 뚜렷이 보이네. 내 생명 떠받치는 온 우주의 존재가'라고 하고, 다 먹고 나서는 '밥그릇이 비었네. 허기가 사라졌네. 그리고 맹세하네. 모든 생명에게 이로움을 주기로'라 하는.

    씨앗을 뿌리는 노동은 단순히 밥을 얻기 위해서만은 아니다. 신의 창조 행위에 동참하는 일이다. 노동이 거룩하며 하나의 예배이자 기도라고 하는 것은 이 때문이다. 우주는 신(적 섭리)의 창조로부터 생겨났기 때문이다. 고용된 월급쟁이 직업이 아니라 누리는 일, 창조하는 일, 남을 이롭게 하는 일.

    양손에 연장을 들고 일하는 피에르 라비의 모습이 어린다.

전희식

글 쓰는 농부이자 생태영성운동가다. 1994년부터 전라북도 완주에서, 2006년부터 장수에서 농사 짓고 산다. 천부부모를모시는사람들 대표이다. 치매 어머니를 모신 이야기를 담은《똥꽃》,《엄마하고 나하고》를 비롯해 농사 생활의 생태적 각성과 우리 농업 문제에 대한 통찰을 담은《아궁이 불에 감자를 구워 먹다》,《시골집 고쳐 살기》,《삶을 일깨우는 시골살이》,《아름다운 후퇴》,《소농은 혁명이다》, 어린이 책《하늘이의 시골일기》를 썼다. 최근《어쩌면 지금 필요한 옛 농사 이야기》를 펴냈다.

피에르 라비의 책

《농부 철학자 피에르 라비》
장 피에르 카르티에, 라셀 카르티에 지음, 길잡이 늑대 옮김, 조화로운삶, 194쪽, 2007년

피에르 라비를 우리나라에 처음 소개한 책. 카르티에 부부가 피에르 라비와 일주일 동안 나눈 대화를 담았다. 땅을 존중하는 농사를 지으며 아프리카 사막을 생명의 땅으로 바꾼, 단순 소박한 그의 일상, 자연과 인간과 생명에 대한 깊은 질문을 만날 수 있다. 땅의 노래처럼 아름답고 웅장하다. 대지 가까이 머무는 것이 자신의 삶 가까이 머무는 것임을 저절로 깨닫게 한다.

《사막의 정원사 무싸》
이재형 옮김, 조화로운삶, 264쪽, 2007년

피에르 라비의 어린 시절을 다룬 자전 소설. 척박한 환경 속에서도 조화로운 공동체를 이루며 살아가던 사막 농부들의 삶, 폭풍처럼 불어닥친 자본의 시계 바늘과 문명에 저항하며 자연을 가장 진실한 터전으로 삼았던 삶의 방식을 들려준다. 아프리카

사막 어느 작은 마을에서 일어난 경이로운 이야기를
통해 피에르 라비의 생애를 건 운동과 사상의 시발점을
보여준다. 발전이라는 미명 아래 망쳐놓은 생명의
그물망을 회복하고, 땀방울로 먼지 이는 대지를 비옥하게
만든 '사막의 정원사' 무싸는 "우리가 길을 잘못 든 것은
아닌가 하는 생각이 들어요. 과연 우리는 어디로 가고
있는 걸까요?"라고 질문한다.

《미래를 심는 사람》
피에르 라비, 니콜라 윌로 지음, 배영란 옮김, 조화로운삶,
319쪽, 2007년

피에르 라비와 환경운동가 니콜라 윌로가 말하는 인간과
자연, 그리고 생명의 미래를 담아낸 책. 두 사람의 경험과
연구, 치열한 열정으로 얻은 지구 환경에 대한 살아
있는 통찰과 증언으로 가득하다. 평생 자연과 마음을
맞대고, 사람들과 눈을 맞추며, 지구의 모든 생명과 함께
호흡해온 두 사람의 대화는 환경 파괴로 인한 자연의
절망을 전하면서 지구의 미래를 위해 지금 문명이 멈추고
그만둬야 할 것들을 증언한다. 인류 미래를 위협하는
'환경 재앙'으로부터 벗어나려면 한 사람 한 사람이
행동을 바꿔야 한다고 말한다.

《피에르 라비의 자발적 소박함》
배영란 옮김, 예담, 208쪽, 2013년

인간성을 회복하고 자연과 조화롭게 살아가는 방법을
전한다. 현대 문명의 파괴성과 한계를 깨닫고 이에
저항하게 된 계기, 소박한 삶을 살아간 사람들의
아름다운 이야기, 스스로 선택한 소박한 삶이
가져온 행복한 경험들을 소개한다. '소박함이 세계를
구원하리라! 인간이 유일하게 지녀야 할 삶의 정의는
자발적 소박함이다. 여기에 우리의 미래가 달려 있다.'고
말한다. 아울러 소박한 삶에 한걸음 다가가도록 '미래를
심는 행복한 생각들', '대지와 인본주의를 위한 국제
헌장'으로 일목요연하게 정리했고, 자신이 활동하는
단체들을 일일이 소개한다.

장일순

張壹淳
1928 - 1994

장일순 선생은 원주 대성학원을
설립한 교육자이며 생명운동가다.
신용협동조합운동과 한살림운동을 펼친
사회운동가다. 1970년대 원주를 반독재
민주화운동 핵심 공간으로 만들었고,
인간과 자연의 조화로운 공존이
가능한 공생과 살림의 문명을 일깨운
생명사상가다. 또한 유학과 노장사상도
깊게 공부했고, 해월 최시형 선생
사상과 세계관에 많은 영향을 받아 일명
'걷는 동학(東學)'으로 불리기도 했다.
1928년 강원도 원주에서 태어나 1994년
원주 자택에서 삶을 마칠 때까지,
춘천형무소에서 3년 동안 옥고를 치른
기간을 빼고는 원주를 떠나지 않았다.
하지만 언제나 시대의 정치·사회 변혁의
중심에 서 있었다. 인간에 대한 깊은
애정과 신뢰를 바탕으로 세상을 바로
봤고 앞서 봤다.

나락 한 알,
밥 한 그릇에도
우주가 들어 있어

글. 박병상

다정다감하고 따뜻한 사람

지난 2017년 5월 18일. 망월동 민주화운동 기념식에서 '임을 위한 행진곡'을 신임 대통령을 비롯한 참가자들이 뜨겁게 제창하는 모습을 벅찬 마음으로 시청한 인천 시민들이 삼삼오오 답동성당 교육관으로 모였다. 살벌했던 군사정권에서 민주화운동을 하던 이, 군사정권이 막을 내린 세상에서 환경운동에 투신했던 이들이 먼저 떠난 선배를 추모하는 자리였다. 조금만 더 견디면 그토록 염원했던 세상, 나라다운 나라가 시작되는 모습을 지켜봤을 텐데, 모인 사람들은 먼저 떠난 선배를 기리며 무척 아쉬워했다.

1994년 5월 18일, 당시 세상에서 무슨 일이 있었을까? 인터넷을 들춰봤다. 광주항쟁 14주기를 맞은 '통일시대 민주주의 국민회의 추진위'는 김영삼 정권을 향해 학살 책임자들의 공소시효가 끝나기 전에 공정한 수사와 소추를 요구했다는 짤막한 기사가 올라 있다. 그로부터 4일 뒤 "나락 한 알에 우주가 있다."고 설파한 장일순 선생이 67세 일기로 세상을 떠났다. 3년 전 수술했던 위암 재발이 원인이었다. 지금까지 살아계셨다면 우리 나이로 90세. 연로하더라도 기뻐했을 텐데, 장일순 선생은 아쉽게도 생전에 당신이 염원하던 민주주의를 우리와 더불어 체감할 수 없다.

병세가 악화돼도 병상에 누워서도 기력을 모아 이현주 목사와 《노자 이야기》를 마무리한 장일순 선생은 원주에 대성학원을 설립한 교육자이자 현재 우리나라에서 가장 활발한 생활협동조합인 '한살림'을 창설한 생명운동가다. 그는 몸에 좋은 유기농산물만 골라서 먹는 짓은 하지 말라고 제자들에게 당부하면서 솔선했다. 자신의 몸과 땅을 위해 유기농산물을 재배하고 싶어도 당장 실행하기 어려운 농민의 처지를 이해하고 배려하자는 당부였는데, 위암이라니. 어쩌면 순교한 건지 모른다.

장일순 선생은 생전에 이렇다 할 논문이나 원고, 번듯한 책 한 권 남기지 않았지만 많은 이가 그를 생태사상가로 생각하며 정신을 기린다. 대학에 적을 두고 정규 강의를 맡지 않았어도 제자를 자임하는 이가 많다. 내 땅에서 함께 살아온 어른을 기억하는데 인색해야 하는 분위기가 은근히 강요되는 세월이 최근까지 이어져왔다. 핸드폰 문화는 집안 어른도 무시하지만, 세상을 떠난 지 30년이 가까워도 많은 사람들이 장일순 선생을 잊지 않는 이유는 무엇일까? 정신을 기리고 싶은 생태 사상가이기 때문만이 아니다. 먼발치에서 만난 적 있는 이라면 이구동성으로 말한다. 다정다감할 뿐 아니라 따뜻하다고.

나와 너는 천지만물과 더불어 하나

장일순 선생은 진정 책 한 권 글 한 줄 남기지 않았을까? 서점가에 분명 '장일순'이라는 저자의 책이 버젓이 진열돼 있는데. 하지만 장일순 선생은 자신의 이름으로 책이 발간되는 걸 바라지 않았다. 하고 싶은 말이 분명하지 않기 때문이 아니다. 오히려 그 반대다. 분명한 자신의 말이 세상에 나오면 출판사와 출판인이 치도곤을 당할 수 있기에 글쓰기를 자제했고 출판을 한사코 만류했다. 녹색평론사에서 발간한 《나락 한 알 속의 우주》는 어렵게 찾아낸 강연이나 대담의 기록을 나중에 묶었고 삼인출판사의 《노자 이야기》 세 권은 공저자인 이현주 목사가 주로 정리했다.

우리 현대사는 얼마 전까지 엄혹했다. 장일순을 두려워하는 자는 입을 봉쇄하려 들었다. 군사정권을 진두지휘하며 무소불위의 권력을 휘두른 자, 장일순 선생에 눈을 부라린 자는 탄핵된 박근혜 대통령의 아버지, 박정희였다. 정통성 없는 폭력으로 정권을 탈취한 자에게 민중은 무서운 존재다. 도산 안창호의 맥을 잇는 대성학원을 세우고 사회대중당 후보로 국회의원에 출마한 그는 '중립화 평화통일론'을 빌미로 3년 동안 옥고를 치렀지만 박정희 정권은 탄압을 이어갔다. 감시 눈초리를 번득이니 태어나 살아오던 원주에서 멀리 벗어날 수 없었다. 그렇다고 군사정권의 부정부패와 독재를 마냥 바라볼 수 없는 노릇이었다.

1970년대 초 원주교구 지학순 주교와 박정희 정권의 부정부패를 폭로하며 가두시위를 주도한 장일순 선생은 독재정권의 눈엣가시였는데, 홍수로 큰 피해를 입은 지역의 복구와 농민의 생존을 도모하면서 장 선생은 새로운 깨달음을 얻었다. 무엇보다도 건강한 사회의 실현을 생각한다면 투쟁에서 머물 수 없다는 걸 체득하고 공생의 논리로 노동운동과 농민운동을 생명운동으로 전환해야 한다는 각오로 이어졌다. 1983년 10월 29일 도시와 농촌을 직접 연결하는 '한살림'을 원주에서 창립하기에 이른다. 그 뒤 선생은 생명운동에 남은 생을 헌신했다.

한살림과 같은 생활협동조합은 농촌의 생산자 조합원과 도시의 소비자 조합원이 유기농산물을 직거래한다. 유기농산물은 원칙적으로 농약을 사용하지 않지만 유기농업은 농사 방법 차이에서 그치는 게 아니다. 유기농산물은 땅과 하늘과 사람, 생산자와 소비자, 사람과 땅속 미물이 유기적으로 연결돼 있는 농업으로 생산한 농작물이고 그렇게 짓는 농업이 유기농업이다. 유기농업은 지금 우리 삶에 조상의 삶과 얼이 깃들어 있다는 걸 반영해야 할 뿐 아니라 후손의 행복과 건강하게 연결할 수 있어야 한다.

땅속 미물을 죽이는 농약은 결국 사람의 건강을 해친다. 다채로운 생태계의 얽히고설킨 조화를 단조롭게 만드는 농약은 결국 이웃과 허물없이 나누던 음식을 거대한 기업이 지배하는 상품으로 바꿔버렸고 그 과정에서 농민과 노동자는 소외되고 말았다. 다국적기업 손아귀에 들어간 식량 산업은 막대한 자금 이상으로 석유가 동원되지 않으면 절대 유지될 수 없다. 다국적기업의 돈벌이를 위해 씨앗이 단순화된 농작물, 그 농작물의 유전자마저 조작하며 규모를 키운 자본은 농산물 독점에서 그치지 않았다. 가축의 유전자까지 획일화해 공장식으로 사육하기 시작하자 조류독감, 구제역, 광우병 같은 병이 끊임없이 반복됐다. 지구 환경은 돌이킬 수 없을 정도로 온통 오염되고 지구는 걷잡을 수 없는 기후위기 상황으로 치닫고 있다.

삼라만상은 그물망처럼 연결돼 있다. 한 그루의 장대한 나무도 눈에 띄지 않는 씨앗에서 움트고 나무는 자라는 과정마다 미생물과 곤충은 물론 거대한 동물의 터전이 된다. 곤충이 낳은 알은 애벌레가 돼 딱따구리의 몸으로 들어가고, 딱따구리는 나무를 쪼아대면서 미생물을 밀어 넣는다. 미생물이 들어간 나무는 늙으면 쓰러져 흙으로 되돌아간다. 참나무 한 그루는 700종류의 곤충에게 터전을 내어주는데 농약 세례를 받는 근린공원의 꽃나무는 나비 한 마리의 접근을 가로막으니 새들이 외면한다. 그 아래 뛰노는 우리 아이들은 농약을 피하지 못하고 아토피에 시달린다. 그래서 장일순 선생은 '나락 한 알 속에 우주가 있다'고 일찍이 설파했는지 모른다.

"하늘과 땅과 모두가 나와 함께 있다, 그리고 이 모든 것이 곧바로 나다, 하는 것을 일속에서 빨리 체득해주시길 부탁해요. '하늘과 땅과 생물이 바로 나다' 하는 것을 체득하시라 이 말씀입니다. (…) 생명의 진수가 물질 하나에 다 있다 이 말이야. 나락 한 알 속에도, 아주 작다고 하는 머리털 하나 속에도 우주의 존재가 내포돼 있다 그 말이에요." - 《나락 한알 속의 우주》

너를 보고 나는 부끄러웠네

세상 사람들이 보기에 장일순 선생은 붓의 달인이다. 표정이 있는 난을 치고 의미를 담은 서화를 남겼다. 선생은 당신이 지원하는 단체를 도우려 여러 차례 전시회를 개최했지만 자신의 붓을 결코 자랑하지 않았다. 봉산동 자택에서 시내까지 천천히 걸어도 30분이면 족했지만 반나절이나 걸었다고 장일순 선생을 잘 아는 이는 회고한다. 눈을 마주치는 주민과 반갑게 인사하며 안부를 묻고 헤어지기를 반복하기 때문이라는 건데, 하루는 군고구마 장수가 쓴 '군고구마 팝니다' 글씨에 탄복했다고 한다. 투박하지만 가족을 먹여 살리려는 간절한 마음이 고스란히 깃들었다는 것 아닌가. "추운 겨울날 저잣거리에서 군고구마를 파는 사람이 써 붙인 서툴지만 정성이 가득한 '군고구마'라는 글씨를 보게 되잖아. 그게 진짜야. 그 절박함에 비하면 내 글씨는 장난이지. 못 미쳐." - 《나는 미처 몰랐네 그대가 나였다는 것을》

아들 등록금을 간신히 마련한 할머니가 원주역에서 소매치기당한 사연을 들은 장일순 선생은 무작정 대합실에 나가 몇 날을 앉아 있었다고 한다. 어디로 가려는 것은 물론이고 누굴 기다리는 것도 아닌데 앉아 있기만 하니 궁금한 사람들이 모여들어 자초지종을 들었고 이내 소문은 원주 시내에 퍼졌다고 한다. 그렇게 원주역에 앉아 있길 일주일. 고개를 숙이고 찾아온 소매치기는 남은 돈을 내놓았고 할머니에게 돌려줬다는데, 다음 날 그 소매치기를 찾아 나선 선생은 "내가 자네 영업을 방해했지? 용서해주게." 하며 소주잔을 권했다고 한다.

소매치기와 대학생, 할머니와 군고구마 장수를 다르게 생각하지 않은 장일순 선생에게 양주나 맥주보다 누구나 마음 편하게 기울이는 소주나 막걸릿잔이 어울렸겠다. 개구리와 메뚜기와 거미, 그리고 모든 유충들이 우글거리는 논밭이 비옥한 소출을 내주고 그런 논밭에서 생산한 농작물이 우리를 건강하게 한다고 생각하는 선생은 조그만 엘리트 의식도 갖지 않았다. 자신을 한 알의 씨앗으로 생각한 장일순 선생은 후배에게 나대지 말고 "기어라!" 말했다. 그래서 그런가? 선생의 제자를 자처하는 이들은 도무지 자신을 앞세우지 않는다. 그래서 등 떠밀려 시작한 추모 사업은 소박하고 더디다.

위암으로 누웠을 때 노자의 도덕경을 함께 읽으며 물 흘러가듯 나눈 이야기를 이현주 목사는 《무위당 장일순의 노자 이야기》라는 제목으로 정리했다. 그 무렵 명절을 맞아 고향으로 나서려는 목수에게 장일순 선생은 "노자 있나?" 물었고, 책은 있지만 읽지 않은 목수가 머뭇거리자 선뜻 여비를 내줬다는 일화를 최성현은 《좁쌀 한 알》에서 소개했다. 장일순 선생 10주기를 맞아 '장일순을 기리는 모임'에서 장 선생과 얽힌 이야기들을 《너를 보고 나는 부끄러웠네》에 엮었다. "속지 마시오들. 세상에 글한테 속는 것만큼 맹랑한 일도 없으니까."라고 말했던 장일순 선생의 책은 대략 그 정도에 그친다.

군사정권 시절의 진정한 언론인이었던 리영희 선생은 2010년 12월 파란만장했던 생을 마쳤다. 리영희 선생이 지금 살아 있다면 작금의 사태를 어떻게 분석할까? 세월호 침몰 뒤 기자들의 행태를 '기레기'라 비판한 민중과 촛불을 들었을 텐데. 바뀐 정권에게 어떤 충고를 아끼지 않을까? 장일순 선생과 비슷한 연배이지만 깍듯이 선배로 모셨던 리영희 선생은 박정희에서 전두환으로 잇는 군사정권에 여러 차례 고초를 겪고 네 차례 옥고를 치렀다. 리영희 선생은 마음이 울적하거나 허전할 때 훌쩍 원주로 떠난 것으로 유명하다. 파킨슨병으로 말년에 고생하다 유명을 달리한 리영희 선생이 장일순 선생과 오늘날 함께 살았더라면 원주로 떠나 기쁜 마음 나누고 싶지 않을까?

장일순 선생이 떠난 원주. 하지만 체취가 남은 원주는 여전히 성지 같은 곳이다. 생전에 만나 소주잔을 기울이거나 말씀을 들은 적 한 차례 없지만, 만났다면 무척 반갑게 맞아주셨을 거 같다. 그래서 자택이 있는 자리에 가면 마음이 편안해질 거 같다. 요즘 말로 '힐링'될 성싶은데, 게을러서 여태 찾지 못했다. 집터는 제자리를 지키고 있을까? 자신을 한없이 낮춘 선생이니 개발광풍에서 집터를 보전하기 위해 자손이 애를 썼을 거 같지 않은데. 핑계를 앞세운 처지가 못내 아쉽고 송구스럽다. '임을 위한 행진곡'은 다시금 제창되었는데.

박병상

학교보다 인생에서 더 많이 배웠다고 말하는 생물학자이자 환경운동가다. 도시 속 여백을 만들어가기 위한 '인천 도시생태·환경연구소'에서 도시 문제, 생태계 문제를 고민하고 대안을 찾아가고 있다. 《파우스트의 선택》, 《참여로 여는 생태공동체》, 《녹색의 상상력》, 《이것은 사라질 생명의 목록이 아니다》, 《탐욕의 울타리》, 《동물 인문학》, 《어쩌면 가장 중요한 이야기》, 《어쩌면 가장 위험한 이야기》를 펴냈다. 블로그 http://blog.daum.net/brilsymbio

장일순의 책

《무위당 장일순의 노자 이야기》
이아무개 옮김, 삼인, 730쪽, 2003년

노자의 가르침을 삶으로 보여준 무위당 선생과 이현주 목사의 대화를 정리했다. 도덕경을 읽고 해석하는 형식으로 짜여 있다. 노자를 화두 삼아 우리 시대에 바람직한 삶의 가치란 무엇인지 물었다. 노자뿐 아니라 기독교, 불교, 유교, 동학, 마르크스주의에 이르기까지 동서양 종교와 철학을 종횡무진으로 넘나들며 지혜와 통찰을 구했다. 세상과 내가 한 몸이고 세상의 선과 악이 바로 내 안에 있다는 생각에서 출발한다. 이로써 도덕경 구절들이 다채로운 맥락과 빛깔과 울림으로 되돌아온다.

《너를 보고 나는 부끄러웠네》
무위당을기리는모임 엮음, 녹색평론사, 230쪽, 2004년
무위당 장일순을 기리면서 여러 분야에서 활동하는
19인이 다채로운 시선으로 무위당 선생의 생명사상을
짚어냈다. 사람이 중심이 되는 세상을 만들기보다는
오히려 물질에 종속돼 살아가는 모순된 모습을 돌아보며,
인간의 욕심이 얼마나 많은 폐단을 가져왔는지,
성장지상주의가 가져온 인간성의 황폐화이며 자연의
심각한 파괴와 생생하게 마주한다. 언제나 힘없는
민초들과 함께 소박한 삶을 살았고, 권력과 명예와
물질에서 초탈한 삶을 보여준 무위당의 삶을 통해 우리
시대를 어떻게 살아야 하는지 성찰한다.

《나는 미처 몰랐네 그대가 나였다는 것을》
김익록 엮음, 시골생활, 231쪽, 2010년
치열한 세상사를 겪으면서도 세상을 자애롭게 보고
수많은 이들을 위로하고 격려한 무위당의 강연과 글,
잠언을 엮었다. 평범한 일상부터 어머니, 행복, 종교,
겸손, 생명처럼 삶을 살아가면서 우리가 품게 되는
질문에 답변하고 있다. 안에 있으면서 밖에 있고, 밖에
있으면서 안에 있고, 구슬이 진흙탕 속에 있으면서도
나오면 그대로 빛을 발하는 것 같은 삶을 이야기한다.

《나락 한 알 속의 우주 - 무위당 장일순의 이야기 모음》
녹색평론사, 312쪽, 2016년 개정증보판
풀뿌리 민중의 삶에 뿌리를 둔 우리 시대 생명운동의
스승, 무위당 선생 생전 강연과 대담을 엮었다. 지구
생명체가 살아가기 위한 최소 조건은 지구와 해와 달이고
곧 우주이며, 따라서 우주와 인간과 지구 생명체는 한
몸이라고 말한다. 이런 시선으로 인간의 삶과 행동,
종교, 공동체, 협동조합운동, 생명운동을 이야기한다.
인간중심, 인간지배 그리고 이분법과 경쟁으로 이뤄진
서구사상이 지구와 자연을 파괴, 고갈시키고 더 나아가
인간 자신들의 삶과 사회까지도 파멸시켜가고 있음을
일깨워준다.

지구별을
껴안다

반다나 시바

Vandana Shiva
1952-

인도에서 태어난 시바는 핵물리학을 전공한 물리학자였다. 서구 과학기술에 뿌리를 둔 성장과 개발 논리에 착취당하는 세계 민중의 삶을 보면서 생태환경운동의 길로 나섰다. 환경, 여성인권, 국제문제의 실체를 파고들었다. 인도에서 다국적기업의 삼림파괴에 반대하는 '칩코운동'을 조직했고, 생물다양성 문제와 다국적기업의 생물해적질에 대해 다양한 반대운동을 펼쳤다. 농촌지역 생태공동체를 위한 대안을 만들어왔고, 세계 에코페미니즘 흐름에 큰 영향을 미쳤다. 1993년에 '대안 노벨상'으로 불리는 '올바른 삶상'(Right Livelihood Award)을, 2008년에 시드니 평화상(Sydney Peace Prize)을 받았으며, 현재 과학·기술·생태학연구재단 책임자로 있다. 펴낸 책은 《녹색혁명의 폭력》, 《이 세계의 식탁을 차리는 이는 누구인가》, 《물전쟁》, 《에코페미니즘》이 있다.

여성과 자연을 껴안고 자급 사회를 꿈꾸다

글. 김정희

칩코운동에 참여하며 형성된 시바의 에코페미니즘 사상

인도 환경운동가 반다나 시바는 '21세기의 살아 있는 지성인' 가운데 한 사람이다. 에코페미니즘 사상과 생물다양성을 보호하기 위한 종자 비축 운동인 '나브다냐운동'으로 알려진 시바의 사상과 실천을 우리 현실을 통해 되새겨보고자 한다.

서구 에코페미니즘에는 다양한 갈래가 있지만 오늘날 지구생태계 파괴, 여성들의 원치 않은 경험과 고통의 원인이 이원론 세계관을 바탕에 둔 남성중심주의에 있다고 보는 점에서는 공통점을 갖는다. 생태계 위기와 여성·아동의 고통이 어떻게 연결돼 있는지 연구하며 실천한다. 반다나 시바는 인간이 환경과 맺는 생물학적·사회적 관계 양쪽을 통합하는 관점을 가지고 있어 '사회생태여성주의자'라 할 수 있다.

시바에 따르면 환원주의 세계관에 바탕을 둔 근대 환원주의 과학은 창조적 재생력인 동시에 재생의 터인 종자, 자연과 여성(여성의 몸), 농민을 식민화하고 종속시키며 이들의 온전한 생산성과 힘, 잠재력을 빼앗는다. 근대의 개발은 '악개발'(maldevelopment)이라 할 수 있다. 이는 서구 제국주의 엘리트 남성들이 어머니 땅(자연)과 여성을 식민화하는 과정이었다. 여성의 식민화란 근대 민족 국가가 여성의 성과 출산력, 작업 능력과 노동력을 통제해 결국 빈곤과 다양한 형태의 파괴로 이어진 현실을 뜻한다. 또한 근대 개발은 국민총생산(GNP) 같은 재정지표만 앞세우는 상품 생산을 위한 경제 개발이다. 제3세계 국가들은 세계무역기구 체제에 종속돼 새로운 식민 체제에 놓였고, 제3세계 여성·어린이의 빈곤과 삶의 질을 크게 낮췄다. 이로 인한 제3세계 국가의 구조조정 정책은 공동체·생태계 파괴, 환경오염, 수질 악화, 물 부족 문제를 가져왔다. 시바는 1억 명에 이르는 가족도 집도 없는 '거리의' 아이들, 제대로 영양 섭취를 못하는 2억 명 가량의 어린이, 식수 위기로 해마다 설사병으로 사망하는 어린이가 500만 명에 이르는 상황의 원인이 모두 근대 개발에 있다고 말한다. '악개발'은 공동체 속 폭력, 특히 여성·아동에 대한 폭력과 문화 해체, 상업화로 인한 새로운 형태의 중독과 학대, 공격을 늘게 해 생명을 파괴하고 종속시켰다. 핵발전소, 유전공학, 생식기술 같은 영역이 특히 그렇다. 이는 인간을 자연의 적으로 만들었다.

제3세계가 식민시화되고 근대 개발 물결 속에서 남자들이 생명파괴 행위에 참여하기 시작했을 때에도 여성들은 생계, 식량, 물의 공급자로 생명·자연과 연관되는 생활을 지속했다. 여성들은 생명의 생산과 보호가 무엇인지에 대해 생태적인 앎을 품고 있었다. 시바는 이것을 '여성적 원리'(the femine principle)라 부른다. 이것이 바로 에코페미니즘 사상과 실천을 관통하는 시바의 핵심 개념이다. '악개발'이 가져온 위기는 위기의식 없이는 해결되지 않는데, 그 해결은 생명-생성적(life-giving)이고 생명-유지적인 사고, 지각, 행위의 범주에 놓인다. 서구 여성들과 제3세계 엘리트 여성들은 이 능력을 상실했지만, 날마다 농사를 짓고 산과 들, 강에 기대어 살아가는 제3세계 서민 여성들은 일상에서 자연 생태계의 다양성과, 자연에 바탕을 둔 삶에서 비롯되는 문화 다양성을 자연스레 깨닫게 된다. 서구 여성과 제3세계 엘리트 여성은 여성적 원리를 잃었지만, 제3세계 서민 여성은 이런 능력을 빼앗기지 않았다. 따라서 단순한 희생자가 아니라 새로운 생태학적 패러다임을 창조할 수 있는 특권을 가진 지도자이기도 하다.

시바의 에코페미니즘 사상은 그녀가 고향 고페쉬왈에서 지역 여성들과 함께한 '나무 껴안기 운동'인 '칩코(chipko)운동'에서 크게 힘을 얻었다. 1973년 산림청은 지역 주민들이 생계를 위해 나무를 자르는 것은 막으면서 대기업 사이먼사에겐 대규모 상업 벌목을 허용했다. 여성들은 벌목 대상이 된 나무를 감싸 안고 "나무를 베려면 내 등에 먼저 도끼질을 하라!"고 소리치며 시위해 벌목을 막았다. 이 운동은 당시 사회에 큰 영향을 미쳐 1976년 36만 헥타르에 이르는 산림에 10년 동안 벌목 금지 명령을 이끌어내기도 했다. 시바는 이 운동을 세계에 알리고 지원을 요청하는 활동을 했고, 생태주의와 페미니즘을 결합하는 '에코페미니즘' 사상을 이뤘다. 시바는 여성의 관점으로 생존을 위해 싸우는 것은 자연 보호를 위한 투쟁이며, 여성과 자연은 밀접하게 연결돼 있다고 했다. 여성들이 당해온 지배에서 해방되는 것도 이것에서 비롯되기 때문에 여성운동과 생태운동은 하나이며, 이는 남성

중심 가부장적 악개발에 반대하는 흐름이라고 말한다. 1980년대《살아남기 Staying Alive : Women, Ecology and Development》에 집대성된 시바의 생태 사상에는 1970년대 '칩코운동' 경험이 고스란히 녹아 있다.

다국적 기업의 식량독재체제에 맞서는 나브다냐운동

1990년대 시장경제의 세계화로 제3세계 농민들은 그 피해를 고스란히 받게 된다. 인도에서는 지엠오 작물 재배가 합법화된 2002년 뒤로 농민 자살률이 가파르게 치솟아 하루 40명에 달하는 농민이 목숨을 잃었다. 시바는 이러한 현실을 보며 신자유주의 경제의 지구화가 농민과 지구 식량 체제에 미치는 영향을 연구하게 된다.

시바에 따르면 현대사회는 다국적 '곡물무역상사'들로 구성되는 세계 식량복합체제, 식량독재체제다. 세계무역기구의 무역 관련 지적 생산권 협정은 이 체제를 떠받쳐준다. 몬산토 같이 유전자변형작물 종자를 생산하고 판매하는 다국적 회사들이 농민들로부터 종자에 대한 지식을 빼앗아 자신들의 사유 재산으로 주장하며 독점하게 한다. 경제 집중, 특허권과 지적 재산권, 유전공학의 세 과정이 종자에 대한 독점 통제권을 강화한다. 실제 2012년 세계 종자 시장은 10개 다국적 종자회사가 75.3퍼센트를 차지하고 있었다.(살림문화통신28) 종자를 비롯해 농기계, 비료, 농약 같은 주요 영농 자재 산업을 다국적 곡물무역상사와 농식품복합체가 주도하고 있다. 농산물 생산은 물론 저장, 보관, 운송 같은 유통과 무역도 농식품복합체가 장악한 지 오래다. 식료품 가공과 대규모 가맹점 사업 역시 초국적 농식품복합체가 지배하고 있다. 세계 곡물 총생산량 가운데 약 12~15퍼센트에 해당하는 2억5천만 톤 내지 3억 톤 정도가 국제 곡물시장에서 무역으로 거래된다. 이 거래량 약 80퍼센트를 5대 곡물무역상사가 장악하고 있을 정도로 그 영향력이 절대적이며, 특히 카길의 시장 지배력은 단연 다른 기업을 압도한다.

 이 독점 체제는 농민들이 종자 생산자와 관리자로서 지켜온 농부권과 토종 작물을 포기하고 돈벌이 작물을 심게 한다. 돈벌이 작물 재배로 종자와 농약 구입, 또는 수확 실패로 농민이 빚더미를 안고 망하면 그 자리를 대기업 농장이 차지해 다국적 기업 식품 회사에 원료를 공급한다. 또한 미국과 유럽이 제3세계에 식량을 물밀 듯이 수출해 전통 가공을 불량식품으로 내몰았다. 이는 지엠오 면화 재배로 부채를 떠안고 지난 10년 동안 25만 명이 자살한 인도만의 이야기가 아니다. 한국의 2014년 농가 부채 평균액은 2,788만 원이다. 식품 안전 기준은 재료가 아니라 '해썹(HACCP)'이라는, 최소 1억 넘는 고가 시설 여부로 결정한다. 유네스코 인류무형문화유산으로 등재된 장인 손맛으로 만든 김치를 소농 영농법인이 전시·판매하는 건 불법이고 대기업이 '해썹' 시설을 갖춘 공장에서 중국산 고추로 담근 김치, 유전자변형 콩과 밀로 만든 고추장과 된장을 전시·판매하는 건 합법이다. 유전자변형작물 인자가 분해된 식품에 표시 면제 규정을 둬서 식품회사들이 지엠오 콩과 옥수수 같은 원료를 무소불위로 사용할 수 있는 길을 열어놓고 있다. 한국은 식용 지엠오 농산물 세계 1위 수입국이다.

 몬산토사 '라운드업 레디 유전자 계약서'는 재배자가 종자를 비축하거나, 종자나 종자로부터 파생된 물질을 다른 사람이나 법인에 판매 또는 공급하는 것을 금지한다. 종자 가격에 덧붙여 '기술이용료'로 종자 1파운드당 5달러씩 지급할 것도 요구한다. 한 조항이라도 어기면 재배자는 손실액

100배를 배상해야 하며, 계약 체결 뒤 3년 동안 몬산토 관계자들은 농민의 허락 없이, 심지어 부재시에도 밭을 방문할 권리를 갖는다. 지엠오 종자회사가 중심이 된 식량독재체제가 정의롭지 못하고 무서운 건 1만여 년 동안 자유롭게 종자를 교환해온 전통을 일시에 불법으로 만들어 농민권을 부정하면서, 세계 농민들을 종자회사에 예속시키기 때문이다.

시바는 종자와 곡물을 취급하는 다국적 회사의 독점 통제로부터 종자와 농업을 지키기 위해 1991년 비정부단체 '나브다냐'를 발족시켜 토종 종자 보존, 유기농법, 공정무역 같은 활동을 시작한다. 인도의 6개 주 16개 공동체 종자운동에서 시작한 것이 2013년 10월에는 인도의 17개 주에서 111개 공동체 씨앗은행(community seed bank)을 운영하기에 이른다. 전국에서 수집한 벼 3천여 종을 비롯해 밀 150종, 그 밖에 수백여 종 곡물과 채소, 과일 종자를 관리·보존하고 있다. 농민들에게 무상으로 종자를 나눠주고, 농민들은 수확 뒤 종자로 되갚거나 다른 농민들에게 종자를 나눠주면서 토종종자 확산하고 있다. 나브다냐는 유기농 수확물을 소비자들에게 직거래하는 활동도 한다. 씨앗 보존농장과 농장에 세운 '비자 비디야삐트(Bija Vidyapeeth)'라는 씨앗대학을 통해, 종다양성에 바탕을 둔 유기농업 확산을 위한 교육활동도 벌인다. 씨앗대학은 2001년에 설립됐는데, 외부 투입 자원에 의존하지 않고 농민이 재배한 수확물에서 얻은 종자와 태양열, 천연가스 같은 주변 자원을 활용해 농사를 짓고 생활하는 방법을 가르치고 있다.

자급적 사회와 우리의 현실

시바는 '악개발'을 앞세운 근대 문명과 다국적 종자회사를 비롯한 곡물무역상사들이 이끌고 있는 세계 식량복합체제, 식량 독재체제에서 벗어나려면 '자급적 관점'이 필요하며, 여기에 뿌리를 둔 생활양식으로 만들어가는 자급 사회를 제안한다. 자급적 관점은 식량과 다른 기본 필수품을 지역에서 자급자족하고, 국가 관료주의에서 벗어나는 탈집중화와 자기중심 개별성에 근거하는 시장경제를 대체할 믿을 수 있는 인간관계 네트워크를 만드는 것을 뜻한다. 또한 참여민주주의 혹은 풀뿌리 민주주의, 생태적으로 건전하고 페미니즘 가치를 담은 자급 과학과 기술이 필요하며, 문화와 노동의 재결합, 공기, 쓰레기, 토양, 자원 같은 공유재산의 탈상업화, 남성중심사회의 무장 해제를 지향한다. 시바의 칩코운동, 나브다냐운동과 씨앗 대학 창립 같은 실천들은 앞에서 언급한 여성적 원리와 자급적 관점에서 이해할 수 있다. 시바는 그 밖에 인도 몇 지역에서 일어난 '민중의 댐' 건설운동, 일본 주부들의 생활클럽운동(생활협동조합운동)을 자급 사회를 만들어 가는 사례로 제시한다.

시바가 제시하는 대안들은 한국 사회에서도 볼 수 있다. 80년대 말 한살림과 민우회의 몇백 명 주부들로 시작된 생협은 오늘날 100만 명 소비자와 1조에 이르는 친환경 시장을 만들었다. 서울시는 '마을 만들기' 사업을 시정의 하나로 채택해 풀뿌리 주부 모임을 찾기 어려웠던 강남 지역에서도 풀뿌리 단체들이 생겨나게 했다. 그러나 문제는 더 새로워지고 복잡해졌다.

우리나라 생협은 다국적 기업의 식량독점체제로부터 자립적인 영역인가? 생협 생산자들은 순환농법을 위해 지역에서 애쓰고 있지만, 그 첫 고리인 씨앗을 받지는 않는다. 유전자변형작물 종자는 아니겠지만 역시 씨를 받지 못하는 다수확 에프원(F1) 종자로 모든 종자를 종자회사에서 사서 쓴다. 그런데 한국의 주요 종자회사들은 1997년 외환위기 당시 다국적 종자회사들로 넘어갔다. 정부가 나서서 유전자변형작물 농사를 상용화하려는 마당에 한국 종자회사들이 정부의 지엠오 작물 종자 보급처가 될 것은 분명하다. 이에 대해 백만 조합원을 이끌고 있는 생협은 극히 일부 조합원들이 토종종자 도시 텃밭을 하는 것 말고, 어떤 대응을 보여줄 수 있을 것인가?

씨드림, 언니네 텃밭, 가배울 같은 단체와 연대하는 농민들은 토종 씨앗을 심고 꾸러미를 통해 토종을 도시민들과 나눈다. 그러나 꾸러미는 집밥을 거의 먹지 않는 도시 식생활의 변화, 소비자 취향대로 선택할 수 없고 농민이 주는 대로 받아야 하는 특성, 도시민의 취향과 맞지 않는 운용방식으로 정체 상태를 벗어나지 못하고 있다. 시바가 토종종자 보전운동으로 하고 있는 나브다냐운동을 한국에서는 이들 단체들이 하고 있는 셈인데, 이런 문제에 봉착하고 있는 것이다.

'가배울'은 작은 단체이지만, 이런 문제에 대한 도전으로 2015년부터 강진군 성전면 달마지 마을 토종 콩으로 '토종손두부'를 만들어 회원들에게 보내고 있다. 420그램(4,200원) 두부 한 모를 주마다 먹으면 토종 콩밭 20평을 조성할 수 있다. 현재 지역 소농들이 약 3000평에서 토종 콩을 생산하고 있다. 토종은 할머니들 생계유지 농법으로 수확량도 개량 콩에 비해 70퍼센트 정도밖에 되지 않아, 가공하면 일반 친환경 제품보다 값이 약 1.5배 넘는다. 토종을 보존하는 확실한 길은 종자 은행도 있지만, 지속해서 심고 먹는 일이 가장 중요하다. 우리나라 가구 한 달 평균 식비는 66만 원(2019년 가계동향조사). 공정무역 커피와 설탕도 일반 친환경 제품보다 몇 배 더 비싸다. 토종식품을 상용화할 수 없고, 그럴 만한 토종 농산물이나 가공품 양도 많지 않지만, 한 가구 식비 가운데 1~10퍼센트를 토종으로 소비하겠다는 약속을 할 수는 있다.

시바가 관여하고 있는 '테라 마드레'는 2004년부터 시작된, 2년에 한 번 열리는 전통 음식 축제다. 테라 마드레 행사 주최자인 슬로푸드 국제 본부 신조는 "맛있고 건강하고 다양한 식량을 재배하고 섭취하는 문화를 사회, 정치, 경제적 개혁의 중심으로 한다."는 것이다. 130개 나라가 참여하며 회원은 1천2백여 식량 공동체에 소속된 약 5천 명으로 구성돼 있다. 이 취지에 공감하는 식당과 카페들이 토착 식량을 재료로 쓰는 '테라마드레 식당', '테라마드레 카페'를 세계 곳곳에서 운영하고 있다. 비싼 임대료 때문에 토종을 쓰는 카페나 식당을 낼 엄두를 내지 못하는 현실이지만 희망이 없는 건 아니다. 2020년 10월 가배울도 이런 정신을 잇기 위해 강진에 토종 씨앗으로 재배한 식재료로 밥상을 차리는 토종식당을 열었다. 서울시 마을만들기 사업에 마을 공공식당 만들기가 끼어들 수는 없을까? 도시텃밭에서 토종종자로 농사를 이어갈 수는 없을까? 최근 새로 짓는 아파트에는 작은도서관, 스포츠센터 같은 공공시설이 들어가는데 여기에 토종종자 도시농업 텃밭 식재료로 운영되는 공공식당이 포함될 수는 없을까? 최근 민관 협치가 시정 화두로 등장하고 있는데, 먹을거리 공공 체계야말로 협치의 좋은 의제가 될 수 있다. 이러한 꿈을 희망으로 만들어가는 것이 한국식 나브다냐운동이 될 수 있을 것이다. 이런 희망을 버리고 싶지는 않다.

* **참고 자료** 《자연과 지식의 약탈자들》,《테라 마드레: 공존을 위한 먹을거리 혁명》,《에코페미니즘》Shiva, Vandana(1988), Staying Alive:Women, Ecology and Development, London:Zed Books.

김정희

남도의 전통 농촌 문화 살리기 활동을 하는 가배울 공동대표로, 여성학자이기도 하다. 생명여성주의와 지역 여성운동에 관심을 가지고 있으며 《풀뿌리 여성정치와 초록리더십의 가능성》, 《공정무역, 희망무역》, 《남도 여성과 살림예술》을 펴냈다.

반다나 시바의 책

《살아남기》
강수영 옮김, 솔, 342쪽, 1998년

시바는 과학과 발전이 사람을 아름답고 행복하게 만들 수 있다는 허상에서 깨야 한다고 말한다. 역사에서 인류의 생존을 위해 바탕이 되고 뿌리가 되었던 여성이 근대 과학과 개발 탓에 어떻게 희생되고 소외되었는지 그 과정을 들여다보고 있다. 지구의 자연과 생태의 보존, 아울러 어머니 대지를 품는 여성적 원리의 회복을 위한 성찰과 지속가능한 선택에 대해 이야기한다.

《자연과 지식의 약탈자들》
한재각 외 옮김, 당대, 236쪽, 2000년

생물다양성과 문화다양성을 파괴하며 제3세계 민중들을 빈곤에 몰아넣고 지구 생태계를 위협하는 생명공학의 위험성을 고발한 책. 초국적기업이 자연과 농민을 배제하고 약탈하는 행위를 정당화하는 세계무역기구(WTO) 지적재산권 협약의 맨얼굴을 드러낸다. 생태담론과 발전주의담론, 페미니즘 사유와 가부장제 사유가 충돌하고, 지역공동체 운동이 세계화의 공세에 저항하는 과정을 이야기하고 있다.

《누가 세계를 약탈하는가》
류지한 옮김, 울력, 206쪽, 2003

소수 다국적 기업들이 세계 식량 공급을 통제하고 재편하는 식량 독재 시대를 들여다본다. 세계

자유무역은 부유한 나라가 가난한 나라의
식량권과 생명권을 강탈하는 무역이며, 특허와
지적재산권으로 생명체 소유권을 주장하는 행위는
자연을 약탈하는 '생물해적행위'라고 비판한다. 식량
전체주의에 맞서 식량 민주주의를 회복하기 위한
연대, 생물종에 대한 연민과 생물다양성을 보호하는
생태적 유기 농업, 비폭력 농업으로 전환을 요구한다.

《물 전쟁》
이상훈 옮김, 생각의나무, 254쪽, 2003년
역사를 돌아보며 지역사회의 물에 대한 주도권이
침해되었는지 분석한다. 댐 건설을 둘러싼 경제
논리와 환경 논리의 대립, 지나친 기업의 지하수
개발 사업이 지하수를 고갈시켜 주민들이 다국적
기업의 물에 의존하는 실상도 고발한다. 물은 자연이
주는 선물이지만 한계가 있고 무엇으로도 공유재인
물을 대체할 수 없다는 사실을 인식하는 것이 '물
민주주의' 출발점이라고 말한다.

《테라 마드레: 공존을 위한 먹을거리 혁명》
반다나 시바, 카를로 페트리니, 찰스 원저,
마이클 폴란 지음, 송민경 옮김, 다른, 191쪽, 2009년
2004년 10월 이탈리아 작은 마을 튜린에서
시작된 '대지의 어머니, 지구'라는 뜻을 가진
'테라 마드레' 운동 이야기. 이윤과 효율만 앞세운
다국적농업기업이 환경과 생태파괴, 유전자 변형,
종자 단일화 같은 문제를 만든 탓에 먹을거리는
인류 역사상 최악의 위기상황을 맞았다. 거대 자본에
의해 유기농과 지역경제가 파탄을 맞고 있는 현실에
맞서 농부들이 테라 마드레에 모여 생태적으로
살아남기를 선언했다. 지역의 식량 공동체들이 손을
잡고 세계 입맛이 일원화되는 것을 거부하며, 지역의
특성과 전통을 살린 다양한 식생활 문화를 함께
지키자는 결의를 이어가고 있다.

《에코페미니즘》
마리아 미즈, 반다나 시바 지음, 손덕수, 이난아 옮김, 창비, 401쪽, 2020년

서구 페미니스트를 넘어 인류가 지구 차원에서 회복해야 하는 가치, 자연과 여성, 자본주의의 관계를 뿌리부터 다시 생각하는 전환이 필요하다는 사실을 '생태적 여성주의' 관점으로 설명한다. 여성의 해방을 추구하지만, 제3세계 민중과 여성이 초국적 자본주의의 개발로 인해 겪고 있는 문제, 지구 차원에서 어머니 땅이 남성화되고, 여성의 토착지식과 생물다양성 보존 체계가 무너지는 현실을 바꾸기 위한 선택이 바로 에코페미니즘이라고 말한다.

캐롤린 머천트

Carolyn Merchant
1936 -

미국 뉴욕주 로체스터에서 태어났다. 레이첼 카슨이 화학 살충제 남용과 생태계의 심각한 교란 현실을 《침묵의 봄》을 통해 세상에 알리던 시절, 그녀는 대학에서 화학을 공부하고 있었다. 과학사로 박사 공부를 하던 기간은 68세대들이 근대문명 모순에 반기를 들고 탈근대 대안을 모색하던 때였다. 17세기 과학 혁명을 인류 문명 진보를 위한 발판으로 해석하던 전통에 자연스럽게 의문을 품었다. 서구 근대 과학은 당시 열강들 패권과 제국주의를 등장시킨 배경이었고, 그 본체는 자연생태계뿐 아니라 여성 착취를 기반으로 성립된 가부장사회의 반자연 세계관에 뿌리를 두고 있음이 명백했다. 그 파괴 요소를 조목조목 비판하며 인류 문명 전반의 패러다임 전환을 촉구하는 관점, 인간과 자연이 진정한 동반자로 거듭나야 한다는 생태여성주의 시각에서 서구와 미국의 환경사와 과학사를 새롭게 정립했다. 여든이 넘은 지금도 미국 UC버클리대학 환경과학, 정책, 경영학부에서 환경사와 철학, 윤리 과목을 맡고 있다.

페미니즘이
아니면
죽음이다

글. 김재희

자연의 죽음 – 여성과 생태론, 그리고 과학혁명

　정밀한 계산과 예측으로 세상을 완벽하게 파악하고 지배하기, 계량에 따른 시장 원리로 최고 효율을 확보하기, 이런 영리함을 니체(F. Nietzsche, 1844~1900)는 인류가 점점 더 위대한 자리로 상승하는 진보가 아니라 결국 공멸을 향한 음울과 퇴폐로 치닫는 세기말 광기란 사실을 누구보다도 앞서 섬뜩하게 예감했다. "오만방자한 19세기 유럽인, 넌 진짜로 미친 거야! 네 지식은 자연의 완성이 아니라, 너 자신부터 죽이는 거야!"(니체,《반시대적 고찰 II》§9.)

　고대 그리스 플라톤에서 소크라테스로 이어진 이성중심 서구 철학이 도달한 19세기 기계론, 자연에서 생명과 신성(神性)이 사라진 몰락 징후들에 절망하고 소스라치다 발작이 시작된 니체는 결국 정신병원에 입원해 생의 마지막 10년을 보냈다.

그가 마주했던 시대와 불화, 그 정체가 이성 중심 근대 지성이었다면 프랑스와즈 도본(Françoise d'Eaubonne, 1920~2005)은 그 틈을 뚫고 들어온 한 줄기 빛 '페미니즘, 아니면 죽음'(le feminisme ou la mort)을 간파했다. 그건 인류를 구해낼 희망의 단서였으며, 서구 대학가에서 68혁명 시기 새로 접수한 명제였다. 이 간명한 선언은 제1차 세계대전 때 화학 무기로 피습된 병든 아버지 밑에서 성장하며 한참 예민하던 열여섯 살 무렵, 스페인 내전 참상을 목격했던 문학 소녀 프랑스와즈 도본이 쉰세 살 되던 1974년 출간한 책 제목이기도 했다. '에코페미니즘(ecofeminism)'이란 표현도 이 책에서 처음 만들어졌다.

그녀는 당시 급부상한 여성해방운동이 남녀 불평등을 해소하는 차원을 넘어 공격과 파괴 성향의 진보 개념으로 일그러진 '가부장제' 전반 문제를 포괄해야 한다고 주장했다. 성차별이 해소되고 권력이 동등하게 분배될 때, 사회 모순뿐 아니라 여성들의 자연 친화 능력을 통해 지구생태계 파멸 위기도 극복할 수 있으리라는 진단이었다.

이런 철학적 직관을 과학사 맥락에서 탐구한 작업이 캐롤린 머천트 대표작으로 1980년 출간된 《자연의 죽음 – 여성과 생태학, 그리고 과학혁명》이다.*각주1 이 책에서 그녀는 17세기 과학 혁명의 지독한 업적은 여성이 계승한 전통 지식의 폄하와 자연 지배로 이어지며, 이는 결국 생태위기의 재난을 가져온 원흉이었음을 밝혔다. 가부장제 사유 방식에서 여성과 자연은 남성 지식인들에게 무한 희생과 착취의 대상이라는 점에서 동일한 처지였다는 점도 확실히 했다. "자연은 마녀와 같아서 고문하고 강간해야 진실을 토해낸다."는 주장은 이런 현실을 적나라하게 드러낸 글귀였고, 이는 서구 근대 과학 혁명의 아버지로 불리던 베이컨(Francis Bacon, 1561 ~ 1626)과 뉴튼(Isaac Newton, 1643 ~ 1727)의 자연관이기도 했다.

캐롤린 머천트는 이른바 그들의 '과학 혁명'에서 우주와 사회와 자아를 단일 문화 현실로 묶는, 당대를 지배하는 은유가 더 이상 생명체가 아닌 기계 덩어리로 전락한 과정을 밝힌다. 아울러 여기 개입된 종교와 철학의 전제들, 문화 규범과 사회 이념이 작동된 맥락을 드러내며 분노한다. 이제 자연은 생명 없는 입자들이 외부의 힘(forces)으로 움직이는 체계가 되었고, 인간의 삿된 목적을 위해 자연은 얼마든 조작하고 살해할 수 있다는 생각들이 독려됐다. 이로써 숱한 종(種)은 멸종 위기로 내몰리고 '지구 어머니' 목숨 자체가 위협받게 되었다.

생명의 여신들이여, 단결하라

인간과 자연의 관계에 대한 성찰은 아주 오래된 것이나, 독립된 학문으로 에코페미니즘이 등장한 시기는 1970년대부터다. 특히 문명사 맥락에서 이를 점검하기 시작한 캐롤린 머천트의 성과를 빼놓고 이 분야를 논할 수는 없다. 머천트가 제대로 통합 연구를 시작하기 전까지 서구 근대 과학 전반은 바람직한 과학의 전범(典範)이며 순수 학문의 결과로 추앙받았다.

하지만 백인들이 북미 원주민의 땅에 첫발을 딛고 침탈을 시작한 '뉴잉글랜드' 일대, 그녀가 성장기를 보낸 지역의 극심한 변화 현장만 살펴보더라도 그들이 확신한 이른바 '가치 중립 시각'이란 서구 백인 남성 지식인 중심의 시각과 기준으로 설정한 특정 지역, 특정 시대의 비뚤어진 산물에 불과했다는 사실은 바로 드러났다.

　유럽 출신 이민자들은 원주민의 대자연을 '식민지 생태 혁명'의 현장으로 바꿔 유럽에서 2천 5백 년 넘게 진행된 자연 파괴를 불과 250년 동안 압축해 자행함으로써 지구적 생태 재앙의 사태를 빚어냈음을 확인했다.[각주2] 그녀는 이제 '지구 어머니'를 함께 돌보며 소생시킬 해법을 모색하지 않을 수 없었다.

　페미니스트 여성 과학도 머천트는 숲을 베어내고 사막이 된 땅에 거대 자본을 투입해 첨단 기계로 무장한 도시 문명, 신천지를 창조하려는 현대 문명의 야심과 허망한 노력,[각주3] 백인 남성 지식인 중심의 과학과 기술 따위로는 결코 죽어가는 지구를 살려낼 수 없다고 확신했다. 그래서 전과는 확연하게 다른 발상, 다른 해법을 찾아서 여러 문화권에 전승돼온 생명의 여신들을 소환했다.[각주4]

　모계 사회에서 더 크게 활약했던 가이아와 이시스 여신은 물론이고, 가부장제 틀에서 무참하게 위축되었으나 여전히 왕성한 치유력으로 지구 곳곳에서 활약하는 생명의 여신들, 환경운동의 전선에서 강과 숲을 지켜내며 산업 문명 유령과 맞서 싸우는 용감한 활동가들의 역사에 열광했다. 그녀는 이들의 헌신으로 인간과 나머지 생명들에게 상생의 길이 열리는 다양한 정치 행위의 현장과 그 해법들에 주목했다. 이 새로운 현상들을 어떻게 세상에 알릴 것인가?

래디컬 에콜로지

'래디컬(radical)'이란 표현은 특히 '급진적'이라고 번역될 때 오해의 소지가 있다. 사회적 혹은 정치적 입장에서 극단이거나 타협할 여지가 없는 어떤 것이라면, 이 다양성 만능 시대에는 좀 삼가는 게 낫지 싶기 때문이다. 래디컬(radical)의 어원 자체가 라틴어 'radix(radic-), radicalis' 곧 '뿌리'다. 어떤 사태의 근원이나 본질을 향하는 속성은 있어도 어딘가로 급히 간다는 뜻은 훨씬 더 나중 순위에 있다. 근원이나 본질을 향해 굳이 나아간다면, 그건 아마 '오래된 미래를 향한다'는 뜻이 옳을 것이다.

바로 이 '래디컬'을 표방한, 한국에 소개된 머천트의 두 번째 책 《래디컬 에콜로지 - 잿빛 지구에 푸른빛을 찾아주는 방법》에서,[*각주5] 그녀는 생태주의 사유 전통을 다양한 각도에서 말 그대로 뿌리들부터 하나하나 짚어간다. 왜 인간이 자연을 이토록 망가뜨렸는지, 내 가족과 혈연이 누구이며 우리는 어떤 사회에서 살고 있는지, 내 주변부터 돌아보며 시작한다. 이를 바탕으로 생태위기 현실과 그런 결과를 가져온 원인에 대해 생각하도록 안내하고, 더 깊이 공부할 수 있는 자료들도 꼼꼼히 챙겨준다.

기후 재앙과 대기오염, 식량, 인구, 빈곤과 양극화 같은 현대 인류 문명의 위기와 딜레마를 자초한 원흉들, 효율 극대화라는 자본주의 산업 문명의 작동 양식, 경제와 정치와 세계화의 맞물림, 미래로의 진보라는 착취에 의존하는 편협한 정신 상태를 밝히기 위해 이 모든 사태의 뿌리들을 드러내 보여준다. 그리고 이 참혹한 현실을 극복할 기회를 모색한다.

21세기 지구 시민이 더 이상 죽음에 내몰리지 않고 제대로 숨을 쉬며 '살 수 있는 세상'을 선택할 유일한 해법은 생태주의라는 결론에 이른다. 이를 위해 지금껏 등장한 생태론의 여러 갈래들을 대비시키며 자신이 공부한 생태주의 지식의 지형도를 그려 보인다. 이를 실현할 대안으로 현장에서 뛰고 있는 다양한 시민운동을 소개한다.

오래된 미래의 새로운 인식론

다 큰 아이들 성인식을 준비하는 담임교사 마음으로, 시급한 과제는 세상을 이해하는 방식을 제자리에 돌려놓는 것이라고 그녀는 확신한다. 그것은 자연과 생명의 섭리, 오래된 미래의 가치를 새로 배우며 생태적으로 지속가능한 생활 양식을 따르는 길이다. 하지만 심하게 똑똑해진 현대인은 경제 논리로 생명을 밀쳐내고, 개발이 보존을 말살하며, 속도가 기다림에 앞서는 반생명의 사유에 길들여져 있다. 이런 기계론에 젖은 사유를 씻어내는 일이 정말 곤혹스럽다.

사물을 둘로 나눠 대립 관계로 설정해, 특히 이성(理性)과 문화와 정신이 감성(感性)과 자연과 육체보다 월등한 것으로 여기는 플라톤식 이분법 가치 체계에서 벗어나는 일도 마음처럼 쉽지 않다. 머천트는 차근차근 친절하고 조심스런 말투로 독자들이 놀라 달아나지 않도록 우여곡절 사연 많은 드라마를 얘기하듯 곡진하게 말을 건넨다.

"우리 모두는 무대에서 사라질 단역이지만, 상처 입은 주인공 여배우는 '자연'이에요."

자연의 속성은 기계 같은 질서가 아니라 혼돈과 복잡계의 양상으로, 인간 모습도 원래 그렇다. 그녀는 인간도 자연도 예측 가능, 통제 가능한 기

계가 아니라 자율성이 완연한 생명체라는 사실에 마지막 희망을 건다.*각주6
과학기술에 대한 맹신, 여기 기댄 자본주의 경제의 잔혹성을 버리고 할머니의 할머니들이 지킨 삶의 진리와 가르침을 찾아 지구 어머니에 대한 경외심을 회복하는 길을 말한다. 그 진실한 마음자리를 다시 찾는 길에 확실한 이정표를 세우는 일은 이제 당신의 마지막 책무가 됐다.

생태주의 이론가로서 캐롤린 머천트의 작업 가운데 가장 그녀다운 면모라면, 그건 개인의 체험과 일상의 의문을 화두로 이야기를 풀어가는 화법일 것이다. 반열에 오른 철학자나 사상가의 자태가 아니라 아이들을 깨워 하나라도 더 가르쳐주려 전력투구하는 걱정 많은 담임교사 같은 그녀. 땡볕 아래 뚝뚝 땀이 떨어져도 장대비가 쏟아져도 하염없이 광화문 복판에서 '설악산 케이블카 반대' 방패를 들고 서 있던 어느 초록 전사 모습과도 많이 닮았다.

"농성장도 갈수록 살림이 늘어난다. 물건 하나 찾으려고 여기저기 뒤진다. 하물며 케이블카로 비롯되는 시설물은 갈수록 늘어나고 산을 황폐화시킬 것이다. 자연을 자연답게 보존해야 하는 이유다." (박그림)

---

* **각주1** Merchant, Carolyn(1980), The Death of Nature - Women, Ecology, and the Scientific Revolution, 번역본, 캐롤린 머천트, 《자연의 죽음 - 여성과 생태학, 그리고 과학혁명》전규찬, 전우경, 이윤숙 공역, 미토, 2005)
* **각주2** Merchant (1989), Ecological Revolutions: Nature, Gender, and Science in New England, The Univ. of North Carolina Press; Merchant(2002), The Columbia Guide to American Environmental History, Columbia Uni. Press;)
* **각주3** Merchant(2003), Reinventing Eden: The Fate of Nature in Western Culture, Routledge.
* **각주4** Merchant(1995), Earthcare: Women and the Environment, Routledge.)
* **각주5** Merchant, Carolyn (1992), Radical Ecology: The Search for a Livable World, 한국어 번역본, 캐롤린 머천트, 《래디컬 에콜로지 - 잿빛 지구에 푸른빛을 찾아주는 방법》
* **각주6** Merchant(2015), Autonomous Nature: Problems of Prediction and Control from Ancient Times to the Scientific Revolution, Routledge.

김재희

온전함이란 상처 없음이 아니라 치유되었음이라 믿는 에코페미니스트로, 서울예대에서 학생들을 만난다. 펴낸 책은 《신과학 산책》, 《깨어나는 여신》, 《녹색성서》, 《그리스도교의 아주 큰 전환》, 《파도》, 《복제인간 시리》, 《유전자 언어》, 《아주 작은 차이》가 있다.

캐롤린 머천트의 책

《자연의 죽음 - 여성과 생태학, 그리고 과학혁명》
전규찬, 전우경, 이윤숙 옮김, 미토, 520쪽, 2005년

머천트는 자본주의 성장이 가져온 자연 파괴와 죽음을 폭로하며, 왜곡된 뿌리를 끊어 균형을 회복하려는 생태주의 운동에 주목한다. 또한 근대 세계의 형성과 관련된 여성과 자연의 이미지가 어떤 가치들과 결부됐는지, 오늘 우리 삶에 어떤 의미를 담아내는지 성찰한다. 가부장제 사유방식과 결합한 과학기술이 세계를 거대한 기계장치로 만들었고, 이로써 지구 어머니 생명이 위협받고 있는 현실을 드러낸다.

《래디컬 에콜로지 - 잿빛 지구에 푸른빛을 찾아주는 방법》
허남혁 옮김, 이후, 416쪽, 2007년

환경 문제의 근원을 이루는 철학, 윤리학, 과학, 경제학을 비판하고 생태 위기에 맞서는 세계의 다양한 실천을 소개하는 생태학 입문서. 여러 생태주의자들의 사상을 분석하고 환경 문제에 대한 대중의 관심을 이끌어낸다. 머천트는 '급진생태론' 문제의식에 따라 근본 생태론, 영성 생태론, 사회 생태론을 들여다보며 의미와 한계를 짚는다. 생태계 변화뿐 아니라 환경 파괴 원인을 제공하는 정치와 경제 제도에 도전하는 지구적 생태혁명에 주목한다.

사티쉬 쿠마르

Satish Kumar
1936 -

사티쉬 쿠마르는 인도의 한 농가에서 태어났다. 가족은 비폭력 원칙에 철저한 자이나교 신자였다. 어머니는 자이나교 교리에 충실하고 영적인 삶을 추구하는 재가 수행자였고 쿠마르에게 큰 영향을 줬다. 아홉 살에 자이나교 승려가 된 쿠마르는 9년 동안 수행하다 간디의 책을 읽고 사회적 영성에 눈을 떴고 자이나교를 떠나 인도의 토지헌납운동에 참가한다. 그 뒤 핵무기의 위험을 알리기 위해 인도에서 모스크바, 파리, 런던 그리고 워싱턴까지 평화 순례를 이어갔다. 영국에 정착한 쿠마르는 생태잡지 〈리서전스〉를 발행하면서, 텃밭을 가꾸고 명상과 산책을 하면서 생명 평화의 가치와 영성을 나누고 있다. 또한 청소년을 위한 '하트랜드 작은학교'와 성인을 위한 '슈마허대학'을 세워 지속가능한 대안교육을 실천하고 있다.

자연과 생태를
공경하는
지구별 녹색 성자

글. 태영철

영혼을 위한 순례

사티쉬 쿠마르가 태어났을 때 마을의 한 점성가는 그의 인생은 끝없는 여행이 될 것이며, 목적지에 도달하지 못할 것이라고 예언했다. 그 예언은 반은 맞고 반은 틀렸다. 쿠마르의 여행은 끝없이 계속됐지만 모든 순간이 출발지였고 동시에 목적지였기 때문이다.

첫 여행은 태어나 어머니 품속으로 떠난 9년 동안의 순례였다. 어린 쿠마르는 어머니 품속에서 자연의 위대함, 영적인 삶, 자이나교의 가르침을 온몸으로 받아들였다. 쿠마르는 어머니를 통해 모든 존재는 서로를 섬기면서 구원을 얻는다는 존재의 연결성을 배웠고 뼛속 깊이 새겼다.

두 번째 여행은 어머니 품을 떠나 자이나교 승려로 살았던 9년 동안의 순례였다. 쿠마르는 '죽음' 문제를 해결하기 위해 자이나교 승려로 출가

했다. 그 뒤 9년 동안 철저한 금욕과 수행을 이어갔다. 비폭력과 해탈과 자비의 실천을 위해 수행에만 전념했다. 죽음 문제를 해결하고자 '세상을 포기하는 수행'의 시간이었다. 하지만, 9년 동안의 수행 뒤 열여덟 청년 쿠마르는 자신의 혈관 속으로 흐르는 뜨거운 피를 깨닫게 된다. 간디의 자서전을 읽으면서 개인에 머무는 비폭력과 영성에서 벗어나 사회적 비폭력과 영성에 대해 새롭게 눈을 뜨게 된다.

세 번째 여행은 자이나교를 떠나 세상으로 돌아온 순례였다. 마하트마 간디의 이상을 실현하고자 '부단운동'(토지헌납운동)을 이끌던 비노바 바베를 만난다. 바베는 이미 20년 동안 인도 곳곳, 지구 둘레 4배에 달하는 16만 킬로미터를 걸어 지주들을 만났고, 그들이 가난한 사람들에게 땅을 기증토록 했던 인물이었다. 그와 함께 부단운동에 참여해 세상을 향한 순례를 시작한다. 그 뒤 핵무기의 위협을 알리는 평화순례를 떠난다. 인도에서 미국까지 1만4천 킬로미터, 세상으로 돌아와서 세상이 되는 순례. 이 순례에서 쿠마르는 서양의 철학자와 운동가들을 만나면서 서양의 철학, 세계관, 문화에 대해 더 깊은 통찰을 얻게 된다.

네 번째 여행은 다시 찾은 인도 순례였다. 이 순례는 지금껏 쿠마르가 동서양을 오가며 쌓은 문화와 철학, 실천의 배경을 영성의 관점으로 아우르며 쿠마르식 생명평화 사상의 바탕을 세우게 된다. 물질과 영혼, 생과 사, 동양과 서양, 선과 악, 내면과 외면 같이 분리되고 단절된 모든 것들을 통합하고 연결하는 새로운 생명평화의 철학을 세우게 된 것이다.

생태평화운동 – 사회적 영성의 실천

사티쉬 쿠마르를 일컬어 '살아 있는 간디'라고 한다. 마하트마 간디는 인도가 영국의 식민 지배를 받으면서 당했던 정치적 탄압과 경제수탈에 항거했고, 이를 인도 고유의 사상과 문화를 전면에 내세운 자주독립운동으로 전개했다. 사티아그라하(진리파지), 아힘사(비폭력), 스와라지(자치)가 그것이다. 간디는 개인 해탈만을 위해 수행하는 당시 인도 정신을 꾸짖고, 사회적 영성이라는 사회참여영성운동을 일으켰다. 그의 제자인 비노바 바베 역시 간디의 사회적 영성운동을 이어갔다.

쿠마르는 간디의 사회적 영성사상과 실천을 두 가지 측면에서 확장시켰다. 첫째, 사회적 영성운동을 인류 보편 생명평화운동으로 승화시켰다. 쿠마르는 동서양을 횡단하면서 동서양의 정신과 문화 전통을 아우르고 연결했으며 이를 인류 보편 문제와 논점으로 끌어올렸다. 핵무기 문제를 위한 평화순례, 생태문제를 지구별 전체 관심으로 끌어낸 생태 잡지 〈리서전스〉 발행, 그리고 다양한 생명평화운동의 실천을 통해 그 실마리를 제공했다.

둘째, 쿠마르는 사회적 영성을 사회 모든 영역으로 넓혔다. 서구 합리주의가 세계를 지배하면서, 서구 자본주의는 세계를 급속도로 획일화시켰다. 특히 신자유주의 경제체제는 경제뿐만 아니라 정치, 사회, 문화, 예술, 스포츠 모든 분야를 점점 더 서구 중심 판박이 구조로 바꿔버렸다. 마치 아마존 밀림이 서구 햄버거 사업을 위해 목초지로 바뀌었다가 점점 황무지로 변해가는 것처럼, 인류의 다양하고 풍성한 문화가 서구 중심 상품자본주의에 의해 황폐화돼버린 것이다. 쿠마르는 이에 대한 비판에 머물지 않고 한걸음 더 나아가 실천적 대안들을 다양한 분야에서 실험하면서 새로운 모델을 제시했다. 지구를 위한 경제학, 공생과 상생의 과학, 다양성과 지속가능성을 토대로 한 지역(마을)운동을 비롯해 정치, 경제, 사회, 문화, 예술, 교육 등 다양한 분야에서 생명평화운동을 전개했다.

쿠마르는 교육에도 큰 관심을 기울여 청소년을 위한 '하트랜드 작은학교'와 성인들을 위한 '슈마허대학'을 설립했다. 하트랜드 작은학교는 우리나라 대안학교의 효시인 간디학교 설립에도 큰 영향을 끼쳤으며, 슈마허대학은 성인들을 위한 다양한 과정을 개설하고 이를 통해 산업주의와 기계문명의 절망을 넘어 새로운 인류 문화를 꿈꾸는 지구촌 많은 사람들에게 희망과 위안을 주고 있다. 쿠마르의 교육은 간디의 기본 교육 철학에 맞닿아 있다. 그의 철학은 4H(머리-Head, 가슴-Heart, 손-Hand, 집-Home)교육으로 흔히 표현된다. 머리는 지식교육이며 가슴은 정서, 이른바 예술과 감성교육, 손은 의식주를 중심으로 하는 자립교육, 집은 가정과 같은 공동체 교육을 상징한다. 이 교육의 핵심은 한쪽으로 치우치지 않고 조화롭게 살아가는 삶의 교육을 지향하며, 그 중심에는 영성이 자리하고 있다. 또한 학교 공간의 중심은 교실이 아닌 식당과 도서관으로 본다. 학생들은 식당에서 요리하는 과정에 반드시 참여하고, 텃밭에서 기른 농작물과 지역 음식물을 요리 재료로 사용한다. 도서관은 사람들과 만남은 물론 세상을 만날 수 있는 자연스러운 공간으로 열려 있다. 분절되고 단절된 교과중심 교육이 아니라 식당과 도서관이라는 삶의 공간을 통해 자연스럽게 삶과 배움의 과정을 익혀가는 것이 중요한 교육의 과정이라고 본다.

또한 슈마허대학이 있는 영국 토트니스 지역은 전환마을로 세계에서 유명하다. 이 전환마을운동에도 쿠마르의 생명평화 사상이 녹아 있다. 흔히들 전환마을을 기후변화와 에너지 고갈에 대한 대안 공동체마을운동으로만 생각한다. 하지만 전환마을운동은 이러한 눈에 보이는 외적 전환과 더불어 '내적 전환' 역시도 중요하게 여긴다. 내적 전환이란 의식의 전환이며, 분리와 판단의 관점에서 통합과 연결의 관점으로 바라보는 것이다. 우리나라에서도 마을공동체와 마을학교운동이 지자체와 교육청을 중심으로 활성화되고 있지만 내적 전환이라는 단어는 아직 낯설다. 미래의 마을운동은 단순히 물리적인 마을운동이 아니라 내적 전환이 함께 강조되는 진정한 의미의 마을운동으로 거듭나야 한다는 메시지로 읽어야 할 것이다.

지구별 녹색 성자 – 모든 것은 서로 의존한다

현대의 물질 문명은 '존재하는 인간(Human Beings)'을 '소유하는 인간(Human Havings)'으로 뒤바꿔버렸다. 21세기는 존재가 아닌 자본과 욕망이 지배하는 세상이다. 쿠마르는 그 근원을 '나는 생각한다. 고로 존재한다(Cogito, ergo sum)'라고 선언한 데카르트에서 찾는다. 서양은 데카르트 이후 이원론 사고 체계가 주류의 사고방식이 되었다. 정신과 물질의 분리, 영혼과 몸의 분리가 서양 문명을 지배하는 큰 패러다임이 된 것이다. 뉴턴의 인간 중심 우주관, 다윈의 경쟁과 강자중심 진화론, 프로이트의 몸과 정신의 분리심리학은 모두 '에고(ego)'를 중심으로 한 이원론 시각이 담긴 것이다. 이원론 관점에서는 자연과 환경은 인간을 위해 기꺼이 약탈되고 파괴돼도 괜찮은 대상일 뿐이다.

반면 동양은 우주와 인간이 서로 의존 관계에 있다고 봤다. 모든 존재는 서로 완벽하게 연결돼 있다는 일원론 패러다임으로 인간과 자연, 정신과 물질, 영혼과 몸을 분리되지 않은 연결된 존재로 파악했다. 따라서 부분이 아니라 전체를 추구하는 철학이며 경쟁이 아닌 공생의 철학인 것이다. 지구에서 삶은 상호관계와 상호작용을 통해 서로의 존재를 떠받치는 원리이며 지구의 모든 종은 지구공동체의 일원이다. 낱낱이 떨어져 있는 존재가 아니라 서로 의존하고 공생하는 존재라는 것이다. 따라서 동양에서 자연과 환경은 서로 상생하고 존중하는 관계로 여긴다. '그대가 있어 내가 존재한다(Estis, ergo sum)'라는 말로 데카르트의 전제를 뒤집는 동양의 우주관을 분명하게 표현한다. 이것이 바로 사티쉬 쿠마르가 주장하는 생명평화운동 기본 철학이다.

데카르트의 이원론이 가져온 비극은 현대 물질 문명의 비극과 일치한다. 자연을 정복하고 동물과 식물을 공격하며 권력과 부를 위한 투쟁으로 인간을 내몰았던 것이다. 쿠마르는 "분리되고 고립되며 연결돼 있지 않은 '나'라는 존재는 없다."고 본다. 따라서 모든 존재가 주는 자이면서 동시에 받는 자가 된다. 자연과 '나'는 분리되지 않고 공생공존하는 한 존재이기에 자연을 공경하고 내 몸과 같이 대하는 것이다. 정신과 물질이 둘이 아니기 때문에 소유에만 집착하는 사람(Human Havings)에서 존재와 의미로 살아가는 사람(Human Beings)으로 확장될 수 있다. 개인과 사회 역시 동전의 양면이며 물질과 영혼은 함께 존재한다. '인류가 행복해지려면 지구 하나로 충분하지만, 인류의 욕망을 채우려면 지구가 열 개여도 모자란다.'는 말처럼 말이다. "두려움은 우리 사회의 지배 요소입니다. 어린 시절부터 부모, 학교, 정부가 두려움을 키워줍니다. 두려워하도록 양육되었기 때문에 안전을 갈구합니다. 그리고 우리 사회는 아주 쉬운 형태의 거짓 안정을 제공합니다. 돈이죠. 그래서 결국 우리는 달러의 독재 밑에서 살게 됩니다. 이것은 공적 삶뿐만 아니라 사적 삶에서도 마찬가지입니다." – 〈녹색평론〉 53호

사티쉬 쿠마르는 이러한 욕망의 패러다임은 자본주의나 공산주의 둘 다 마찬가지라고 봤다. 마르크스의 계급 분석 역시 이원론에 기초해 있는 계급 투쟁이다. 자본주의이건 공산주의이건 모두가 자기 이익을 추구하며 투쟁과 충돌로 이익의 추구를 극대화하는 체제다. 당연히 두 체제 모두 동물과 자연과 지구를 약탈의 대상으로만 삼았을 뿐이다. 심지어 환경운동조차 인간 중심 사고와 세계관에 따르고 있다. 인간의 생존과 지속가능성을 위해 자연과 환경을 잘 보존해야 한다는 인간 중심 생태학 역시도 그 뿌리에는 데카르트 이원론을 바탕에 둔 방법론이 숨어 있다. 이에 대해 쿠마르는 '생태 공경론'(Reverential Ecology)이라는 개념을 대안으로 제시한다. 삶이란 인간의 생존에 관한 것뿐만 아니라 모든 생명에 대한 깊은 존경과 경외감이며, 자연을 지키고 보호하는 것뿐 아니라 모든 생명의 존엄성을 깨닫는 것까지 나아가야 한다는 것이다. 사람과 자연은 분리될 수 없고 분리돼서도 안 된다. 공경 없는 생태학이나 영성 없는 행동이 사람을 자연과 분리시켰고 오늘날 지구에 위기를 가져온 주된 원인이 됐다.

그래서 우리는 의존을 선언해야 한다고 사티쉬 쿠마르는 외친다. 인간뿐 아니라 자연계의 모든 생명이 고귀하며, 인간과 자연은 서로를 존중하며 의지하고 있다. 나무와 강, 산, 풀잎 하나에서 눈에 보이는 것과 보이지 않는 모든 것에 이르기까지 모든 존재는 깊이 연결돼 있고 서로 의존하고 있다. 죽음 또한 생명의 끝이 아니다. 인간은 환생해 이 세상에 다시 온다. 따라서 다음 세상을 위해 지구를 건강하게 보존하는 것은 인류의 의무다. 지금은 인간의 모습을 하고 있지만 다음 세상에서는 소가 될 수도 있고, 새

가 될 수도 있으며, 곤충이 될 수도 있다. 모든 존재는 서로 순환하며 내가 될 수도, 너가 될 수도, 그가 될 수도 있다. 따라서 모든 존재는 서로 공경해야 하며 서로에게 의존하고 있음을 선언하고 실천해야 한다.

우리는 이제 어떤 촛불을 켜야 할까

사티쉬 쿠마르는 "어둠을 저주하기보다는 단 하나의 촛불이라도 켜는 게 낫다."라고 했다. 우리나라 촛불혁명과 그 뒤로 찾아올 미래의 삶에 대해서도 생각하게 된다. 4차 혁명, 인공지능사회 같이 미래의 예측들이 연일 미디어를 강타한다. 불안한 미래가 우리 영혼을 위협하고 잠식해온다. 미세먼지 경보, 기후변화, 지구온난화, 에너지 고갈, 핵발전소, 핵개발, 테러, 청년 실업 같은 사회의 어느 분야도 지속가능해 보이지 않는다. 아마 촛불혁명 뒤로 저주받은 어둠이 바로 이것일 수도 있을 것이다. 우리에게 다가온 저 어둠들, 우리는 이제 어떤 촛불을 켜야 하는가?

쿠마르의 영적인 생명평화운동은 이 어둠을 밝히는 유력한 대안으로 대두되고 있다. 지구별을 아우르는 사고와 행동 그리고 '에고(ego)'가 아닌 전체와 존재를 보살피는 깨달음의 삶! 환경문제에 대한 대안이 아니라 총체적인 삶에 대한 대안이자 존재 자체에 대한 대안이다. '나는 생각한다. 고로 나는 존재한다.'라는 에고에 가득 찬 이원론 패러다임에서 '그대가 있어 내가 있다.'라는 이원론을 넘어서는 새로운 패러다임으로 전환은 지구 위기와 문명사의 대전환 시기에 우리가 선택할 수 있는 강력한 대안일 것이다.

간디의 스와라지(자립, 자치)를 바탕으로 한 마을(지역)공동체의 건강한 자립은 쿠마르의 마을(지역)운동과도 그 맥이 닿아 있다. 국가중심의 정치, 경제, 사회, 문화, 예술의 독점이 가져온 획일화의 폐단을 막을 수 있음은 물론이고 새로운 마을(지역)문화 재건도 가능할 것이다. 쿠마르가 제안하는 마을은 겉으로 드러나는 실제 마을의 복원에 그치지 않고 공유와 나눔, 깊은 연결과 상호 의존을 바탕으로 한 내적 전환의 마을이기도 하다. 지역과 사람과 지구를 위한 경제, 작지만 탄탄한 수공업 중심 경제 활동, 인간과 자연의 공생과 상생을 새롭게 연결하는 예술과 문화, 우리 삶을 통틀어 품는, 영성이 충만한 인간을 기르는 대안교육처럼 낱낱이 살아 움직이는 삶의 대안을 제시한다. 단순히 현대 물질 문명을 거부하거나 반대하기보다 어둠 속에서 촛불 하나 켜는 심정으로 실현 가능한 새로운 실천 방법을 제시하고 있다.

　　개발독재 잔재가 아직 서슬 퍼렇고 4대강 사업의 주역과 핵발전의 맹신자들이 우글대는 우리의 현실과 비교한다면 쿠마르의 영적 생명평화운동은 정말 먼 나라 일처럼 느껴질 수도 있다. 하지만 근본적 대안은 바로 이 영성을 바탕으로 한 생명평화운동이라고 할 것이다. 지금의 어둠을 밝힐 수 있는 가장 유력한 촛불로서 말이다.

　　몇 해 전 영국 슈마허대학에서 사티쉬 쿠마르를 직접 만났다. 쿠마르는 걸림이 없었다. 내면으로 향하는 길과 외면으로 향하는 길이 다르지 않았다. 삶이 곧 교육이고 교육이 곧 삶이었다. 일이 곧 명상이고 명상이 곧 일이며, 내면의 깨달음이 곧 사회적 깨달음이며 사회적 깨달음이 곧 내면의 깨달음이었다. 근본 삶의 변화가 필요한 21세기의 '현생 인류'에게 '지구별 녹색 성자 사티쉬 쿠마르'는 지금 여기의 깨달음으로 당장 깨어나라고 호통치고 있었다. 이제 우리가 깨어나 응답할 차례다.

"우리는 땅에서 와서 땅으로 돌아간다. 우리는 자연의 일부일 뿐이며 자연보다 높거나 분리돼 있는 존재가 아니다. 자연은 모든 생명체의 근원이다. 기쁨과 축복, 예술과 상상력, 시와 영감, 기술과 발명의 근원인 것이다. 취약함과 겸손함을 껴안고 지구에 조건 없이 의지하고 있음을 선언하자. 그대가 있어 내가 있다." – ≪그대가 있어 내가 있다≫

태영철
간디농장 시절부터 시작해 24년 동안, 산청간디학교와 제천간디학교 그리고 금산간디학교에서 청소년들과 함께 몸과 마음으로 함께 배우며 지내고 있다. '가르치는 것과 배우는 것이 하나'라는 생각을 바탕으로 학생들과 함께 '세상을 조금 더 행복한 곳으로 만들기 위해 순간순간을 성찰하는 교사'로 살아가고 있다.

사티쉬 쿠마르의 책

《사티쉬 쿠마르》
서계인 옮김, 한민사, 342쪽, 1997년

열강의 핵무기 폐지를 위해 무일푼으로 인도에서, 러시아, 유럽을 거쳐 아메리카까지 걸어서 평화순례를 한 여정을 담았다. 자연은 위대한 스승이며, 자연을 알지 못하고 자연을 사랑하지 못하면 자연을 지킬 수 없다고 말한다. 걷는 것은 사람과 사람, 사람과 사람 아닌 것들 사이에 진정하게 평화적인 관계를 세우는 근본 조건이며, 지구에 자기의 흔적을 가장 적게 남기는 것이 지구에서 평화를 이루는 방법이라고 설명한다.

《그대가 있어 내가 있다》
정도윤 옮김, 달팽이출판, 336쪽, 2004년

평화 순례자이며, 생태운동 영성가인 사티쉬 쿠마르의
영적 여행을 담고 있다. 씨앗이 자라 나무가 되고,
나무에서 다시 씨앗이 생기는 순환으로 '관계철학'을
설명한다. 또한 버트란트 러셀과 마틴 루터 킹 같은 세계
사상가와 철학가와 나눈 대화를 담았다. 동양과 서양의
합류 지점에 서 있는 쿠마르가 세상을 다양한 관계의
연결망으로 이해하는 영감의 원천을 발견할 수 있다.

《부처와 테러리스트》
이한중 옮김, 달팽이출판, 160쪽, 2005년

불교 경전에 나오는 '앙굴리말라 이야기'를 새롭게 풀어
썼다. 살인마 앙굴리말라가 부처를 만나 부처의 제자가
된다는 단순한 이야기 속에서 '비폭력 평화'라는 화두를
찾는다. 불을 불로 맞서지 않고, 폭력의 뿌리가 무엇인지
살펴보고, 그 뿌리에 자리 잡고 있는 두려움의 실체를
들여다보라고 한다. 두려움을 넘어서 사랑과 자비로
폭력의 악순환을 끊을 수 있다고 말한다.

《끝없는 여정》
서계인 옮김, 해토, 396쪽, 2008년

'살아 있는 간디', '세계 녹색운동의 스승' 사티쉬
쿠마르가 쓴 자서전. 산업주의 문명의 절망을 넘어
새로운 인류 문화를 꿈꾸는 세계 수많은 사람들에게
희망과 위안을 주고, 다르게 사는 상상력을 자극한다.
녹색운동, 생명평화운동을 온 삶을 통해 펼친 여정을
담았다. '땅, 영혼, 사회'라는 열쇠말로 개인과 사회를
구원하는 길을 보여준다. 방향을 잃은 시대를 사는
우리에게 쥐어준 나침반 같은 책이다.

아리야라트네

A. T. Ariyaratne
1931 -

'스리랑카의 간디'로 불린다. '모든 생명은 평등하다'는 생각에 뿌리를 둔 실천으로 스리랑카 최대 민중 조직인 사르보다야 샤르마다나 운동을 일으키고 이끌었다. 1958년 고등학교 교사로 일하던 때 교육운동을 위해 들어갔던 스리랑카 오지 마을에서 생활과 삶에 직결된 식수, 화장실, 주거, 도로, 에너지 같은 절실한 문제들을 마을 사람들이 함께 직접 해결하고 자립할 수 있도록 도왔다. 이렇게 시작한 사르보다야 운동은 50년 만에 1만 5천 개 마을로 확대됐다. 무상 유치원도 4,335개가 넘는다. 아리야라트네는 사회구조에 속속들이 뿌리내린 폭력을 없애려 힘쓰는 비폭력 영적 혁명가다. 자본을 앞세워 인간을 하찮게 여기는 흐름을 끊기 위해 활동해왔다.

스리랑카의 간디, 지구에서 모든 생명과 평등하고 자비롭게

글. 송위지

모든 생명이 평등한 사회를 꿈꾸다

사르보다야 샤르마다나 운동(Sarvodaya Sharmadana)은 '자치'를 뜻하는 스와라지(swaraiji) 즉 사르보다야와 '노동의 선물'이란 뜻을 담고 있는 '샤르마다나'의 결합어다. '스스로 행하는 노동의 결과'라는 간디의 원칙과 불교 정신에 기반을 두고 있다. 이 운동의 중심에는 신성한 보배(성보 聖寶)라는 뜻을 지닌 스리랑카의 간디 아리야라트네(A. T. Ariyaratne) 선생이 있다.

아리야라트네는 1931년 11월 5일 스리랑카 남부 갈레 지역에 있는 우나왓트나 마을에서 태어났다. 우나왓트나에 있는 부오나 위스타 학교와 갈레에 있는 마힌다 학교에서 교육을 받았다. 그 뒤 사범대학을 졸업하고 니이타와 결혼을 해서 위나야와 챠리카 두 자녀를 뒀다. 스리랑카 위디요다야

대학에서 경제학을 공부한 뒤 명예 문학 박사 학위를 받았다. 필리핀 에밀리오 아귀날도대학에서 명예 인문학 박사 학위를 받았다.

아리야라트네는 1969년 필리핀으로부터 라몬 막사이사이 지역사회 리더십상, 1996년 인도 정부로부터 간디 평화상, 1992년 니와노 평화상과 보드왕(Beaudoin)상, 평화 구축과 마을 개발에 대한 국제상도 받았다. 2006년에는 아차리아 수실 꾸마르 국제 평화상을 받았는데, 달라이 라마도 2004년에 이 상을 받은 바 있다. 2007년에는 스리랑카에서 가장 높은 국가 명예인 스리랑카 비마냐를 받았다.

1958년부터 사르보다야 샤르마다나 운동을 시작한 선생은 1972년까지 스리랑카 콜롬보에 있는 나란다 학교에서 교사로 생활했다. 스리랑카 학교(college)는 초·중·고등학교 과정을 모두 교육한다. 나란다 학교에서 생활할 때 고등학생 40명, 교사 12명과 함께 카스트 때문에 추방된 사람들이 사는 카탈루와라는 오지 마을에서 사람들이 생활 환경을 스스로 개선할 수 있도록 도우며 사르보다야 운동을 시작했다. 이러한 교육 실험이 활발히 연이어 일어나 어느 정도 자리 잡히자 아리야라트네는 여러 사람들과 함께 사르보다야 운동의 기초가 된 사상을 정리했다. 그것은 간디의 이상, 불교 철학, 에큐메니칼(Ecumenical) 영성을 아우르는 것이다.

사르보다야의 산스크리트어 정의는 '모든 사람의 복지'이지만 아리야라트네는 '모든 생명은 평등하다는 불교의 이상에 대한 각성'으로 이 용어를 재해석했다. 사르보다야 운동은 사람들 스스로 사회 변화의 주체가 되는 것에 중점을 둔다. 마을이야말로 국가의 심장과 영적·도덕적 지향의 뿌리를 대표한다는 사고방식이다. 그래서 이 운동은 마을마다 정치적 권한을 부여하고, 마을공동체의 협력 안에서 삶 전반을 아우르는 각성과 농촌 개발로 나아간다. 이 운동은 사회구조에 뿌리 깊은 폭력을 없애는 비폭력 영적 혁명을 이끌고, 이를 사회 질서 바탕으로 대체하는 것을 이상으로 삼는데, 특히 이 영적 혁명은 빈곤도 폭력도 없는 풍요롭고 평등한 사회를 추구한다.

무소의 뿔처럼 당당히 가라

아리야라트네는 붓다의 가르침에 따라 '세계로 나아가고 사람들의 복지를 위해' 일했다. 그의 모든 행동은 이런 초기 불교 가르침에 바탕을 두고 있다. 불교 문화는 아리야라트네의 어린 시절부터 생각하는 것과 말, 행동 모두에서 인간 현세 삶의 복지뿐만 아니라 앞으로 올 세상을 위해서도 어떤 일관성을 유지해야 하는지를 가르쳐줬다. 늘 원인과 결과의 법칙을 염두에 두게 했다. 개인 차원에서 불의하고 부당한 방법에 의지하면 경제와 정치 또는 삶의 다른 영역에서도 불의와 부당은 계속해서 반복될 것이다. 좋은 목적은 좋은 수단을 통해서만 실현될 수 있다.

따라서 사르보다야는 개인의 인격에서 인류 전체에 이르기까지 모든 것을 기꺼이 품고 맑게 깨우는 것을 뜻한다. 이 각성은 영적 차원뿐 아니라 도덕, 문화, 사회, 경제, 정치적 차원으로 나아간다. 아리야라트네는 간디주의를 사르보다야 운동과 강하게 결합시켰다. '모든 것은 변한다'는 제행무상(諸行無常)이란 생각이 운동의 뿌리에 있다. 이를 토대로 '위빠사나' 명상 수행을 통해 스리랑카와 다른 지역에서 수백만 명이 동참하는 '가족 모임'을 이끌었다. 이런 활동은 세계에 널리 알려졌다. 한편 아리야라트네는 자신의 사회 행동 수행에 맞게 불교 원칙을 재해석하거나 재적용한 불교 모더니스트다. 아리야라트네의 모더니즘은 불교 승려와 평신도가 마을공동체의 생활 속에 활발하게 참여할 것을 요구한다. 이것이 마을이나 공동체의 문제에 대한 아리야라트네의 핵심 해결책이다.

아리야라트네가 사르보다야 운동을 하면서 초점을 맞춘 또 다른 생각은 '자아가 없다'는 '제법무아(諸法無我)'다. 이로써 다른 사람들에게 사심 없는 봉사를 할 수 있고, 자신의 의식을 보다 정화하고 자비로운 상태로 바꿀 수 있다고 믿었다. 사르보다야 운동에 참여하려는 사람들은 스스로에 대한 사랑이 바탕에 있다. 이는 그들이 '무아' 개념과 함께 다른 사람들에게 봉사하려고 자신을 내려놓고 있음을 뜻한다. 이런 실천이 타인에게 더욱 깊게 영향을 미치게 된다고 확신했다.

'무소의 뿔처럼 당당히 가라'는 말은 불교 초기 경전인 숫타니파타의 '무소의 뿔' 제1품에 반복해서 나오는 가르침이다. 사르보다야 운동을 이어갈 때 힘들고 어렵고 유혹도 많았을 것이다. 하지만 무소의 뿔처럼 당당히 갈 때 운동은 더욱 굳건해졌다. 사르보다야 운동을 함께 일궜던 사람들은 이런 생각을 끊임없이 실천으로 옮겼다.

세계 식량 메이저 기업인 미국 카길(Cargill)은 스리랑카 시장으로 자연스레 진입하기 위해 스리랑카 정부에 로비를 하면서 동시에 사르보다야에도 거액의 후원금을 주고 잉여농산물을 대규모 가난한 농어민들에게 무상으로 나눠주려 했다. 사르보다야 취지에 동감하는 많은 부호들이 큰 자본을 앞세워 그들을 후원하겠다는 제안도 했다. 대신 돕는 이의 이름을 사르보다야와 같이 쓰려고 했다. 자본이 스리랑카 사회와 사르보다야에 미칠 영향을 알았던 아리야라트네는 이를 단호히 거절했다. 많은 자본이 들어오면 더 많은 활동으로 큰 성과를 냈을지도 모른다. 하지만 자본에 종속되면 초심을 잃었을 것이고, 지금의 사르보다야는 사라져버렸을 것이다. 이를 처음부터 자각하고 대자본에 휘둘리지 않고 꾸려나갔다. 사르보다야를 실천하는 이들은 이러한 자긍심을 한결같이 품고 걸어왔다.

아리야라트네는 카길 같은 다국적 기업의 제안을 받아들이면 스리랑카 농업이 붕괴하는 것은 물론 농촌 사회가 지니고 있는 협동하는 성향까지 잃게 된다고 역설했다. 결국 농촌 사회에 무상으로 식량을 공급하려 했던 카길의 시도를 좌절시켰다. 아울러 유전자변형농산물에 대해 알리고 경각심을 높였다.

다른 사람들을 깨우지 않으면 나는 깨어날 수 없다

아리야라트네는 인간 개인의 괴로움은 물론 사회적 갈등의 뿌리에는 세 가지 원인이 있는데 이를 삼독(三毒)이라 했다. 우선 욕심(탐심 貪心)을 들여다봤다. 모든 생명체들이 경험하는 불행의 출발점은 욕심이며 이것이 개인의 삶뿐 아니라 사회도 피폐하게 만들고, 자연에도 여러 가지 문제를 만들어낸다고 봤다. 실제 인간의 욕심 탓에 지구 자연이 위태로움을 겪고 있고, 조화로운 순환을 지속해갈 수 없는 지경에 왔다. 다음은 화(진심 嗔心)인데, 화는 마음 균형을 무너트리고 관계와 공동체를 깨트리는 폭력이다. 화내지 않는 것은 평화를 만드는 일이다. 마지막은 어리석음(치심 癡心)이다. 사람과 사물을 제대로 헤아리지 못하고 자신이 서 있는 자리를 알아차리지 못하는 어리석음이 삶의 자리를 망가트린다. 사람은 물론 모든 생명체를 황폐하게 만든다. 아리야라트네는 이 세 가지 독이 나오지 않도록 노력할 것을 당부했다. 이것을 해결하는 방법으로 위빠사나 수행을 채택했다. 위빠사나는 마음을 지키는 일, 알아차리는 일이다. 마음의 고요한 자리에 머물러 그저 모든 것을 지켜보는 일이다. 생각이나 감정을 있는 그대로 지켜보는 특별한 관찰이다. 사물과 현상을 있는 그대로 보는 것이다. 자신의 자연스런 들숨 날숨을 관찰하면서 우주의 숨결에 닿는 것이다. 모든 것이 하나로 연결돼 있다는 것을 깨닫는 과정이다.

아리야라트네의 사르보다야 운동은 비폭력과 관용의 정신이 중심에 있다. '선한 행을 하면 좋은 결과가 있고, 악한 일을 하면 나쁜 결과가 있다(善因善果, 惡因惡果)'는 말은 아리야라트네를 이해하는 데 중요한 말이다. 이것이 불교도뿐 아니라 무슬림, 개신교, 가톨릭 신자, 힌두교도까지 이 운동에 동참하게 하는 원동력이 됐다. 아울러 사르보다야 운동은 스리랑카에서 자치 단체 운동을 이끌고 마을 전체를 조화롭게 가꾸고 분쟁을 해결하는 프로그램을 제공했다.

아리야라트네의 사회적 행동 의제에서 핵심은 비폭력이다. 어떤 경우에도 비폭력 행동을 요구한다. 아리야라트네는 수십 년 동안 스리랑카에서 평화를 위해 노력해왔으며 평화를 위한 유일한 방법은 '나와 나의 견해(아상 我相)'을 없애며 '인간이 최고다(인상 人相)'라는 생각을 극복하는 것이라고 말했다. 이로써 지구의 모든 생명체와 인류는 서로 연결돼 있다는 사실을 깨닫게 된다. 아리야라트네는 모든 깨달음은 비폭력과 이타심에 기반을 둬야 한다고 봤다. 이것이 "다른 사람들을 깨우지 않으면 나는 깨어날 수 없다."고 말한 이유다. 따라서 다른 사람들을 위해 자신을 잊고 다른 사람들을 끊임없이 깨우려고 노력했다.

1990년대 초반, 스리랑카가 타밀 타이거와 전쟁을 할 때 일이다. 아리야라트네는 전쟁이 고조되었을 때 지속해서 집단 자비 명상 프로그램을 열었다. 사로보다야 회원뿐 아니라 시민들도 참여했다. 그러다가 2002년 '100만인 평화 자비 명상'을 기획했다. 스리랑카 고도 아누라다푸라로 모이자고 제안했다. 기독교, 가톨릭, 이슬람이 화답해서 군중 90만 명이 모여 '마하 샨티 사마타의 날' 평화 기원 집회를 열었다. 더는 서로를 죽이는 살육을 멈추자고, 모두를 파괴하고 고립시키는 폭력의 고리를 끊자고 결의했다. 명상을 통해 지혜를 마주하게 되면 전쟁의 원인과 배경, 상처, 전쟁이 가져올 미래를 보게 된다. 마음을 모아 세상을 직시하며 '전쟁을 그만두라'고 천명했다. 놀랍게도 2주 만에 총성이 멎었다. 이를 계기로 무참한 살육을 일으킨 내전을 끝내고 평화를 만드는 힘이 움직이기 시작했다.

모든 것은 연결돼 있다

아리야라트네는 '네 가지 고귀한 진실'(四聖諦)도 재해석한다. 우선 고통(苦)이 세계에서 발생한다는 것을 알아야 한다는 것이다. 빈곤, 질병, 억압을 비롯해 환경 문제는 세계 모든 지역은 물론 인간 사회에서 발생하는 고통이며, 이것을 인식하는 것이 중요하다. 모든 사람들이 이러한 고통의 실체를 알아차리고 들여다봐야 한다. 지역사회뿐 아니라 개인 차원에서 고통을 줄이도록 어떻게 도울 수 있는지 생각해야 한다. 고통 받는 사람들을 돕는 것은 그 안에 얽혀 있는 삶의 폭력을 없애는 일이기도 하다.

다음은 '고통이 어디에서 오는지(集)' 아는 일이다. 모든 생명체에게 다가오는 고통이 집착에서 비롯한다고 했다. 아리야라트네는 마을이 비록 물질로는 번영하지 않았으나 정신마저도 풍요롭지 못하다면 원인은 그 안에 있는 이기주의, 경쟁, 탐욕, 증오 때문이라고 가르친다. 사르보다야 운동은 지역사회 앞에 놓여 있는 문제를 극복하고 해결하는 길 찾기 과정이다.

그 다음은 모든 고통의 중단 또는 끝(滅)이다. 완전한 해방에 이르면 고통도 끝날 수 있다고 말한다. 사르보다야 운동은 이것을 통해 마을 사람들의 고통이 멈출 수 있음을 제시했다. 무엇보다 탐욕을 버리면 고통이 끝날 수 있고, 많은 문제를 해결할 수 있다. 특히 마을 주민의 고통은 다른 사람들과 협동을 통해 풀어갈 수 있다. 사르보다야 운동은 마을 주민들이 서로 강력한 공동체 유대를 만들어가도록 돕고 있다. 사르보다야 운동은 스리랑카 농촌 지역이 문제를 앞서 풀어간다. 1997년에는 텔레센터를 시범 설립해서 운영했다. 마을정보센터(Village Information Center)는 무한 정보 시대에 정보를 접하지 못하는 농촌 공동체를 위해 설립한 농촌 도서관이다. 2000년 초부터 본격 체계를 갖춰 운영을 시작했다. 2008년 중반까지 172개 마을정보센터 가운데 약 21개 센터가 자립 기반을 만들었다.

다음은 고통의 끝으로 가는 '여덟 가지 길'(八正道)로 들어서는 것이다. 그것은 올바른 견해, 올바른 의도, 올바른 말, 올바른 행동, 올바른 삶, 올바른 노력, 올바른 마음 챙김과 올바른 집중이다. 아리야라트네는 이것을 재해석해 인간성 회복은 물론 행복에 이르는 길이라고 설파했다. 가령 올바른 마음 챙김은 모든 고통을 이겨낼 수 있는 길, 바로 해탈에 이르는 길이라는 뜻이다. 지역에 있는 문제들을 해결하려고 할 때 마을 공동체가 함께 모여 열려 있는 자세로 둘러앉아 전체 과정과 원인을 살피고 주의를 기울여 하나씩 해결해나갈 수 있다고 한다. 가령 길을 만들고 유지하는 것, 마을 욕실 설치, 물 공급처럼 지역사회에서 공동으로 해야 할 일을 더불어 관찰하면서 지역사회에서 토론을 거쳐 필요한 문제를 해결할 수 있다. 지역사회를 구성하는 개인의 고통을 덜어 주고 공동의 문제를 해결해간다.

아리야라트네는 모든 행위를 초기 불교의 개념에 중점을 두고 있다. 붓다의 가르침에 충실하게 따른다는 것이다. 모든 일을 할 때 탐욕, 증오, 망상 같은 어두운 요소를 명상 훈련을 통해 긍정 에너지로 변화시키는 수행에 뿌리를 두고 있다. '참여 불교(engaged Buddhism)'의 한 갈래라고 설명하기도 하지만, 그보다는 '불교 그 자체(Buddhism itself)'이며 그것에 바탕을 둔 실천이다.

아리야라트네는 '불교경제학'으로 경제 문제를 해결해간다. "인간의 경제적 삶은 모든 것은 연기(緣起)로 서로 연결돼 있기 때문에 전체 삶과 개인의 삶이 분리될 수 없다. 삶을 전체로 바라본다. 세계 전체를 연기 관점으로 이해한다." 아리야라트네는 전체를 아우르는 생명에 대한 이해가 없다면 행복의 길을 따르지 못한다고 말했다. 아프리카 원주민도 여섯 단계만 거치면 미국 대통령과 연결될 수 있다는 것이 연기론이다. 이런 관점으로 볼 때 경제학은 삶과 삶의 한 조각에 불과하다. 따라서 경제 활동의 도덕적, 사회적 의미를 별개로 취급해서는 안 된다. 개인과 지구 생태계 전체를 동시에 생각하는 관점이 필요하다고 했다.

사르보다야 운동은 마을에 필요한 것과 그것이 어떻게 이행될 수 있는지 주민들을 초대해 토론한다. 마을협의회를 만들고, 학교와 클리닉을 짓고, 가족 프로그램을 만든다. 경제 기회를 만들어 자급자족할 수 있도록 돕는다. 마을 은행을 세우고, 다른 마을에도 도움을 준다. 마을 문제를 단계에 따라 함께 해결해간다.

모든 생명을 자비와 평등으로 대하라

아리야라트네는 사르보다야 운동을 통해 '모든 생명을 자비와 평등으로 대하라'는 명제를 실천했다. 정치 체제와 관계없이 신자유주의가 판치는 현대 사회는 강한 것은 귀하고 약한 것은 천하다고 여긴다. 약한 것은 강한 것에 의해 먹히는 약육강식의 인간 생태계를 만들어왔다. 아리야라트네는 '모든 것은 변한다(無常)'는 사실과 '자아가 없다(無我)'는 인식이 부족해서 생긴 탐욕 탓이라고 했다. 이 때문에 지구는 자연으로든 사회로든 인간 욕심의 장으로 변했다. 결국은 지구의 생태계뿐 아니라 지구를 파국으로 몰고 가고 있다고 했다.

아리야라트네가 펼치는 사르보다야 운동은 이 같은 파국으로 달려가는 세계를 멈춰 세우는 활동이다. 자본주의 문명의 발달과 신자유주의에 뿌리를 둔 경쟁, 끝없는 소비주의, 부유한 자와 가난한 자 사이 분열을 심각하게 바라본다. 인간답지 못한 사회현상(아노미현상)과 거대한 자본으로 인해 발생하는 극심한 빈부격차 같은 문제들을 들여다본다. 과도한 3·4차 산업의 발달과 대단위 농업으로 인해 발생하는 농작물 독점, 산업자본화로 인해 발생하는 식량의 불안정성을 어떻게 해결할 것인지 고민한다. 세계 곡물 시장을 장악하고 있는 다국적 기업이 주도하는 유전자변형농산물(지엠오) 문제와 자본을 앞세워 인간을 하찮게 여기는 흐름을 끊어야 한다고 봤다.

아리야라트네는 이를 위해 무엇보다 개인과 사회, 세계가 탐욕으로부터 자유로워져야 한다고 말한다. 공동체 의식과 인간성을 회복하는 것이 무엇보다 중요하고, 무엇보다 수많은 문제들을 자신의 문제로 끌어안는 것에서 시작해야 한다고 역설한다. 한 사람 한 사람이 저마다 수행을 통해 탐욕을 끊고, 협동의 가치를 발휘해 함께 풀뿌리에서부터 변화를 만들어가자고 제안한다. 변화는 가능하며 변화의 실체는 '무소의 뿔' 같은 실천을 통해 만나게 된다. 사르보다야는 불교도, 힌두교도, 이슬람교도, 기독교인 수십만 명이 저마다 자신의 신앙 안에서 받아들일 수 있는 '사티빳타나 명상' 프로그램으로 저마다 좋은 삶을 만들어 가는 공공 명상을 이어간다. 이 프로그램을 통해 1천 1백만 명 넘는 시민이 도움을 받고 있다.

왜 지금 왜 아리야라트네에 귀 기울여야 하는가. 아리야라트네가 펼치는 운동은 머리에 머무는 철학이 아니라 영향을 미치는 손길이며, 변화의 바람을 일으키는 발걸음이다. 개인과 공동체가 연결되고 지역과 세계가 잇닿아 영향을 미치고 지속가능한 삶을 마련하기 위한 치열한 선택이다.

아리야라트네는 고도로 발전한 과학과 기술이 되레 세상에 가져온 차별과 배제를 어떻게 넘어서야 하는지, 어떻게 갈등과 단절을 통합할 것인지 질문했다. 그 무엇보다도 고귀한 영적 지혜를 품고 더 공정하고 조화롭고 평화로운 지구 공동체를 만들기 위해 하나가 돼야 한다고 말했다. 사회적 약자, 끝에 있는 사람에게 우선순위를 둬야 하고, 약하고 가난한 사람에게 인간으로서 누려야 하는 자유가 보장돼야 한다고 당부한다. 자신과 세상의 본질을 무엇보다 앞서 깨달아야 하고, 비폭력과 이타심에 근거해 실천해야 한다. 그것이 인류를 살리고 사람다움을 회복해 모두가 평등하고 조화롭게 살 수 있는 유일한 길이기 때문이다.

송위지
스리랑카 국립 켈레니야대학 대학원에서 불교철학을 공부한 뒤 을지대학교 교수로 재직했고, 불교환경연대 중앙위원으로 활동했다. 현재 성원불교대학 학장과 한국문화연구소장으로 있다. 펴낸 책은《불교 속에서 배우는 삶의 지혜》가 있고,《동남아불교사》를 함께 썼다.

비노바 바베

Vinoba Bhave
1895 - 1982

스무 살에 간디의 제자가 돼 간디 아쉬람에 들어가 간디 사상을 계승하고 인도의 자치와 재건을 위한 활동을 펼쳐나갔다. 인도 카스트 최고 계급인 브라만으로 태어났으나 스스로 노동자가 돼 평생을 헌신하며 간디와 함께 비폭력 생명평화운동을 이끌었고 그로 인한 투옥된 가운데 바가바드 기타를 강의하기도 했다. 간디 서거 뒤 명상과 사회 혁명을 위한 삶을 살고자 13년 동안 맨발로 걸어 다니며 부단운동(토지헌납운동)을 이끌어 500만 에이커, 남한 면적 5분의 1 정도 땅을 헌납받아 가난한 이들에게 무상으로 나눠줬다. 이 기적 같은 순례자는 인도에서 처음으로 한센병 센터를 열고, 나이탈림(새로운 교육운동)을 이끌어 인도 사회를 넘어 세계를 변화시키고자 노력했다. 아울러 여성 공동체 '브라마비디야 아쉬람'을 세워 기도와 노동, 교육활동을 하다 스스로 곡기를 끊고 생을 마쳤다.

비바!
진리로 살아가는
승리의 삶을 보여주다

글. 양희창

비노바 바베를 우리는 위대한 사상가이자 지도자, 사회 개혁가이자 생태 운동가, 교육자라고 말한다. 하지만 진리를 체험하기 위해 비폭력을 실천하며 살았던 그의 '평화의 이야기'를 삶과 일상을 통해 조금씩 나눠 표현했을 뿐이라고 생각한다. 그는 인간이 이렇게 살 수도 있음을, 이렇게 살아야 함을 알려주는 참 사람이었다.

대안학교인 간디학교는 간디의 정신을 철학적 토대로 삼아 세워졌다. 간디의 정신을 이 시대의 언어로, 예를 들면 생태성, 공동체성, 사랑과 자발성, 생명과 평화 같은 단어로 표현하면서 교육과정이나 문화를 통해 실현하려고 노력해왔다. 이는 비노바 바베가 삶으로 보여준 세상을 바꾸기 위한 실험에 더욱 영향을 받았다고 할 수 있다.

게다가 비노바 바베에게 학교는 단순한 지식 전수 기관이 아니었다. 자립하는 인간을 길러내고 사회 개혁을 위해 봉사하고 인류에 헌신하는 삶을 위한 마을이기도 했다. 새로운 사회를 꿈꾸는 새로운 가치관을 지닌 인간을 출현시키는 혁명의 장소이기도 했다. 바베는 자본주의 아래 욕망을 극대화하고 인공지능 사회를 고대하며 스스로 좀비가 돼가는 시대에서 한 인간이 어떻게 살아가는 것이 아름답고 행복한 것인지 성찰하게 하는 질문을 던지고 있다.

    비노바 바베에게 '평화를 위한 삶의 실현'은 매우 영적이고 소박하고 헌신하는 삶의 진리를 향한 고백이었다. 하지만 이 시대는 그에게서 정치, 경제, 사회, 문화, 교육, 생태 그 어떤 것도 빠뜨릴 수 없는 주요한 쟁점을 발견하게 했다. 더불어 새로운 미래사회를 구상하는 이들에게 사회를 변화시킬 수 있는 힘을 불어 넣어준다.

    노동과 지식이 일치돼야 한다고? 영성과 혁명, 개인과 공동체가 하나가 될 수 있다고? 30년 동안 기계를 쓰지 않고 하루 8시간, 실을 잣고 똥을 치우고 농사를 지었던 그가 우리에게 묻고 있다. 생태적 삶이 과연 무엇일까? 인간이 진리 속에 거하면 두려움으로부터 자유로워질까?

진리를 쫓아 생각하고 실천하고

    비노바 바베에게 신은 진리와 사랑이었다. 진리를 체험하기 위해 아힘사(비폭력), 사랑을 현실 속에서 몸으로 구체화한 그였다. 자아를 탐구해 나가는 과정이 곧 신을 발견하고 사회를 향해 나아가는 몸짓이었다. 내면의 평화와 사회적 평화가 하나 되는 삶이 명상과 실천으로 이어졌다. 자발적인 가난과 영적인 탐구에 헌신하는 삶을 사명으로 하는 노동자, 모두가 천하다고 여겼던 육체노동, 똥 치우는 일, 목수 일, 농사, 물레 돌리기, 고된 일을 마다하지 않고 오히려 기쁨으로 여겼다.

바베가 앞세운 삶의 공식은 L=M2A이다. '삶(Life)=묵상2(Meditation2)×행동(Action)', 두 번 기도로 마음을 깨끗이 하고 영적 회복을 한 뒤 한 번 실천하라는 것으로 들리기도 하고, 깊이 성찰하고 자신을 정립한 뒤 행동하라는 영성 깊은 삶을 보여주는 것 같다.

기도와 노동은 하나였기에, 물레질은 예배이고 비폭력의 상징이며 성스러운 노동이라고 했다. 이것이 가난한 사람들과 일체되는 행위라고 여겼다. 농사는 자연과 하나 되는 신의 창조물에 대한 봉사라고 고백하는 그에게 과학기술은 비폭력 안에서 윤리적으로 잘 사용해 자연과 인간을 행복하게 하는 호미 같은 것이었다.

그는 자연과 조화를 이루는 소박한 삶이 진정한 행복이라고 믿었다. 따라서 '돈 안 쓰는 활동', '소나 기계를 쓰지 않는 농업'을 실험했고, 어디서나 누구든 생명이 동등하게 존중받아야 한다는 것을 늘 몸으로 실천했다. 아울러 특별히 자연에 대한 관점을 드러내지 않아도 그는 충분히 생태적인 삶이 무엇인지를 우리에게 알려줬다. 욕망을 줄여 나가는 문명이 전제되지 않고서는 지구의 파괴를 막을 수 없다는 진실을 노동과 기도로 이미 설파한 셈이다.

비노바 바베는 특히 '자립'을 강조했다. 자립이란 몸을 단련하고 기술을 익혀 의존하지 않는 것, 스스로 새로운 지식을 얻을 수 있는 능력, 자신의 감각과 사고를 조절하고 통제할 수 있는 능력을 뜻했다. 많이 가지기 위한 태도가 아니라 절제하고 욕망을 조절하며 사회에 봉사하는 힘을 갖는 것이 진정한 자립이라는 것이다. 가난하게 더불어 살아갈 수 있는 능력! 요즘

취업난 시대에 자립을 고민하는 청년들도 새겨들어야 할 말이 아닌가 싶다.

그는 영성과 노동, 앎과 삶의 일치, 과도한 욕망을 이겨내는 자립을 숨이 다할 때까지 실천했다. 죽을 때까지 실천한 인간이 존재한다니 놀라울 뿐이며 우리 시대, 지구를 파국으로 이끌어온 자본이 중심이 된 세상에서 명상과 노동의 의미를 깊이 되새기게 된다.

순례하며 혁명하다

부단운동, 인도 전역을 55세 때부터 13년을 걸으며 토지헌납운동을 벌였던 비노바 바베, 그는 땅을 구걸하지 않고 당당히 요구했다. '나는 구걸하러 오지 않았습니다. 여러분들을 보다 높은 차원으로 초대하러 왔습니다. 도둑질은 범죄이지만 많은 돈을 쌓아놓는 것은 도둑을 만들어내는 더 큰 도둑질입니다. 만약 당신이 다섯 명의 자녀를 두었다면 땅 없는 가난한 이들을 여섯째 아들로 생각하고 그를 위해 소유한 땅의 6분의 1을 바치십시오!'

그의 호소와 헌신에 깊이 감동한 이들이 약 500만 에이커의 토지를 기꺼이 내놓았고 그 땅을 가난한 이들에게 무상으로 나눠준 사례는 아마도 지구상에 유일무이한 사건으로 남을 것이다. 사회를 변화시키는 힘이 어디에서 나올까? 그는 개개인의 마음이 변하고 그래서 각자의 삶이 변하고 이로 인해 사회구조가 변하는 것이라고 믿었고 토지헌납운동은 그런 믿음에 기초해 사회경제적 혁명의 첫걸음을 딛는 것이었다.

토지를 공동으로 소유하고 함께 평화의 마을을 만들어가는 부단운동을 공산주의나 그 어떤 사상으로도 설명하기 어려운 것은 그의 발걸음이 진정 사랑과 헌신에 기초한 것이며 그 어떤 정치적 조직을 깔지 않고서도 사회 정치적 힘을 발휘한 까닭이다. 그는 폭력과 국가의 힘에 반대되는 '제3의 힘'을 선언하기도 했지만 정치와는 그 어떤 관련을 맺지 않는 비폭력과 헌신의 힘을 주장한 것이기에 부단 운동은 영적인 것이며 동시에 정치적인 운동이었다.

공기나 물처럼 땅에 대한 사적 소유를 금지하고 계층 계급이 없는 사회를 만들자고 하면 얼마나 어처구니없다고 여길까? 그런데 그는 사랑으로 걸으며 잠시나마 사회적 혁명을 이뤘다. 땅을 나누고 부를 나누고 노동을 나누는 혁명을 헌신하는 삶으로 실천했다.

간디와 함께 생명평화운동을 할 때에도 진리를 비폭력으로 실천하며 개개인의 선함을 이끌어내는 것이 새 사회 건설운동이라고 믿었다. 모두 5년 동안 감옥에 있을 때도 노동과 지혜를 나누면서 비폭력 삶의 실천을 이어갔다. 감옥에서도 바가바드 기타 경전 강의를 열어 그곳을 명상과 영적 수련의 장으로 만들었다. '평화의 걸음'이 어떻게 '혁명가의 걸음'인지 물을 수도 있겠다. 하지만 촛불혁명을 경험한 우리는 함께 걸었던 수많은 이들의 발걸음에서 조금은 와닿지 않았는가? 비폭력의 혁명을.

배우기를 그치지 않는 길 위의 삶

"열심히 들일을 하다 문제가 발생하면 이를 해결하는 데 필요한 과학, 물리학을 알려주라. 아이들로 하여금 '삶'을 살게 하라." '나이탈림'은 비노바 바베의 새로운 교육운동이다. 노동과 지식과 영성이 하나 되는 교육이며 새로운 사회를 만들어가는 이들의 '삶' 자체다. 이제 와서 우리는 작업장 학교, 프로젝트 수업, 지혜 교육 같은 새로운 학교를 만들겠다고 애를 써 보고 있지만, 이미 그는 우주라는 학교에 모든 이들을 학생으로 모으는 실험을 했던 것이다.

교육은 시대와 환경에 따라 늘 새로워야 한다는 뜻으로 '신교육운동'이라고 불렀다. 비노바 바베에 따르면 우선 학생은 자기 극복과 조절 능력을 갖추고 주변에서 어떤 일이 일어나는지를 세심히 살펴야 한다. 또한 겸손하게 봉사하는 삶을 살도록 노동과 지식이 일치돼야 한다. 교사도 애초 학생이며 생태적 인간이 되도록 함께 배워야 한다. 따라서 교사도 늘 노동과 지식의 현장에 함께 있어야 한다고 했다.

그는 교사이자 평생 배우는 학생이었다. 고된 노동을 하는 것이 오히려 지적 충만을 가져오게 하는 활력소였고 몸 쓰는 노동자로서 수많은 사상서를 남겼다. 바가바드 기타를 마라티어로 번역한 것을 시작으로 우파니샤드 주석서, 명상과 요가에 대한 생각, 정치사상에 관한 교본, 여성의 힘을 역설한 책, 민주주의 가치와 구조에 대한 책을 비롯해 후대에 출간된 《비노바 전집》은 무려 21권에 이른다.

여성 공동체를 설립한 까닭도 사랑과 사상의 힘이 진정한 힘의 유일한 근원이라 믿었고, 여성에게서 경계를 허무는 변혁의 힘을 먼저 봤기 때문이다. 여성을 미래사회를 이끄는 새로운 학생으로 기르고자 했던 것이다. 미래교육의 전망을 이미 그는 '한 시간 학교', '마을대학', '순례자 학교' 같은 단상을 통해 우리에게 내용과 방향을 낱낱이 제시했다. 희망이 단절된 사회에서 어떻게 살 것인가, 보다 좋은 사회는 어떠해야 하는가를 질문하는 학교를 실험했다.

　　마을학교, 공동체학교를 미래학교의 대안으로 생각하며 사회와 미래를 바꾸는 실천가를 기르고자 할 때, '그런 학교가 우리 사회에 존재할 수 있을까?' '지속가능할까?'를 질문하게 된다면 비노바 바베의 삶과 실천을 생각하라. 그는 피라미드 사회를 거부하고 다원형 사회를 지향하는 이들이 모여 마을을 이루고 사회변화를 가져오는 것이 가능하다는 것을 우리에게 보여줬다. 그것은 교육과 문화, 경제와 정치가 함께 어우러진 평화의 공동체였다.

　　'죽음 이전에 죽는 자가 진정한 자유인이다.' 죽음이라는 실체를 정면으로 마주하며 하루하루를 살아가고, 진리를 품고 두려움 없이 소박한 삶, 자연과 조화를 이루며 가난한 이들과 하나 된 삶, 노동과 지식, 과학과 영성이 손뼉을 치며 하나가 되는 삶을 살았던 비노바 바베는 스스로 곡기를 끊으며 죽음 이전에 평화롭게 죽었다.

　　'Jai Jagat!' '세계에 승리를!' 인도를 넘어서 땅을 나누고 땅을 함께 일구고 평화를 실현하는 모든 세계 가족들은 행복한 사람, 승리자라고 외쳤던 비노바 바베, 진리와 사랑이 내 마음을 덮을 때 승리한다고 고백했던 그는 가장 먼저 승리한 세계 시민이 되었다. 참 잘 살았고 잘 죽었다. 비바! 비노바 바베!

　　코로나19가 우리에게 던진 질문에 대한 답을 이미 비노바 바베는 실천으로 보여줬다고 생각한다. 세계는 장기 비상 사회로 접어들었다. 홍수와 산불, 바이러스, 지구온난화, 식량난, 에너지 고갈 같은 재난이 일상화되고 있다. 지구의 종말을 막기 위해서는 끝없는 성장을 위한 자연파괴와 착취를 당장 멈추고 생태적 문명전환의 삶을 마을에서 실천해야 한다.

　　자연과 하나 돼 이웃을 섬기고 나누는 삶, 앎과 삶이 일치했던 비노바바베의 삶은 기후위기를 가져온 우리의 탐욕과 불의를 고백하게 하고 어떻게 살 것인가를 고민하게 하는 이 시대의 화두가 되지 않을까?

양희창

제천간디학교에서 교장으로 함께했고, 지금은 청년들을 위한 '지구마을 평화센터'를 제주에 건립해 주경야독 자립하는 삶을 함께 실험하고 있다. 식의주 교육 중심의 아시아 네트워크 대학인 '아시아 평화대학' 설립을 준비하고 있다. 아시아의 가난한 청년들이 함께 일하고 배우는 생태 공동체 대학을 청년들이 스스로 세울 수 있도록 돕고 있다.

비노바 바베의 책

《아이들은 무엇을 어떻게 배워야 하는가》
김성오 옮김, 착한책가게, 360쪽, 2017년

비폭력 교육혁명가 비노바 바베는 삶과 배움이 통합되고 가르치는 것과 배우는 것이 하나인 대안교육 '나이탈림(신교육)'을 제안한다. '삶으로 배우고 사랑으로 가르치라.' 삶의 조화로운 일체성을 토막 내는 교육을 멈추고, 비폭력과 평등, 사랑을 바탕으로 사회 구성원 모두가 행복한 교육으로 전환해야 한다고 말한다. 교육은 살아 있는 행위를 통해서만 이뤄질 수 있고, 생활과 동떨어진 행위에 교육이라는 이름을 붙이지 말아야 한다고 지적한다. 육체노동과 정신노동을 하나로 통합하고, 능력을 평등의 보조자로 생각하는, 배움과 삶을 잇는 진정한 교육을 만날 수 있다. "노동과 공부, 즐거움은 하나입니다." "나이탈림은 학생들을 '훈련시키지' 않습니다." "진정한 교사는 가르치지 않습니다."

《비노바 바베, 간디를 만나다》

김문호 옮김, 오늘의책, 262쪽, 2003년

비노바가 간디의 가르침에 대해 이야기한 책. 눈먼 추종, 방향 없는 순종, 헌신의 모방, 경험 없는 지식이 아니라 얽매이지 않고 늘 성장하고 새로운 삶을 살아낸 간디를 직접 마주하듯 생생하게 소개한다. 비노바는 자아에 대한 탐구가 사회로부터 괴리된다면 그 탐구는 손상될 것이며 동시에 자아에 대한 탐구가 없는 사회활동도 역시 결함을 가지게 될 것이라는 생각을 간디가 평생 지켰던 것에 주목했다. 간디의 정치는 인민에 대한 섬김(로카니티)이며 모든 활동은 섬김을 실현하고 사람들을 일깨우기 위한 것이었으며 이를 통해 그는 신에 대한 믿음과 사랑(박티)를 표현했다는 것을 확인한다. "간디는 섬김을 통해 해방을 발견했다."

《사랑의 힘이 세상을 지배할 것이다》

김진 옮김, 구탐 바자이 사진, 조화로운삶, 300쪽, 2011년

'진리 추구'와 '사랑의 실천'에 평생을 바친 바노바 바베의 삶을 담은 사진집. 세상을 변화시키는 유일한 힘이 '사랑'이라는 것을 삶으로 보여줬다. 비노바의 토지헌납운동에 참여해 함께 순례한 구탐 바자이가 직접 찍은 사진을 담았다. 물질과 폭력의 힘으로 얼룩진 암담한 세계에 질문을 던져 비로소 눈을 뜨게 하고 영감을 불러일으킨다. "조직, 정부, 이념, 경전, 무기도 사랑을 당할 수 없다. 사랑만이 진정한 힘의 근원이다. 참된 사랑은 움직이게 한다. 사랑으로 혁명하라."

매튜 폭스

Matthew Fox
1940 -

매튜 폭스는 자신을 '후기 종파시대의 탈교파적 사제'로 명명하며 제도 과학과 메커니즘 종교의 한계를 넘어 과학과 영성을 결합하는 노력을 했고, 20권 넘는 책을 펴낸 미국의 대표 생태문명 저술가다. 뮌스터대학을 비롯해 여러 대학에서 가르쳤고, 기독교와 타 종교의 신앙체제 안에 억눌려 있었던 신비 전통, 곧 삶을 긍정하는 전통을 해방하는 일에 생애를 바쳤다. 그의 사상은 로마 바티칸의 두드러진 견책을 받아 1989년 침묵 명령을 받았지만 이를 거부했고, 1993년 34년간 몸담았던 도미니칸 수도회로부터 퇴회당한 뒤 1995년 사제직을 박탈당했다. 그 뒤 성공회로 이적해 문화와 창조영성 연구소를 창설했고, 예술과 영성의 통합, 타종교와 현대 과학의 대화를 시도해왔다. 동서양 여러 종교 전통들의 지혜와 현대 과학의 우주론을 통합 교육하는 '창조영성대학'을 캘리포니아주 오클랜드에 설립했다. 마이스트 엑카르트(M. Eckhart)를 비롯한 기독교 신비주의 전통에 대한 연구가로 영성공동체를 직접 이끌었고, 생태영성 잡지 〈창조영성(Creation Spirituality)〉 편집주간을 맡기도 했다. 국내에 소개된 책은 《원복》,《우주 그리스도의 도래》,《마이스터 엑카르트는 이렇게 말했다》,《새로운 종교개혁》이 있다. 1995년 평화수녀회 '용기 있는 양심상'을 받았다.

생태사회로 가는
자비와 해방의 길

글. 양재성

임계점에 놓인 세상에 던지는 질문

2018년 5월, 태국 바닷가에 떠밀려온 고래 사체에서 비닐봉지 80개가 나온 것에 이어 인도네시아를 비롯한 세계 바닷가 곳곳 고래 사체에서 플라스틱병, 비닐봉지, 플라스틱 컵이 대규모로 나와 충격을 줬다. 해마다 1천만 톤의 플라스틱 쓰레기가 바다로 흘러들고 있다. 이미 한반도 크기 7배에 달하는 쓰레기 섬이 태평양에 만들어져 생명의 기반인 바다를 위협하고 있다.

미세먼지로 인한 폐암 발병률이 급속히 높아져 인간 생존의 위협이 되고 있다. 한반도와 세계를 달군 폭염과 지난한 장마와 홍수, 태풍은 예사롭지 않은 신호다. 지구온난화로 인한 다양한 증상은 이미 지구 생태위기가 도래하고 있다는 것을 경고하고 있다. 이제 환경문제는 지구 생태계 생존의 문제가 되고 있다. 지구온난화로 인한 기후변화는 가장 시급하게 해결해야 할 중요한 과제다. 환경파괴는 급기야 자연 질서를 무너뜨릴 뿐만 아니라 지구생태계 전체를 위협하고 있다. 실제로 지구온난화 해결을 위한 특단의 조치가 없으면 우리 당대에 인류가 멸망할 수도 있다는 예측이 나오고 있어 우리를 당혹스럽게 하고 있다.

미국 클레아몬트대학의 존 캅 교수는 1970년대 이미 자본주의 산업문명의 폐해를 간파하고 생태문명으로 전환을 지속적으로 요구했다. "끔찍한 재앙을 피할 가능성은 전혀 없다. 이미 광범위한 문명의 쇠퇴를 막을 수 있는 시점은 지났고, 남은 것은 더 나빠지지 않도록 하면서 재건을 위한 기반을 얼마나 남기냐 하는 싸움뿐이다. 기후변화로 30년 안에 토양과 물이 고갈돼 인류에게 충분한 식량을 만들어내는 것이 불가능하게 될 수 있다." 존 캅은 인류가 살 길은 생태적 회심과 전환에 있다고 강조했다. 그의 주장처럼 지구 생태계 붕괴의 임계점이 지났는지도 모른다.

매튜 폭스는 그의 생태 사상과 행동으로 인류가 나아갈 새로운 길을 제시한다. 그 길은 자비의 길이다. 자비는 창조성에 기반하고 있는 우주의 마음이다. 모든 존재는 태어나면서부터 자비의 마음을 가지고 태어나며 자비의 바다에 연결돼 자비를 발현하며 산다. 매튜 폭스는 자비란 모든 피조물이 서로 연결돼 있다는 인식에서 비롯된 생활방식이라고 말한다. 모든 피조물이 서로 연결돼 있는 것은 그들의 뿌리가 같고 창조주가 같기 때문이라고 주장한다. 그 자비를 실천한다는 것은 우리의 에너지와 우주 에너지를 합해 정의를 수행함으로 동료 피조물의 고통을 덜어주는 것이며, 우리가 자비롭고 유일한 하느님의 선물로서, 공유하는 존재와 시간과 공간을 경축하는 것이다. 자비는 우리가 우주를 만든 창조주와 맺는 친밀한 관계를 뜻하며 우리 안에 있는 신성한 빛을 드러내는 행위다.

"예수는 신적이기 때문에 고통과 기쁨을 함께한 것이 아니라, 고통과 기쁨을 함께했기 때문에 신적이었다. 그는 추종자들에게 하느님의 자녀, 자비의 자녀라고 가르쳤으며 그들이 자비롭다면 그들도 신적이라고 말했다."-《영성, 자비의 힘》

"그대는 하느님을 사랑이라고 혹은 선이라고 부를지 모른다. 하지만 하느님께 가장 잘 어울리는 이름은 자비다. 모든 피조물은 하느님의 신성과 능력을 담고 있다. 피조물이 자신의 삶을 통해 하느님을 드러내 보일 때 하느님은 비로소 하느님이 되신다."(마이스터 에크하르트)

신약성서 로마서 저자는 모든 피조물 안에 숨겨진 하느님의 신성과 능력을 봤다.(로마서 1:19-20) 인간을 비롯한 모든 자연 만물은 하느님을 드러내고 있다. 자연과 인간을 가만히 들여다보면 자연과 인간을 창조하신 하느님의 사랑과 우정, 하느님의 마음을 볼 수 있다. 이는 화가의 그림을 들여다보면 그 화가의 정신과 사랑과 마음을 들여다볼 수 있는 이치와 비슷하다. 마이스터 에크하르트는 이를 창조성이라 했다. 그 속에 있는 하느님의 신성을 드러내는 일이 신앙의 본질이라고 봤다. 매튜 폭스는 마이스터 에크하르트의 창조성을 자신의 사상적 토대로 삼았다.

"창조성은 어디에서 오는가. 해가 뜨고 지는 곳에서 온다. 온 우주는 창조성으로 가득하며 순간순간 새로운 것을 낳는다. 또한 거룩한 영은 우리 안에 예수를 잉태하고 싶어 한다. 오늘날 우리가 여기에서 다시 예수를 낳지 않는다면 2천 년 전 예수는 의미가 없다. 우리 모두는 창조적이며, 창조성이 있다. 창조성, 즉 거룩한 상상력을 통해 다른 세상을 꿈꿀 수 있다. 다시 아름답고, 건강하고, 정의가 강물처럼 흐르는 다른 세상 말이다."-《영성,

자비의 힘》

폭스는 창조성이야말로 가장 오래된 영성이며, 온 우주에 가득하고 우리 일상 모든 것에서 발견된다고 말한다. 창조성은 바로 생명의 움직임이며, 창조하는 순간순간 우리는 우주의 거룩한 영과 만나고 거룩한 영의 도구가 되며 그 힘이 순간마다 우주를 새롭게 창조한다고 했다. 폭스는 지구상에서 책임 있는 인간으로 살기 위해 순간마다 복음을 새롭게 써야 하며, 우리는 모두 예수의 어머니가 돼야 하고, 우리가 낳는 모든 것은 예수라고 말했다. 그는 오늘날 모든 분야에서 창조성이 필요하다고 역설했다. 특히 교육과 예술, 경제와 정치 분야에서 더욱 그렇다고 주장했다. 하지만 창조성이 잘못 사용되는 것을 경계했다.

"정의와 자비, 치유가 없는 창조성은 열대우림을 파괴할 수 있고, 가스실을 만들어 사람을 희생시키고, 핵무기를 만들 수 있다. 우리 안의 창조성은 홀로 작용하는 것이 아니라, 정의와 자비라는 가치를 통해 비판받는 과정이 필요하다. 이는 우리 후손들을 위한 것이며, 인간의 창조성은 위대하면서도 위험하다는 것을 알아야 한다." 〈폭스 신부의 강연〉

지구 생태계를 구할 여성성

2018년은 한국 사회 미투 운동의 해였다. 서지현 검사가 검찰 내부 성희롱 사건을 고발하면서 발화된 미투 운동은 문학계, 정치계를 강타했다. 이는 페미니즘에 대한 각성을 가져왔고 성 평등이란 소중한 과제를 제시하면서 여성성에 대한 비전을 줬다. 당분간 사회적 갈등도 있겠지만 여성성에 대한 발견은 새로운 세계로 나아갈 수 있는 단초가 되고 있다.

　　창조적인 사람은 우리 문화가 어머니와 아버지, 여성과 남성 사이에 분명하게 그어놓은 선을 흐릿하게 만든다. 우리는 창조적인 작업을 통해 아이에서 어머니로 자란다. 창조의 과정은 여성적인 특성을 지니고 있다. 창조성은 어머니의 마음, 모성성이다. 아이를 낳고 양육하는 모든 과정에 창조성이 작동한다. 하지만 근본주의와 가부장성은 지속해서 창조성을 왜곡하고 파괴시켜왔으며 여성성을 폄훼했다. 파괴하는 힘은 가부장제와 닮아 소수의 이익만을 대변한다. 하지만 신의 모성성에서 나오는 창조성은 정의와 자비를 기반으로 하기 때문에 모두에게 축복이 된다. 이런 창조성은 모든 인간과 모든 생명뿐 아니라 다음 세대의 생명까지 위하게 된다.

　　폭스 신부는 여성성과 창조성을 억압하는 가부장제 같은 원죄론 위주의 교회를 '우주적 그리스도'의 창조적 교회로 변화시켜야 한다고 말하는 개혁가다. 폭스 신부의 신학적 작업은 그의 이력만큼이나 특이하다. 지구 생태계 어머니인 땅과 땅에 속한 자녀들인 만물이 직면한 위기를 이웃 생명들과 더불어 극복할 수 있는 길을 모색하는 것이다. 인간의 탐욕스런 소비로 지구 이곳저곳이 붕괴되고 있고 심지어는 생명의 기반이 되고 있는 바다도 붕괴되고 있어 인류와 지구의 미래는 내일을 가늠하기 어려운 상황이 됐다. 이는 3,000만 종 가운데 한 종인 인간이 생명의 어머니인 지구 생태계를 살해하고 있는 결과다.

　　그는 오늘날 교회 위기는 예언 감각을 잃어 영혼이 움츠러들었고, 세상과 자연과의 결속이 사라져 데카르트적 사유와 계몽주의가 갖는 가부장제 같은 사고방식, 그리고 어거스틴이 형성한 타락-구속의 영성에 기인한다고 주장한다. 이러한 사유는 몸의 영역을 경시하고 살아 있는 우주론을 상실함으로써 인간 중심의 거만함에 빠져 자연을 지속적으로 파괴하고 있다. 기계론에 바탕을 둔 사유는 우주적 기쁨을 잃어버리게 했고 창조성을 저버린 탓에 토양을 죽이고, 생태 전반을 죽이는 결과로 이어졌다. 폭스 신부는 인류가 실패하는 원인을 '불신'에서 찾았다. 자신이 창조자임을 믿지 않고, 자신 안에 있는 창조적 모성을 불신한 탓이다. 경제, 정치적 정의에 대한 새로운 시각을 가지고 지구의 좋은 선물들을 분배해 지구촌을 경축할 수 있음에도 불구하고 그것을 믿지 않았기에 실패했다고 지적했다. 결국 여성성의 기반이 되는 모성성과 이를 바탕으로 한 창조성은 위기에 직면한 지구 생태계를 구할 수 있는 생각의 토대다. 온 우주는 서로 연결돼 있고 하나의 공동 운명체다. 서로에 대한 배려와 신뢰, 자비로운 행동만이 지구를 생태위기 속에서 구원할 수 있는 유일한 길이다.

해방에 투신하는 길

매튜 폭스의 생태신학적 특성은 전 자연을 거룩성의 표시(sign)로 이해하는 우주론적 창조신학에서 나타난다. 그는 진정한 영성이란 인간을 포함한 사물의 '근원적인 선'(Original goodness)을 인정하는 일이라고 봤다. 《우주 그리스도의 도래》에서 그리스도란 역사적 예수로 제한되거나 인간 존재와 관계하는 데 머물지 않고, 오히려 '상호관계적인 삶의 우주적 원리'라고 말한다. 전체 피조물 속에 들어 있는 하느님의 내재적 지혜라고 해석한다.

창조성은 '내면을 향한 묵상'과 '바깥으로 나가는 묵상'으로 나눠 생각할 수 있다. 내면을 향한 묵상은 하느님이 우리 안에 계심을 상기시켜준다. 하지만 하느님을 안에서 찾기 위해 내면을 파고드는 여행을 지나치게 강조하면 자칫 자기와 사회 권력에 의해 쉽사리 조작되고 통제될 위험이 있다. 그렇게 되면 열정과 자비로부터 멀어지고 만다. 그러기에 내면 묵상은 세계를 사랑하는 자리로 나아가야 한다. 외향적 묵상으로 나아가는 일이 중요한 이유다. 하지만 이미 어거스틴과 데카르트는 내면 묵상에만 치우쳐 예언자성을 잃게 하고 혁명성을 제거했다. 영성은 외향적 묵상이 있어 가능한 것이다. 외향적 묵상은 창조적인 묵상으로 '자비'가 된다. 자비는 아무것도 없는 곳에서 정의를 낳고, 고통이 있는 곳에서 치유를 일으키고, 단편들만 있는 곳에서 전체를 낳는다. 진정한 예언자는 예술가가 아니었던 적이 없으며 진정한 예술가는 예언자가 아니었던 적이 없다. 외향적인 묵상은 예언자의 길이다. 창조적인 사람이 새로운 미래를 몰고 오는데 이는 창조적인 사람이 문화의 고통에 귀 기울이는 법을 터득했기 때문이다.

아나윔(Anawim)은 히브리어로 사회적 약자, 가난한 자를 뜻한다. 이 아나윔의 고통에 귀 기울이고 응답해 그 고통에 동참하는 일은 그 자체로 창조 행위다. 창조영성은 지구의 약자들, 아나윔을 위한 영성이다. 히브리인들이 이집트 제국의 노예로 살던 시절 히브리인들의 탄식과 고통 속에서 울부짖는 소리에 응답하신 분이 하느님이다. '고아와 과부를 돌보라'고 하신 분도 하느님이다. 가난한 자들에게 복음을 전하고 갇힌 자들을 풀어내고 억눌린 자들을 해방시키는 일은 성령의 몫이었다. 아나윔을 위한 해방과 구원은 예수의 길이었다. 예수는 지극히 작은 자에 대한 관심을 하느님에 대한 신앙으로 세워놓으면서 아나윔을 역사 변혁의 주체로 세웠다. 바깥으로 향하는 묵상인 예술은 우리로 하여금 억압에 맞서 싸우도록 독려한다. 아나윔의 해방을 위해 투쟁하도록 힘을 준다. 새로운 시대 새로운 예술은 심각하고 충격적이며 불온하다. 시인 김수영은 모든 시는 불온하다고 썼다. 거짓과 불의에 맞서 저항하는 게 문학이고 예술이며 창조성이란 말이다.

창조영성에 이르는 수행의 길

매튜 폭스는 인간은 처음부터 죄인이라고 보는 '원죄(original sin)' 대신 충분히 아름답고 선한 존재라는 '원복'(原福, Original Blessing)을 주장하며 창조영성의 길을 제시한다. 그의 창조영성신학은 인간이 '원초적인 축복(원복)' 속에 태어났다고 가르친다. 창조영성의 길은 긍정의 길, 부정의 길, 창조의 길, 변혁의 길로 구분한다.

첫째, 긍정의 길(Via Positiva)은 감사와 황홀의 길이다. 긍정의 길은 생명인 우리와 만유인 창조계의 아름다움과 우주적 깊이를 느끼고 맛보는 여행을 의미한다. 모든 사물, 시간, 공간을 통해 흘러나오는 하느님의 창조력(다비르)이 존재한다는 인식에서 출발한다. 하느님은 만물을 선하게 창조하셨고 창조 질서로 이끈다. 하느님은 만물 안에 계시며 만물은 하느님 안에 존재한다. 모든 존재는 선하며 창조주의 축복을 받은 신성한 존재이기에 삶은 축제이며 세계는 성사다. 우주 자체가 거룩한 제의이며 우주가 하나의 공동체다. 긍정의 길은 감성, 단순함, 땅스러움을 회복한다. 땅스러움은 땅과 거기에 기대어 사는 모든 존재를 긍정한다. 결국 긍정의 길은 우리를 풍성한 은혜로서 생명 잔치로 초대하며, 우주적 환대에 대한 경험을 낳는다.

둘째, 부정의 길(Via Negativa)은 비움과 어두움의 길이다. 우리는 고통과 슬픔에서도 우주적 존재임을 배운다. 비워지면 무(無)와 대면하게 되며 어둠과 벗할 줄 알게 된다. 부정의 길이 요구하는 힘은 상처받고 떨어지기를 지속하는 희생의 힘이다. 구원은 고통을 통해 온다. 십자가는 명상의 대상이 아니고 삶의 과정에 낱낱이 참여하는 것이다. 우리는 비움을 통해 정의와 자비에 민감해지고 그 비움으로 신적 은총의 통로가 된다. 철저히 놓아버림으로써 충만해지는 것이 하느님 나라이며, 그때 변모가 일어난다. 실제로 아무것도 잃을 것이 없는 지점에 이르면 통찰의 기회를 얻게 되며, 해방에 투신할 수 있게 된다.

셋째, 창조의 길(Via Creativa)은 하느님의 모상이자 공동 창조자인 우리의 창조성을 신뢰하는 길이다. 예술의 힘을 회복하는 일이다. 창조성은 우주의 에너지이며 우주는 지금도 탄생하고 있고, 창조 활동의 장구한 과정을 밟고 있다. 만물은 지속해서 출산하고 있다. 사람마다 '신적 출산력'을 물려받았으며 우리는 내면의 예술가를 나오게 해야 할 책임이 있다. 창조하는 것은 신성과의 닮음을 체험하는 것이다. 창조의 길은 정적 우주에서 창조력이 발휘되는 역동성 넘치는 우주로 나아간다. 인간의 상상력 안에 신적인 영이 깃들어 있다. 사회정의, 예술, 그리고 영성의 회복은 일하고 창조하고 놀이하는 창조주를 닮는 인류의 존엄을 회복하게 한다. 우주는 그 자체로 아름다움이다. 결국 그 아름다움이 우리를 구원할 것이다.

넷째, 변혁의 길(Via Transformativa)은 자비, 경축, 에로스적 정의의 길이다. 사회적 약자를 위한 예언자의 길이다. 의로움이 깃든 새 하늘과 새 땅을 구축하는 살아 있는 예술성의 길이다. 성령은 생태적 조화와 지구적 문명의 재창출로 공동창조자인 우리를 부르신다.

매튜 폭스는 창조영성을 기반으로 우주 공동체를 말하면서 우주가 한 가족임을 가르친다. 지구 공동체가 한 몸임을 인식하고 생태적 감수성을 발휘해 공동창조자로 사명을 완수하는 것을 뜻한다. 또한 종교의 영적 잠재력을 다시 일깨워 삶과 제도에 생기를 불러일으키는 것이다.

세상을 바꾸는 자비의 힘

창조성이 없으면 자비도 없다. 우리가 삶의 조건을 더 자비롭게 만드는 것에 관한 것이든 제1세계와 제3세계 사람들의 관계나 경제구조를 더 자비롭게 만드는 것에 관한 것이든 간에, 우리가 직면한 식량과 실업 문제든, 에너지와 핵 확산의 문제든, 실업이나 과잉 고용의 문제든, 권태나 알코올 중독의 문제든 간에, 창조성은 고통을 덜어주는 일의 핵심에 자리 잡고 있다. 인류는 살아남기 위해 이제 새로운 삶의 방식과 행동 방식이 필요하다.

창조성은 선택받은 소수의 전유물이 아니라 모든 사람이 가지고 있는 특권이다. 어떤 사람은 부모로서 창조자이고, 어떤 사람은 숙련공이나 수리공으로서 창조자이고, 어떤 사람은 목수, 농부, 요리사, 정원사, 교사, 사상가, 무용수, 음악가, 재담꾼, 희극인, 상담가로서 창조자다. 진정한 예술은 예술을 위한 것이 아니라 환희를 위한 것이고, 사고 팔 수 없으며 독점할 수 없고 공유되며 사람을 살려내며 사람을 위한 것이다. 창조성은 세계를 보고 느끼는 방식이며 세계가 우리를 보고 느끼게 하는 방식이기에 본질에서 서민적이다.

창조성은 자비의 원천이다. 창조성은 두려움 속으로 들어가, 두려움으로부터 돌아 나와, 두려움을 극복하게 한다. 그러므로 창조성은 용기가 필요하다. 창조성은 죽음의 공포를 극복하고 죽음을 삶으로 변화시킨다. 창조적인 사람은 전심으로 삶의 의지해 삶의 공포를 뚫고 나아간다. 창조자는 삶을 예찬하고 삶을 거룩하게 여긴다. 하지만 삶은 고난을 수반한다. 결국 창조적인 사람은 고통 속으로 들어가 그 짐을 지는 희생을 감수한다. 이렇게 신의 선물인 창조의 불꽃을 얻으려면 누구나 값비싼 대가를 치러야 한다. 창조적인 삶과 일은 역사의 공포를 폭로하고 역사를 변혁함으로 구원한다.

서양은 자비를 유배시켰다. 자비는 연민이 아니며 축제다. 연민은 대상을 고통으로 여기고 열등한 존재로 여기기에 타자의 고통에 개입할 여지가 없다. 자비는 상대를 약하거나 열등한 존재로 여기지 않는다. 연민은 상대의 약점에서 발동하지만 자비는 누구나 약점을 지니고 있다는 자각의 힘에서 발동한다. 그러기에 자비는 축제를 동반한다. 축제란 고통받는 자와 함께 친교하며 어우러진다. 자비는 감상이 아니고 긍휼을 실천하며 정의를 수행한다. 자비는 사적인 것이 아니라 공적인 것이며 인간적인 것만이 아니고 우주적이며 신적이다. 자비는 금욕과 명상이 아니라 열정 넘치는 관심이다. 자비는 만물의 상호 연결을 알고 이해하려 한다. 자비는 종교가 아니라 삶의 길, 즉 영성이다. 우주 안에 충만한 창조력은 자비를 통해 드러난다. 우리는 우리 안에 있는 창조성을 인정하고 창조성을 밖으로 나타내야 한다. 이는 우리 일상을 통해 계속 이어가는 출산 같은 것이다. 그런 방식으로 우리는 신과 공동창조자로 살아가게 된다. 지구의 구원은 그렇게 오고 있다.

*이 글은 박성용의 〈매튜폭스의 창조영성과 우주 그리스도론〉, 매튜 폭스의 《영성-자비의 힘》,《원복》을 참조해 재구성했다.

양재성

가재울녹색교회 담임 목사로 일하면서 기독교환경운동연대 상임대표와 종교환경회의 공동 대표를 맡고 있다. 교회에서 녹색성서학당과 생태영성학교를 열어 생태적 삶을 가르치고 있고, 에너지 자립을 위한 태양광 발전소 설치운동을 펼치고 있다. '환경운동이 곧 신앙운동'이라는 생각으로 기독교 환경운동을 이끌고 있다.

매튜 폭스의 책

《원복》

황종렬 옮김, 분도출판사, 352쪽, 2001년

모든 사람이 신비가이자 예술가라고 말하는 매튜 폭스는 '원죄' 대신 처음부터 선하고 아름다운 '원복'을 말한다. 기존 문화와 종교, 교육이 몰아낸 '원복'을 되찾아야 하는데, 이는 본디 창조성, 둘도 없는 저마다의 실존을 회복하는 것을 뜻한다. 황홀한 깊은 속내로 되돌아가 자신의 실존을 즐기며 살아가는 삶을 이야기한다.

《내 몸과 영혼의 지혜》

한성수 옮김, 생태문명연구소, 572쪽, 2016년

혼돈과 절망의 시대에 개인 치유, 사회 변혁, 문명 전환이 내 몸과 영혼의 놀라운 축복들과 함께 죄악의 근원들을 아는 지혜에서 시작된다는 것을 확인시켜준다. 자본주의 문명 속에서 우리가 미처 의식하지 못한 채 앓고 있는 온갖 개인과 사회적 질병들과 중독, 상처들을 들여다본다. 이를 뿌리에서부터 치유하고, 생태문명으로 전환하는 삶과 사회를 만들기 위한 방법과 실천을 제시한, '자기 몸과 영혼 사랑학'이다.

조안나 메이시

Joanna Macy
1929 -

조안나 메이시는 수행자이자 심층 생태학자, 사회운동가로 불교생태학의 토대를 닦아놓은 연구자 가운데 한 사람이다. 메이시는 틱낫한 스님으로부터 선불교를 수학하고 티벳의 쵸갈 린포체(Choegal Rinpoche)로부터 밀교를 사사받았으며, 1978년 불교사회운동이자 불교생태운동을 위해 아이켓 선사와 공동으로 불교평화우의회를 설립했다. 그 뒤 메이시는 불교의 연기론에서 기반한 '일반 시스템이론(Genneral Systems Theory)'을 주창했으며, 이 시스템이론을 바탕으로 현대 사회의 심리학적 정신적 문제들, 생태론적 각성, 불교와 현대과학의 융복합을 주제로 광범위한 연구와 강연 활동을 펼쳐왔다. 펴낸 책은 《원자력 시대의 절망과 개인의 힘》(1983)과 《생명으로 돌아가다》(1998), 《연인으로서의 세계, 자아로서의 세계》(2007), 《산처럼 생각하라》(2012)가 있고, 함께 쓴 책 《생명으로 돌아가기-기후위기 시대 거대한 전환을 위한 안내서》가 있다.

생명으로 돌아오기,
대전환을 위한
생태적 마음 살리기

글. 유정길

문명의 대전환을 위한 생태적 깨달음

산업혁명 뒤 세계는 국민총생산(GNP), 국내총생산(GDP)의 끝 글자인 '생산(Product)'이 모든 것에 앞섰다. 그것으로 국제사회는 서열을 매겨 선진국과 후진국으로 나눴다. 이른바 '성장 중심 산업사회'가 됐다. 경제는 끝 간 데 없이 수직과 직선으로 성장하리라 철석같이 믿고, 자원은 퍼도 퍼도 끝없이 무한하다는 생각을 신념으로 무장한 사회다. 쓰레기와 폐기물은 대량으로 버려도 과학기술로 해결할 수 있다고 생각한다. 이 어리석음 탓에 인간은 지금 그 대가를 치르고 있다. 인류는 45억 년 동안 자연과 조화를 이루며 살아왔지만, 불과 200년 전부터 오로지 인간 행위 때문에 인류는 절멸할 위기에 놓였다.

이 거대하고 무자비한 개발과 파괴를 막고자 환경단체들은 국제 연대를 만들어 끊임없이 저항했다. 시위, 로비, 정책 제안을 하며 해법을 제시해왔다. 그 맨 앞에 사마귀가 수레를 막듯 맞섰던 실천운동가이자 불교여성생태학자 조안나 메이시가 있다. 불교 연기법(緣起法)에 뿌리를 둔 '시스템이론(System Theory)'으로 희망의 전환사회는 가능하다고 강조하며 지금까지도 세계를 종횡무진 활동하고 있다.

고립적 자아, 관계적 자아, 생태적 자아, 보살적 자아

조안나 메이시는 2004년 책《불교와 일반시스템이론》을 통해 우리나라에 소개됐다. 그는 근본(심층)생태주의자이며 페미니스트로 수많은 생명운동과 환경운동에 적극 참여해왔다. 대전환을 위해 우리가 '호스피스' 역할과 '산파' 역할을 해야 한다고 강조했다. 사라져야 할 것들은 성과를 발전시켜 이어가도록 호스피스 역할을 해야 하고, 새로운 대안 문명과 가치들이 풍성하게 잘 태어날 수 있도록 산파 역할을 해야 한다고 말했다.

《산처럼 생각하라》에서는 자연에 대한 근본 생태적 각성을 기반으로 인간은 지구의 중심이 아니라는 것을 강조한다. 동물과 식물을 비롯한 많은 생명과 오랜 인류의 전통, 미래세대가 겪을 고통과 입장을 고려해야 한다고 말한다. 이를 실제 수련을 통해 체득하기 위해 '온생명회의(Council of All Beings)'라는 워크숍을 열었다. 2016년에 우리말로 옮긴《액티브 호프(Active Hope)》는 조안나 메이시의 '재연결 작업(Work That Reconnects)'을 소개했다. 그리고《생명으로 돌아가기(Coming Back to Life)》는 앞의 두 책 내용을 통합해 더욱 풍부한 내용을 담아 재연결작업을 낱낱이 실행할 수 있도록 만든 안내서다.

메이시는 "당신은 누구입니까?"라는 질문에서 시작한다. 대전환을 위한 강조점은 이기심에 뿌리를 둔 개인주의, '고립적 자아'에서 벗어나 내가 수많은 사람들과 관계 맺고 더불어 살아가는 '관계적 자아'임을 깨달아야 한다. 나아가 자연과 생명, 미래세대와 과거세대가 서로 연결돼 있음을 깨닫는 '생태적 자아'로 더욱 확장돼야 하며, 궁극에는 이 모든 자연과 과거세, 현세, 미래세의 존재들이 겪는 고통에 동참하며 그들을 고통에서 벗어나게 하려고 노력하는 '보살적 자아'로 넓혀야 한다. 위기상황에서 깨달은 마음(보리심 菩提心)으로 희망을 놓지 않고 실천하면 문명의 대전환은 가능하며, 그 동력은 '지혜'와 '자비'라고 말한다. 이렇듯 대전환은 개인의 깨달음과 마음에서 출발한다.

생명으로 돌아가기

오늘날 산업주의 성장사회는 경쟁을 기조로 한다. 경쟁은 너와 나를 가르고 인간과 자연을 구분하고 적(敵)과 나(我)로 나누며 개체와 개체를 분리한다. 그래서 분리된 개체들 사이 생존 경쟁, 적자생존을 부추겨왔다. 그리고 선조들의 가르침과 교훈, 전승을 무시하고 미래세대를 책임지지 않는 '단절사회'다. 다시 이음줄을 놓는 일, 서로 연결된 그물망을 복원하는 일, 이것이 희망과 대안을 만드는 '재연결작업'이다. 이는 하나의 운동이자 철학이고, 교육이자 수련이다.

메이시는 오늘날 위기사회에 세 가지 대응 방식이 있다고 소개한다. 우선 첫 번째 입장은 어려움은 있지만 궁극엔 과학과 기술이 해결해줄 것이며, 산업사회생활양식 그대로 지금까지 살던 대로 살자(BAU, Business As Usual)는 입장이다. 그 다음은 '대붕괴'의 위기상황의 시국으로 보는 입장이다. 이로 인해 발생하는 수많은 재앙과 위기의 징후를 알아차리는 것이다. 마지막은 '대전환'이다. 위기와 모순을 극복해 '생명지속사회'로 전환하려는 수많은 대안과 희망의 씨앗과 시도를 발견하고 이를 살려가는 일이다.

    대붕괴는 대단히 중요한 현실이지만, 희망이 강조되지 않는 위기 강조는 공포와 두려움을 조장해 오히려 무기력감을 조장할 수 있다고 본다. 따라서 '대전환'의 관점에 서서 상황을 바라보는 것이 대단히 중요하다고 강조한다. 대전환은 세 가지 행동이 뒤따라야 한다. 우선 지연전술로, 생명보호를 위해 지구와 생명체에 가하는 피해를 최대한 늦추는 활동이다. 감시하고 반대하고 폭로하고 시위하고 소송하면서 더 이상 나빠지지 않게 막는 것이다. 하지만 이것만으로는 대전환을 이룰 수 없다. 두 번째는 평범한 삶의 토대를 바꾸는 행동을 이어가야 한다. 낡은 사회의 껍데기에서 벗어나 희망의 생활 양식을 만들고 정의로운 가치를 구현하는 것이다. 세 번째는 세계관과 가치관의 근본 변화가 일어나야 한다. 이는 인식과 가치의 전환이다. 대안사회를 향한 다양한 가치와 사상을 삶과 사회에 하나하나 적용하며 이뤄가야 한다.

전환을 위한 재연결작업

조안나 메이시는 스리랑카의 사르보다야 운동에서 큰 영향을 받았다. 이 운동은 개인의 깨달음에서 출발한다. 이어서 가족의 깨달음, 마을의 깨달음, 지역의 깨달음, 나라의 깨달음으로 넓혀간다. 결국 세계 변화를 만들어내는 것이 궁극 목표다. 우리가 받고 있는 모든 고통에 우리가 연결돼 있기 때문이다. 사람들이 서로 맺고 있는 인연에서 발생하는 것이 '고(苦)'이다. 하지만 이 고통에 직면하는 두려움을 떨쳐야 한다. 이 두려움은 인간의 욕심과 분노와 어리석음에서 비롯된다. 재연결작업은 네 가지 차원의 나선형 순환이다. 우선 동시대 수많은 사람과 자연과 연관돼 있다는 것(공간적 연기)을 깨달아야 한다. 아울러 우리는 수십억 년 동안 인류 역사와 우주 역사에 걸쳐 미래세대까지 이어지고 있다는 것(시간적 연기)을 몸으로 깨달아야 한다. 재연결작업은 고마움에서 시작해, 현재 우리의 고통을 존중하는 것으로 이어지고, 새로운 눈으로 보고, 실행하며 나아가는 순환이다.

이 모든 활동의 처음은 '고마움에서 시작하기'다. 새로운 대전환은 마음으로 깊이 고마워하고 감사하는 마음이 동력이다. 사회구조에 대한 분노에서 출발하는 일반 사회운동과 사뭇 다르다. 변화는 이웃과 동료, 사람에게 고마워하고 자연에 감사하며 그 많은 은혜를 기뻐하는 데서 출발한다. 분노와 적개심, 증오는 과거 낡은 사회운동 동력이 되었을지 몰라도 새로운 대전환 사회의 동력이 될 수는 없다는 것이다. 사람과 자연의 은혜에 고마움을 섬세하게 느낄수록 그 감사의 감각이 살아나 행복한 마음과 즐거움이 넘치며, 바로 그것이 멀리 보며 오래 활동할 수 있는 동력이 된다.

그 다음은 '세상에 대한 고통을 존중하기'다. 오늘날 일어나고 있는 슬픔, 비탄, 분노 같은 고통을 존중하는 것이다. 그래서 사람들의 고통을 인정하고, 그 고통을 함께 겪고 표현하고, 널리 공유하는 일이다. 이는 고통이 서로 연결돼 있다는 것을 이해하는 것이다. 세상과 함께 괴로워하는 능력을 발견하고 그 세상의 고통에 우리가 서로 속해 있다는 사실을 깨닫는 것이다. 자신에게 우려되는 일, 세계에서 또는 현재 사회에서 벌어지는 일 가운데 나를 고통스럽게 하는 것, 우리 아이들을 남겨두고 떠날 때 가장 걱정되는 일들을 살펴보며 고통을 바라보는 것이다. 메이시는 이를 위한 다양한 프로그램을 제안한다. 관계 속에서 일어나는 고통을 체험하는 '서로 마주하기', 잘못된 세계관에서 고통을 느끼는 '시에틀 추장에게 보고하기', 멸종위기종의 고통을 애도하는 '사라져가는 벗들에게', 고통받는 수많은 생명들을 애도하는 '애도하는 돌무덤', 두려움, 슬픔, 분노, 결핍을 낱낱이 표출하는 '진실 만다라', '절망의식', 슬픔을 해소하는 '눈물 그릇', '색과 점토로 형상화하기' 같은 프로그램을 통해 사회와 자연, 생명과 미래 세대의 고통을 자신이 직접 느끼며 공감한다.

그 다음 단계는 '새로운 눈으로 바라보기'다. 세계에 대한 새로운 관점, 새로운 패러다임으로 세계를 인식하고 변화를 구상하고 계획하는 것이다. 세계는 상호 의존하고 자기 조절 하는 체계임을 분명히 아는 것이다. 이를 위해 사람들과 세계가 어떻게 연결돼 있는지를 체험하는 '시스템 게임'을 제안한다. 가렛 하딘의 《공유지의 비극》을 체험하는 '공유재의 수수께끼 게임'이나 '변화를 일으켰던 체험', 자신의 관점과 반대 의견의 관점을 사람이 아닌 존재의 관점과 미래세대의 관점에서 이야기하도록 하는 '넓어지는 원'도 있다. 인간의 손과 발, 머리가 과거 수많은 진화의 결과이며 많은 가능성을 갖고 있는 것임을 체득하는 '고이 받쳐 들기', 무아를 체득하며 존재를 인식하는 '당신은 누구십니까', '자아를 버리는 춤', '보살의 선택' 같은 활동으로도 이를 깨닫는다.

마지막은 바로 '앞으로 나아가는 실행'이다. 우리가 바라는 미래상을 그려보고, 우리가 걱정하는 것이 해결되었다고 상상해본다. 그 상상의 미래로부터 시간을 거슬러 살펴보면 더욱 창의적으로 해결책을 찾을 수 있을 거라고 제안한다. 그래서 여성의 참정권, 남아공과 미국의 흑인 대통령 선출 같은 사례에서 보듯, 불신의 벽에 맞서 불가능하다고 생각했지만 결국 가능했던 역사적 사건을 상기하며 힘을 얻으라고 말한다.

온생명회의, 모든 생명의 고통에 동참하다

재연결작업에서 빠질 수 없는 백미가 바로 '온생명회의(Council of All Things)'다. 참가자들이 명상을 통해 사방의 생명들을 불러내고 그 생명으로부터 저마다 선택을 받는 의식을 한다. 자신이 늑대, 돼지, 기러기, 벌레, 산, 강 같은 존재로 선택된다. 가면을 만들어 쓰고 그들 입장이 돼본다. 그들이 겪었던 고통을 깊이 직면하고 고통을 대변한다. 이어 인간을 참여시켜 인간이 자신들에게 행했던 무자비한 착취와 폭력을 고발한다. 파괴한 것도 인간이지만 회복시키는 것도 인간이기에 인간에게 새로운 지혜와 능력을 부여한다. 산이나 강이 지혜를 인간에게 전해준다. 앞으로 생명과 만물이 겪는 고통에서 벗어나도록 다양한 노력을 결심한다.

이렇게 생명과 생명을 연결하는 것뿐 아니라 과거세대와 미래세대를 연결 짓는 사고 실험, '깊은 시간(Deep Time)'을 이어간다. 오랜 역사 속 동물들의 진화 과정에서 우리가 얻은 능력을 선물로 생각한다. 조상들로부터 받은 것도 선물로 인식한다. 그들로부터 받은 능력으로 우리는 미래의 새로운 희망을 만들어나가는 것이다. 메이시는 시간적 연관을 최대한 확장해서 보도록 요구한다. 절대 속도에 연연하지 않고 서두르지 않아야 한다고 강조한다. 모든 행동은 결과에 연연하지 말고 실행하라고 한다. 그래서 인디언의 전통처럼 우리의 결정과 행동이 앞으로 일곱 세대, 200년 뒤까지 옳은 일인지 돌아봐야 한다고 말한다. 또한 우리에게 권력이란 힘에 의한 '지배형 권력'이 아니라 집단의식의 변화들이 모여 수많은 작은 변화를 이끌어내는, 집단 지성을 통해 만들어지는 '동반형 권력'이라고 이야기한다.

우리는 생태적 위기 시대 한복판에 있다. 많은 사람들이 위태로운 미래를 말한다. 지금 무엇을 할 수 있을지, 변화는 가능한지 가늠하며 절망에 짓눌린다. 조안나 메이시는 지금 깊은 마음을 들여다보라고 말한다. 지난 시간과 지금, 앞으로 다가올 시간을 가로질러 성찰하며, 함께 절망하며 아파하고 존재에 감사하며 서로 연결 짓고, 전환의 때를 함께 만들자고 청한다. 지금이 바로 전환의 때다.

유정길

불교환경연대 운영위원장으로 있다. 생명 평화, 녹색, 전환, 공동체를 화두로 다양한 활동을 전개하고 있다. 《불교의 생태적 지혜와 환경》을 펴냈고, 《세계 어디에도 내집이 있다》를 우리말로 옮겼다. 함께 펴낸 책은 《소비자는 어떻게 유기농을 망치는가》, 《녹색당과 녹색정치》가 있고, 최근에 펴낸 《생명으로 돌아가기》를 감수했다.

조안나 메이시의 책

《생명으로 돌아가기 – 기후위기 시대 거대한 전환을 위한 안내서》
조안나 메이시, 몰리 영 브라운 지음, 이은주 옮김,
유정길 감수, 모과나무, 592쪽, 2020년

모든 존재의 가장 근본으로 돌아가는 안내서다. 코로나 팬데믹과 기후위기 시대는 인간이 보다 번영된 삶을 누리고자 만들어온 산업기술문명이 결국 집단자살체제였다는 것을 보여주고 있다. 불교 수행자이자 심층 생태학자, 사회운동가인 글쓴이는 생명지속문화로 전환하여 탈바꿈하는 데 필요한 과제를 제시하고 있다. 만물의 상호의존성이라는 진리를 온몸으로 깨닫는 것은 쉬운 일이 아니다. 하지만 단순하고 본질적인 선택지를 간략히 설명하고 우리가 이 변화를 이룰 수 있도록 도구를 마련해 실천을 돕는다. 수록된 명상법은 위안과 동시에 자극이 된다. 현재의 위기 상황과 대의명분을 분석하고, 실습을 제시하여 대전환을 촉진한다.

《붓다의 연기법과 인공지능》
이중표 옮김, 불광출판사, 432쪽, 2020년

조안나 메이시는 불교의 연기법과 현대 시스템이론은 상호해석이 가능하며, 이를 통해 두 사상을 더 확실하게 이해할 수 있다고 말한다. 인공지능을 탄생시킨 시스템이론과 인공두뇌학의 기원을 다루면서 불교의 연기법(緣起法)과 비교한다. '일반시스템이론은 생명·생태·윤리 문제를 어떻게 해결하는가'라는 부제에서 짐작하는 대로 인공지능은 물론, 생명·생태·윤리에 관한 철학적 토대와 도덕적 근거를 명쾌하게 밝히고 있다. 원인과 결과가 서로 영향을 주고받는다는 '상호인과율'을 통해 끊임없이 변화하는 세상을 설명한다. 원인과 결과가 한 방향으로만 흐르는 것이 아니라 상호작용을 하며, 원인들끼리도 서로 영향을 미친다는 말이다.

《액티브 호프 Active Hope》
조안나 메이시, 크리스 존스톤 지음, 이중표 옮김, 벗배래, 328쪽, 2016년

지구 온도가 오르면서 사막이 늘고, 기후위기는 일상이 되고 있고, 마실 물, 어족 자원, 표토, 원유 매장량은 점점 한계를 드러내고 있는데 인구와 소비는 계속 늘고 있다. 게다가 여전히 전쟁과 무기경쟁에 돈을 쏟고 있다. 조안나 메이시는 이런 불확실성을 '우리 시대의 중심적인 심리적 현실'이라고 말한다. 글쓴이는 부드럽지만 단호하게 세상을 바꾸는 이 시대의 위대한 모험에 동참할 것을 요구한다. 희망은 누가 주는 것이 아니라 우리가 선택하는 것이며, 자비심과 희망, 사랑과 힘, 그리고 세상을 바꾸려는 의지가 어우러진 움직임을 뜻한다.

아르네 네스

Arne Dekke Eide Næss
1912 - 2009

1912년에 태어나 97세 나이로 생을 마감할 때까지, 20세기를 온전히 살았다. 2,000미터 고지 트베르가스타인산 위 오두막에 기거하며 평생을 보낸 철학자, 은둔자, 혹은 제2차 세계대전 레지스탕스, 생태적 비폭력 저항운동가, 생태운동가, 어느 하나로 정의할 수 없다. '살아 있는 모든 존재는 궁극적으로 하나다.'라는 명제에 답하기 위해 평생을 연구하며 살았지만, 동시에 자신이 생각한 정의를 실천하는 데 주저하지 않았던 행동가였다. 27살 때 오슬로대학교 최연소 철학 교수가 됐지만, 세계가 당면한 생태위기를 직감하고는 1970년대부터 교수직을 그만두고 생태운동에 뛰어들었고, 댐 건설 계획을 거둘 때까지 노르웨이 한 암벽에 자신을 묶고 내려오지 않았다.

지구와 깊게 공존하는 심층생태운동

글. 황대권

1972년에서 1973년 사이 1년은 세계 환경운동 역사에 있어 하나의 변곡점이라 부를 만하다. 값싼 석유에 힘입어 무한정 성장할 것만 같았던 자본주의에 경고등이 들어온 '제1차 오일 쇼크'가 있었으며, 같은 해에 앞으로 세계 환경운동에 심대한 영향력을 끼친 3개의 문서가 동시에 발표된 것이다. 그 첫째가 로마클럽의 〈성장의 한계 Limits of Growth〉이고, 둘째가 슈마허의 〈작은 것이 아름답다 Small is Beautiful〉이며, 세 번째가 아르네 네스의 〈심층생태론 Deep Ecology〉이다. 위기 시점에 해결책이 함께 나온 것이다. 경제성장에 목매고 살아온 우리 사회는 이 가운데 '오일 쇼크'만 기억할 뿐, 대안 제시에 해당하는 세 문건은 잘 모르고 있다. 그나마 〈성장의 한계〉와 〈작은 것이 아름답다〉는 지식인과 활동가 사이에서 꾸준히 인용되고 있지만 〈심층생태론〉은 '비현실적'이라는 이유로 국내에 소개조차 제대로 안 되고 있다.

1999년 11월 이었다. 나는 엠네스티(국제사면위원회) 노르웨이 지부 초청으로 노르웨이의 수도 오슬로를 방문했다. 안내자와 함께 오슬로대학 경내를 걷고 있었는데 게시판에 붙은 강연 포스터 한 장이 눈에 들어왔다. 아르네 네스의 강연이었다. 당시 나이가 이미 87세였으니 어쩌면 마지막일 수도 있는 그의 강연을 들을 수 있는 절호의 기회였다. 그러나 엠네스티 행사에 초청된 손님으로 따로 시간을 낼 수 없었던 나는 포스터만 물끄러미 바라볼 뿐이었다. 내가 감옥에서 깨우친 생명 중심의 세계관은 그의 가르침이 큰 역할을 했다. 또 그가 고집스럽게 산꼭대기에 오두막을 짓고 세상을 드나들며 실천적 생태운동을 하는 모습도 나와 꽤 닮았다고 생각했기에 얼굴이라도 한번 보고 싶었다. 너무 아쉬워하는 내 표정을 본 안내자는 나중에 나와 헤어지면서 자기 집 서가에 꽂혀 있던 그의 책 한 권을 선물로 줬다. 《대자연의 지혜 Wisdom in the Open Air: The Norwegian Roots of Deep Ecology》였다. 그 뒤로 나는 해외로 드나들 때마다 틈만 나면 그의 책들을 사서 조금씩 읽어왔다.

아르네 네스는 생태학에 '깊은'(deep)이라는 형용사를 붙여 기존의 인간중심 생태운동과 구별하기 시작한 최초의 학자다. 그의 심층생태론은 '학문'으로서가 아니라 애초부터 '운동'으로 제기되었다는 것이 흥미롭다. 이러한 그의 운동은 큰 반향을 일으켜 머레이 북친의 '사회생태론', 앙드레 고르의 '정치생태학'과 함께 서구 생태운동에 가장 많이 회자되는 흐름을 형성하게 된다. 우리는 아르네 네스의 심층생태론(Deep Ecology)에서 '깊다'(Deep)와 '운동'(Movement)에 주목해야 한다. 아르네 네스는 27세에 오슬로대학 최연소 철학 정교수가 된 이래 평생을 교직에 몸담고 있었지만 1950년에 힌두쿠시 산맥의 최고봉인 티리치 미르산(7708미터)를 최초로 등정한 전문 산악인이기도 했다. 산을 너무도 좋아했던 아르네 네스는 노르웨이 남부 힐링스카르베트 산맥의 트베르가스타인 꼭대기에 통나무집을 지어 살았다. 해발 1,505미터에 위치한 이 오두막을 짓기 위해 그는 말에 목재를 싣고 정확히 62번 산을 오르내렸다고 한다. 나치 점령 시절에 오슬로대학 중심으로 펼쳐진 저항운동에 가담했으며, 1970년에는 댐 건설에 반대하는 환경운동가들과 함께 현장 근처의 큰 바위산에 자신의 몸을 쇠사슬에 묶고 시위를 하기도 했다. 이러한 경력들은 그가 결코 연구실에 갇혀 있는 학자가 아니라는 것을 말해준다. 다시 말해 그에게 있어 생태학은 단순히 학문이 아니라 세상을 바꾸는 운동이었다.

'깊다'(Deep)의 의미

노르웨이는 아이슬란드 다음으로 세계에서 인구가 가장 적은 나라다. 국토 전체가 험준한 산악으로 가득 차 있고 해안선은 빙하로 깊이 팬 피오르트 지형으로 유명하다. 노르웨이에 가보면 알겠지만, 험준한 피오르드 협곡 위에서 바다을 내려다보면 '깊다'라는 단어의 의미가 무엇인지 몸으로 느껴진다. 그러나 그가 사용하는 'Deep'이라는 단어에는 단순히 '깊다'라는 의미보다 모든 다양성을 포괄하는 전체성의 의미가 더 크다. 해발 수천 미터급의 산들을 섭렵했던 그가 산 정상에서 내려다본 풍경들이 어떠했을지 상상하면 전체성의 의미를 조금은 이해할 수 있을 것이다. 대학에서 경험철학과 게슈탈트 심리학을 전공한 아르네 네스는 'Deep'의 의미를 무한히 확장하는 열린 구조로 이해한다. 인간과 자연의 관계를 주체와 객체의 대립된 관계로 보지 않고, '소자아 小自我'가 '대자아 大自我'로 확장되는 관계로 본다. 이러한 그의 관점은 자연을 신 그 자체로 보는 스피노자의 견해를 따른 것이다. 스피노자는 인간 밖에 또는 세상 밖에 존재하는 신의 개념을 부정해 유대교와 기독교 모두에게 파문당한 철학자다. 스피노자는 모든 개체 안에 신이 존재하며 이는 다시 하나의 신에 귀속돼 있다는 '만유내재신론자 panentheism'다. 아르네 네스는 스피노자의 신 자리에 자연을 놓고 인간과 자연의 분리할 수 없는 관계와 상호 소통을 얘기하면서 양자 사이 다양하고 깊은 관계 속에서 인간의 존재 의미와 구원 가능성을 본다.

아르네 네스의 심층생태론이 다른 생태론과 다른 기준점은 '자연의 내재적 가치'를 인정하는가에 있다. 이를 인정하지 않는 일체의 인간 중심적 생태론을 '얕은 생태론 shallow ecology'이라고 부르면서 인간과 자연을 동시에 살리기 위해서는 자연의 내재적 가치를 인정하는 심층생태론으로 이전해야 한다고 주장한다. 인간의 힘이 지나치게 커진 지금 상태에서는 인간의 움직임 하나하나가 바로 자연파괴로 이어지고 있으므로 각자의 '생태적 자아 ecological self'를 정확히 인식하고 이에 기초한 단순 소박한 행위가 '목적이 풍부한 삶'으로 이끈다고 말한다. 여기서 목적은 '자연과 인간의 조화로운 공존'이자 '자아 실현'으로 볼 수 있다. 그는 이밖에도 '에코소피 티 (ecosophy T)'라는 용어도 사용하는데, 여기에서의 T는 그의 오두막이 있는 트베르가스타인의 첫 글자를 뜻한다. 이는 생태적 자아 실현의 과정이 개인마다 다 다르므로 저마다 다른 생태적 지혜와 생각을 표시하기 위한 것이다.

심층생태론은 운동이다

아르네 네스는 평생을 철학자로서 그리고 전문 산악인으로 살아오면서 많은 저작물을 내놓았지만 본격적인 생태담론이 생산된 것은 1967년 레이첼 카슨이 《침묵의 봄》을 발표한 뒤부터다. 아르네 네스가 평생 직장이 보장된 강단을 포기하고 생태운동에 뛰어드는 데는 《침묵의 봄》이 결정적 역할을 했다. 망가진 지구를 구하기 위해 새로운 생태철학과 운동이 필요하다고 생각한 그는 곧바로 대학교수직을 정리하고 노르웨이의 저명한 환경활동가들과 함께 현장 활동을 펼치면서 자신의 이론을 정립해나갔다. 그것이 1973년에 발표한 '심층생태운동 8대 강령'이다. 한국에서는 이것을 '강령'으로 번역했지만 그가 사용한 용어는 '강령'이나 '원칙'이 아니라 '플랫폼 platform'이다. 여기에 그의 실천주의 관점이 잘 녹아 있다. 플랫폼은 기차역의 승강장을 말한다. 승강장은 차표만 가지고 있으면 누구라도 와서 기차를 탈 수 있는 널찍한 공간이다. 마찬가지로 심층생태론의 주장에 동의하는 자라면 그가 어떠한 사상적 배경이나 신념을 가지고 있더라도 함께 생태운동을 펼칠 수 있다는 의지의 표현인 것이다. 그리고 그는 이 강령을 특정한 문자로 확정 짓지 않았다. 마치 기차역 승강장이 장소마다 다 다르듯이 이 강령도 뜻만 같다면 필요에 따라 얼마든지 수정할 수 있게 해놓았다.

8대 강령은 맨 먼저 '자연의 내재적 가치'로 시작한다. 사실 대부분 종교 경전이나 철학 사조에도 인간 이외의 생명체에 대한 존중과 감사를 표시하는 구절은 많다. 그러나 이것을 사회운동으로 들고 나온 것은 심층생태운동이 처음이다. 지금도 그런 경향이 있지만, 아마도 백 년 전이었다면 터무니없는 주장이라고 배척받았을 것이다. 하지만 그사이 첨단과학으로 무장한 인간들의 무자비한 파괴 활동으로 인해 지구는 만신창이가 되고 말았다.
8대 강령은 다음과 같다.

1. 인간과 인간이 아닌 생명체들의 번영은 그 자체로 고유한 가치를 갖는다. 인간이 아닌 생명체들의 가치는 인간에게 유용한가 여부와는 별개다.
2. 지구상 생명 형태들의 풍요로움과 다양성은 고유한 가치를 가진다. 인간의 문화도 그 일부로서 여기에 포함된다.
3. 인간은 생명 유지를 위해 반드시 필요한 경우를 제외하고는 이러한 풍요로움과 다양성을 감소시킬 어떠한 권리도 가지고 있지 않다.
4. 현재의 인구 조건에서는 인간 생활과 문화의 번영은 보장될 수 없으며, 인구 감소는 다른 생명체의 번영을 위해서도 필요하다.
5. 현재 비인간 세계에 행해지고 있는 인간의 간섭은 지나치며, 이러한 상황은 급속하게 나빠지고 있다.
6. 이 강령들은 지금까지 인간이 지구 전체와의 관계 속에서 보여준 지배적인 행동방식을 반드시 변화시켜야 한다는 사실을 가리킨다. 그러한 변화는 정치적 사회적 기술적 경제적 이데올로기적 구조에 근본 영향을 끼침으로써 다른 모든 존재들과의 관계 개선으로 이어질 것이다.
7. 생활수준의 향상에 집착하는 한 관념의 변화는 일어나지 않는다. 변화는 주로 (생명의) 내재적 가치를 잘 인식하는 데 달려 있다. (그렇게 되면) '거대함'과 '위대함'의 차이를 깊이 이해하게 될 것이다.
8. 이상의 강령에 동의하는 사람은 필요한 변화들이 일어날 수 있도

록 비폭력 수단을 통해 직간접으로 노력해야 할 의무가 있다.

마지막 강령에 '비폭력 수단'이라는 말이 보이는데, 아르네 네스는 자신의 이념을 사회적 행동으로 옮길 때에는 언제나 간디주의를 표방해왔다. 비폭력, 불복종, 상대방에 대한 존중, 단호한 의사표시가 간디주의 행동 방식에 나타나는 요소들이다. 간디주의에 대한 그의 관심은 1974년에 출간된 《간디와 집단갈등 Gandhi & Group Conflict》에 잘 나타나 있다.

아르네 네스는 1912년에 태어나 2009년에 세상을 떠났으니 거의 한 세기 가까이 산 셈이다. 그가 젊은 시절 학문을 연마했던 장소들을 보면 주로 서구 사회에 국한돼 있다. 프랑스 파리, 오스트리아 빈, 미국 캘리포니아 버클리를 거쳐 끝으로 노르웨이 오슬로에서 그의 지적 여정이 마무리된다. 그러나 그는 전문 산악인으로서 세계를 돌아다녔으며 학문으로도 불교와 기독교, 힌두이즘을 깊이 공부해 대단히 폭넓은 사유 세계를 쌓았다. 그의 심층생태론이 '전체론적 holistic' 성격을 띠고 있는 것은 이러한 폭넓은 공부와 무관하지 않다. 하지만 그의 이론은 지나치게 근본을 파고들고 장기 관점을 띠고 있어 현실 사회운동을 하는 이들의 외면을 받아온 것도 사실이다. 이에 대해 그는 "나의 운동 목표는 대단히 혁명적이지만 현실에서의 운동은 대단히 개량적"이라고 말한다. 아르네 네스의 심층생태론은 현실 속 영향력과 장기 비전을 함께 고민하는 실천가들에게 끊임없이 영감을 던져줄 것이다.

1980년대 북부 노르웨이 알타강 수력댐 반대 시위 도중에 경찰관이 시위 중인 한 젊은이에게 왜 거기에 있냐고 묻자 다음과 같이 대답한다. "강은 내 자신의 일부이니까요. The river is a part of myself." 알타강 시위의 모토는 "강이 살 수 있도록 내버려두라. Let the river live!"였다. 이것은 인간을 포함한 전체 생태계를 의미하는 것이며, 강은 이 생태계를 상징한다. 여기에는 그것이 아무리 사소할지라도 살아 있는 생명을 위해 무언가 의미 있는 일을 했다는 느낌이 담겨 있다. 말하자면, 그 생명을 위해, '오로지 그것만을 위해' 무언가 한다는 것이다.

* **참고서적** 〈Life's Philosophy: Reason and Feeling In a Deeper World〉 Arne Naess, p106

황대권

영광에서 평화로운 삶과 생명의 가치를 품고 생명평화마을을 일구며 생명평화운동가로 살아가고 있다. 영광 핵발전소를 둘러싼 문제들을 지역 주민들과 함께 해결하기 위해 '영광핵발전소 안전성 확보를 위한 공동행동' 대표로 활동하고 있고, 〈작은것이 아름답다〉 글틀지기로도 함께하고 있다. 펴낸 책으로 《야생초 편지》, 《새벽의 건설자》, 《민들레는 장미를 부러워하지 않는다》, 《더 나은 삶을 향한 여행, 공동체》, 《생태공동체 가비오타스 이야기》, 《고맙다 잡초야》, 《다시 백척간두에 서서》가 있다.

아르네 네스의 책

《생각하는 것이 왜 고통스러운가요?》
데이비드 로텐버그 씀, 박준식 옮김, 낮은산, 384쪽, 2011년

스물한 살 데이비드 로텐버그가 진실을 찾아 쉴 새 없이 움직인 일흔한 살의 아르네 네스를 찾아가 나눈 대화를 바탕으로 아르네 네스 사상과 20세기 철학, 역사에 대해 쓴 책이다. 근대 산업사회 물질문명에 대처하는 아르네 네스의 태도와 삶, 철학과 실천, 심층생태론을 완성해가는 긴 대장정을 목격할 수 있다. 이는 인간이 생태계 일부라는 인식에서 세계의 지속가능성을 발견하는 지혜이며, 세계 사회와 문화 구조 안에서 환경 문제의 근본 뿌리를 찾는 과정이라고 말한다.

《산처럼 생각하라 - 지구와 공존하는 방법》

한성수 옮김, 생태문명연구소, 572쪽,
2016년 아르네 네스 외 씀, 이한중 옮김, 소동, 254쪽, 2012

아르네 네스와 그의 철학에 영감을 받은 사람들이
'만물협의회'를 구성하고 생태운동 방법으로
'체험으로서의 실천'을 담았다. 환경 위기와 인류가
직면하고 있는 현실에 질문을 던지며, 만물이 모여
지구를 위한 회의를 한다는 뜻으로 저마다 물, 흙,
공기, 불, 동물, 식물, 인류가 돼 지구의 근원을
들여다보고, 가장 먼저 무엇부터 실천해야 하는지
살펴본다. 우리가 지구와 단절되지 않고 깊이 연결돼
있다는 것을 인식하고 지구와 공존하는 방법을
다양한 방식으로 이야기했다.

지구별 생태사상가
사진출처

〈지구문명의 위기를 읽다〉

에른스트 프리드리히 슈마허 | https://schumacheref.wordpress.com
루이스 멈포드 | www.facebook.com/LewisMumfordAutor
이반 일리치 | https://biografieonline.it
머레이 북친 | www.anarkismo.net
베리 카머너 | www.theodysseyonline.com
레이첼 카슨 | www.biophiliccities.org
토마스 베리 | www.coursetalk.com

〈자연과 사람을 잇다〉

에드워드 윌슨 | https://www.nytimes.com
존 뮤어 | https://commons.wikimedia.org
알도 레오폴드 | www.aldoleopold.org
스코트 니어링 | 사진제공 보리출판사
게리 스나이더 | www.blacklistedjournalist.com
린 마굴리스 | https://hummingbirdfilms.com

〈오래된 미래에 답하다〉

헬레나 노르베리 호지 | www.echo.net.au
니콜라이 바빌로프 | www.seeforestfortrees.com
웬델 베리 | www.theatlantic.com
후쿠오카 마사노부 | www.gaiadergi.com
량수밍 | www.readit.com.cn
피에르 라비 | www.colibris-lemouvement.org
장일순 | 사진제공 한살림

〈지구별을 껴안다〉

반다나 시바 | www.lexiconofsustainability.com
캐롤린 머천트 | https://ourenvironment.berkeley.edu
사티쉬 쿠마르 | www.daylesford.com
아리야라트네 | www.sarvodaya.org
비노바 바베 | swarajyamag.com
매튜 폭스 | https://mountainx.com
조안나 메이시 | www.orenda-arts.org
아르네 네스 | www.dialogikum.no

생태위기에 맞서 녹색전환의 길을 연
생태사상가 28인의 삶과 통찰

지구별 생태사상가

처음 펴낸 날 | 2020년 11월 30일

지은이 | 강수돌 강신호 김광화 김동광 김성원 김은진 김재형
　　　　김재희 김정희 맹영선 박병상 서강목 송명규 송위지
　　　　안철환 양재성 양희창 오수길 우석영 유정길 이수용
　　　　이한음 장길섭 장석준 전희식 최성현 태영철 황대권
엮은이 | 작은것이 아름답다
펴낸이 | 윤경은
글틀지기 | 김기돈 정은영
글다듬지기 | 김소아
볼꼴지기 | 이혜연·퐁포레스트 앤드 포레스터
박음터 | 평화당

펴낸곳 | 작은것이 아름답다
나라에서 내어준 이름띠 | 문화 라 09294
터이름 | 02879 서울시 성북구 성북로 19길 15 3층
소리통 | 02-744-9074~5
글통 | 02-745-9074
누리알림 | jaga@greenkorea.org
누리방 | www.jaga.or.kr
페이스북 | @jagagreen
인스타그램 | @jaga_green

ISBN ISBN 978-89-963600-9-4(03300)

이 도서는 한국출판문화산업진흥원의
'2020년 우수출판콘텐츠 제작 지원' 사업 선정작입니다.

덧싸개 인스퍼에코 145그램, 표지 갱판지 280그램, 면지 뉴칼라 128그램
내지 하이벌크 70그램으로 숲을 살리는 재생종이에 인쇄했습니다.

책값은 뒤표지에 있습니다. 잘못된 책은 바꿔 드립니다.

생태위기에 맞서 녹색전환의 길을 연
생태 사상가 28인의 삶과 통찰

지구별 생태사상가

황대권 외 27인 지음
작은것이 아름답다 엮음

작은것이 아름답다

종이는 숲입니다

사무실에서 출력한 에이포용지 45퍼센트는 그날 바로 버려집니다. 꽤 쓸만한 대안, 숲을 살리는 재생복사지로 사라지는 지구의 원시림을 지켜주세요.

10퍼센트만 재생복사지로 바꿔도
해마다 27만 그루,
날마다 나무 760그루를 살릴 수 있습니다.

재생종이로 만든 책

'숲을 살리는 녹색출판' 마크를 아시나요?

작은것이 아름답다는 2009년 한국간행물윤리위원회(현재 한국출판문화산업진흥원)와 재생종이 출판을 권장하며 '녹색출판' 인증로고를 만들었습니다. 기후위기 시대, 기후를 보호하는 재생종이를 사용한 녹색출판은 계속됩니다.

녹색출판 인증로고 문의 www.green-paper.org